社会建构论译丛

上海文化发展基金会图书出版专项基金资助项目

杨莉萍　[美]肯尼思·J.格根 主编

Discursive
Psychology

话语心理学

[英]德里克·爱德华兹　乔纳森·波特 著
朱运致 译

上海教育出版社

Editors' Preface 译丛总序 I

能够同中国的研究者、学生和实践者分享有关这套丛书的想法,我深感荣幸和快乐。感谢上海教育出版社提供这个机会。在过去三十多年的时间里,我一直致力于有关知识的性质、真理、客观现实和理性的深远对话。这些对话质疑所有为长期受推崇的传统理念辩护或提供基础的那样一类尝试。对话产生于不同族群长期争斗而充满血腥味的人类历史,人们纷纷主张自己对知识、真理、客观现实和理性的话语权。因为,承认某一种现实、理性和道德,意味着不赞成这种观点的那些人被踢出局;声称某些人在这些方面具有优越性,意味着其他声音被定义为低劣。一部血雨腥风的人类史几乎就是由对真实、理性和道德的不同信念与分歧写就的。对话的重要成果之一便是这样一种意识的扩展,即我们的信念是由处于不同历史时期、不同文化背景下的组织内部发展出来的。换句话说,我们关于真理、客观现实和理性的信念是在社会中被建构出来的。除此之外,再无别的基础。正是这种认识促使人们开始尝试从过去各种对真理的诉求中解放出来。事实上,一切被我们视为真理、事实和正确的东西都具有可选择性,都可以是另外一种样子。更重要的是,这种建构的意识促使人们广泛探索，共同开发创造未来的潜能。"共同"这个词非常重要，我们在此所说的并不是个体的而是在社会中被创造出来的现实。

这样的对话在世界范围内蔓延。这不再是"西方价值向世界其他区域的传播"，而是到处都面临着同样紧迫的难题，即怎样才能在这样一个充满分歧的世界中顺利前行。当代科学技术让世界大大缩小，我们发觉自己越来越多地需要面对那些信守与我们不一样的现实、理性和价值的人。这些分歧不仅导致个体对"异己者"产生冷漠，而且是滋生仇恨和掳掠的温床。在这样一个任何个体都有能力创造出毁灭性武器的星球上，我们有可能要面对"所有人反对所有人"的未来。那么，至少我们应该了解建构了我们的信念的文化和历史根源，以及它们的优势和局限性。更进一步，我们必须找到弥合分歧的途径和办法。如果加上足够的创造性，我们甚至可以开展新的建设性的合作。

这场对话的全球性参与，部分是基于这样一个事实，即许多文化本身就包含或推崇某些与建构论相一致的传统。一个显著的例子便来自中国文化。我们发现，儒家、道家和佛家传统都可能丰富当代建构论的对话，它们都意识到关系和谐的重要性。当然，这并不意味着有关社会建构论的对话与这些传统完全相同，你甚至可以从中发现许多冲突，这一点都不奇怪。从建构论的立场看，重要的不是分辨谁真谁假，或评价谁对谁错，而是分享和成长。我们可以基于彼此的相似性，越来越多地领会我们之间的不同。基于任何一种分歧，我们都有可能发展出拓展行动潜能的可能性。在这种意义上，建构论的对话不服从任何个人，而是归属于所有的人。对话的目的不是要把建构论奉为新的真理，而是接受各种思想的涌现，但不再把它们视为自然规律，只是视它们为被建构出来的可能性。建构论并不是某种依据传统标准判断事物真假对错的信念系统，而是通过不断对话或以对话为工具，创造各种能够给我们带来惊喜的美好事物。

这样的结果如今发生在世界各地：从挪威对问题青少年的教育系统到巴西的平安社区建设，从加拿大小镇的管理到南非的调停努力，从澳大利亚新的治疗实践到阿拉伯联合酋长国妇女的职业化，等等。因此，对于我来说，能够参与有关建构论的中国对话，了解与当地文化和历史密切相关的建构论实践，是一件特别值得高兴的事。我在中国遇见许多研究者、学生和专业人士，他们为建构论的对话注入了新的活力，同时也发出了质疑的声音。他们有着自己特殊的关切、希望和价值，他们将来自中国文化传统的敏锐鉴赏力融入对话。通过与他们讨论，我看到激动人心的新的实践已经出现。所有这些都是加入全球共享的重要开端。就个人而言，我愿意充当这些富有启发性的发展的推进者。

与此同时，感谢上海教育出版社的朋友，是他们促成了这一重要的交流，将这套书由英文翻译成中文出版。我和莉萍教授一起工作，并得到她的和我的同事们的帮助。到目前为止，我们共选择了10部重要著作组成"社会建构论译丛"这一丛书,未来有可能再增添新的著作。对这些书的选择是出于几个方面的考虑,希望这些来自不同领域的著作能够向中国读者传达社会建构论的思想和理论观点,介绍某些符合建构论特点的重要研究形式,展现建构论思想的一系列实践成果。其中一些著作还反映出建构论思想如何引导新的写作方式。策划这套丛书的目的并不是为中国未来的工作提供模板或一系列行动指南,而是希望这套丛书能在中国引发更多的讨论、研究和实践。因为一旦建构论的思想和意象植根于这片肥沃的文化土壤,全人类都将受益于即将发生的观念创新。我热切地期盼着收获季节的到来。

肯尼思·J.格根
美国斯沃斯莫尔学院资深教授
陶斯研究院院长

Editors' Preface　　　　　　译丛总序Ⅱ

当前中国社会普遍存在的心理问题，一是心态不够积极，二是追求功利主义。一方面，各行各业的人，无论从事什么工作，大多缺乏由衷的热情，萎靡不振，因此缺少创新。在学校里，学生学习不是出于兴趣，教师教学也不是因为喜欢这个职业，大部分行政管理和后勤人员满足于维持现状。在组织中，同样很少有人把工作当成实现自我价值的手段。多数时候，人们缺乏幸福感，体验不到生活的乐趣和生命的意义。另一方面，对于很多人而言，生活中最重要的目标是追求个人名利，尤其是经济利益。当每个人都在为一己私利去拼、去抢、去战斗的时候，整个社会表现出来的便是人与人之间界限分明，缺少温情、善意、信任与友爱。家庭不稳定，医患关系紧张，经济和商业领域充斥着大量欺诈，老百姓热衷于将落马官员当成茶余饭后的谈资与消遣，等等。所有这些社会心理现象，都与欧洲文艺复兴和启蒙运动以来占主导地位的个体理性主义哲学，以及以此为典型特征的现代主义文化，存在深层次的因果关系。

作为一个有着悠久历史和古老文明的民族，我们的老祖宗倡导"人法地，地法天，天法道，道法自然"，这当中蕴含着丰富的

"天人合一"的系统论和生态学思想。然而,这些如今在西方被视为最先进的理念,在国内,其价值并未受到应有的重视。相反,自清朝末年开始的西学东渐,使得西方个体主义哲学不断移入,冲击了我们的传统文化,几乎成为社会主要的意识形态,这实在是令人遗憾的事。

1949年以后,中国以马克思主义为哲学宗旨,以建设社会主义强国为发展目标。集体主义作为社会主流价值,与西方个体主义的价值观形成对立。与个体主义相比,集体主义确实具有很多优势。时至今日,中国社会依靠集体力量创造了许许多多的壮举,为全世界所瞩目。但是,集体主义就其本质而言,不过是放大了的个体主义,仍旧存在很多弊端。各种小集团的利益、地方保护主义以及形形色色的群体和组织之间的竞争,破坏了组织内部和个体之间的团结,进而使得整个社会失去和谐与稳定,并最终失去活力。

社会建构论虽不能说是解决这些社会和心理问题唯一的理论纲领和实践模式,但至少为这些问题的解决提供了一套切实可行的理论框架和实践策略。作为一种看待世界和我们自己的全新方式,社会建构论既是一种理念,也是一种行动;既是一种思维方式,也是一种生活和行为方式。以1985年格根(Kenneth J. Gergen)先生发表《现代心理学中的社会建构论运动》一文作为社会建构论正式创立的时间,经过30年的发展,社会建构论已经由最初着力于批判或解构,发展到后来的进一步建构；由对理论、方法的研究发展到具体的实践，对于人的健康自我的重建、人际纠纷的解决、学校教育与各类组织的管理、各项社会政策的制定乃至国际政治关系的处理等，形成了一整套较为成熟的思想、理论、方法和实践体系。这套体系对于解决我国当前普遍存在的各类社会和心理问题，具有重要的应用或工具价值。

"社会建构论译丛"缘起于2011年夏天我对格根夫妇的访问。那段时间，我正在美国田纳西州范德堡大学做访问学者，由于长期研究社会建构论，与格根先生有过一些书信往来，他因此邀请我去斯沃斯莫尔他的家里做客，并最终于当年的8月17日至21日成行。访问期间，我向格根先生请教了有关社会建构论的诸多问题，也向他介绍了社会建构论在中国的发展情况。那次访谈的部分内容以英文发表在《心理学研究》(*Psychological Studies*)2012年第57卷，中文发表于《教育研究与实验》2012年第4期。正是在那次访问期间，我和格根先生达成共识，鉴于中国当前社会变革与发展过程中存在的诸多问题，有必要将社会建构论在中国的推广作为一项长期的事业。格根先生代表国际社会建构论研究中心陶斯研究院表示，对于我们在中国的事业给予无条件的支持和帮助，包括成立中国社会建构论研究中心、筹备社会建构论的中文网站，与有着同样志趣的学校、组织和机构开展合作，等等。与上海教育出版社合作的这套译丛，便是社会建构论在中国推广项目的一部分。

从格根先生最早于1973年发表《作为历史的社会心理学》,即社会建构论思想萌芽开始到现在,经过40多年的努力,社会建构论已经发展成为包括系统化的原理、多样化的方法和多领域的实践在内的不断丰富和完善的理论和应用体系。这套译丛意图全面反映社会建构论在理论、方法和实践三个层面的发展。入选书目都是社会建构论领域最新、最有价值、最具代表性的经典著作。其中,《社会建构:进入对话》《社会建构的邀请(第三版)》《关系性存在:超越自我与共同体》《赞美他者:人性的对话理论》和《性别与疾病的社会建构》主要介绍社会建构论的理论基础,《叙事分析:个体在社会中的发展研究》和《话语心理学》属于方法系列,《欣赏型探究:一种建设合作能力的积极方式》《映射对话:社会变革的重要工具》和《社会建构与社会工作实践:解释与创新》则反映了社会建构论在人际交往、组织管理、社会工作等实践领域的应用。

"社会建构论译丛"的所有入选书目均由格根先生亲自挑选并最终确定,他还在丛书翻译的过程中亲自担任学术和专业顾问。我负责这套丛书的策划、申请、组织和项目实施。参与丛书翻译的译者都是我多年的好友,也是对社会建构论有着长期研究和浓厚兴趣的学者和教授。他们既是社会建构论领域的研究者,也是积极的实践者和热情的推广者。在当下名利观念甚嚣尘上,而学术评价制度十分不利于译著出版的背景下,完成一部学术著作的翻译需要作出很大的牺牲。作为译丛主编,我对他们深表敬意,感谢他们为这套译丛作出的贡献。我还要向上海教育出版社袁彬副总编、心理学编辑室全体编辑以及其他工作人员表达谢意,他们为这套译丛的出版付出了很多心思和不懈的努力。

社会变革是包括制度与文化、教育与管理、人的思想观念与行为习惯在内的系统变革。社会心态由萎靡不振到积极向上,整个社会由危机四伏到稳定团结,需要经过长期不懈的积极建构,而我们都是这一过程的见证人和参与者。与其被动地"反映现实"或顺应"客观规律",为所谓的"事实"或"规律"所蒙蔽和奴役,不如主动参与建构某种我们想要的"事实",创造真正能够为人类和社会带来福祉的"规律"。人类社会的未来不仅取决于我们对于未来的某种理想,更取决于我们每个人以什么样的方式参与对这种理想的建构。社会建构论不仅积极倡导相互理解、对话与共同创造的价值和理念,更为如何相互理解、如何参与对话、如何共同创造提供了系统的方法和行为指导。我和格根先生同样相信并期待,这套译丛的出版能对中国当前社会的变革和发展起到切实的推进作用。

杨莉萍

2016年1月于南京随园

Contents 目录

前言   1
   话语行动模型   2
   模糊画面的分析、细节和排斥   5
   政治话语和心理学的一致假设   8
   本书的简要介绍   10

第一章   社会与认知   16
   在话语上聚合   17
   话语是认知的主题还是认知的渠道？   21
   还原论   24
   感知主义、记忆与归因   26
      专栏1-1   稻草人和玉米娃娃   30
   记忆、归因和对抗主题   33
   话语分析：一个初步介绍   37

第二章   乌尔里克·奈塞尔的记忆   41
   约翰·迪安的证词   45
      "逐字"记忆   49
      "要点"记忆   51

专栏2-1 "立足点"的丢失	52
"片段式"记忆	55
被交叉质询的迪安	62
错误归因：迪安的性格	66
普通谈话和法庭谈话	69
报告和归因	74

第三章 劳森大臣的记忆 … 78

"劳森门事件"：要点概述	83
真相在哪里？	86
专栏3-1 劳森是谁？	91
真相是什么？	94
错误是什么？	101
专栏3-2 黑箱、齿轮和事实	102
记忆、真理和话语	107

第四章 文本、描述与推论 … 111

话语、语段和归因	112
归因语义学	121
理想对话	131
日常生活中的归因	136
专栏4-1 这仅仅是语言行为主义？	144

第五章 作为归因的描述 … 148

话语和事实建构	150

作为修辞建构的共识　　　　　　　　　　155
明确的共识：有目共睹　　　　　　　　　157
　　专栏5-1　关于新闻发布会的不同版本　163
从共识到共谋　　　　　　　　　　　　　163
　　专栏5-2　"他们一定会那么说,是不是？"　169
确证：独立证人的共识　　　　　　　　　173
日常谈话中的归因管理　　　　　　　　　179

第六章　世界建构与自我建构　　　　185

身份的事实性话语和文本　　　　　　　　186
免责的动机　　　　　　　　　　　　　　188
　　专栏6-1　谁是布莱恩·沃顿和艾伦·沃尔特斯爵士　190
找到辞职的责任人　　　　　　　　　　　195
提出和驳回指责　　　　　　　　　　　　200
建构一个更值得批评的动机　　　　　　　204
自我取决于世界　　　　　　　　　　　　207
（话语中的）世界是修辞建构的　　　　　215
角色、脸面和话语心理学　　　　　　　　224

第七章　话语心理学　　　　　　　　228

　　专栏7-1　话语行动模型　　　　　　　230
行动　　　　　　　　　　　　　　　　　232
事实与利益　　　　　　　　　　　　　　235
责任解释　　　　　　　　　　　　　　　246

话语行动模型和海湾战争	253
专栏 7-2　反身性	257
话语行动模型和心理学的碎片化	260
附录　转写方法与理论	265
参考文献	271
索引	299

前言

撰写本书的时候恰逢 1990—1991 年的海湾战争。1990 年 8 月,伊拉克入侵邻国后不久,我们开始了本书的撰写。这之前,我们花了几个月的时间寻找是否已有同类题材的书,进行策划与讨论。最后一章完成的时候,也是伊拉克军队撤退时溃不成军的画面(如果现在还可以这么描述的话)首次出现在电视屏幕上的时刻。我们惊异地发现,本书阐述的心理学可以用来解释当时铺天盖地的关于海湾战争的媒体报道。在我们看来,这场战争离不开各种形式的建构,而每一种建构都可以作出动机与道德、策略和政治的推论。然而,尽管自然主义和生态效度近来得到重视,主流心理学的视角即便可以用来对这些过程作出一定的解释,却也无力完成甚至无法开始这项任务。

关于记忆的心理学无法解释近期和以往发生的事在战争的合法化和持续化中发挥的作用。有关归因的心理学(通常意义上的因果关系推理)很少关注同一事件的不同描述如何被刻意组织在一起以支持某些理由和否定另一些理由。对很多心理学家而言，特别是那些主要研究能力和过程的心理学家，这些问题不仅根本没有意义，而且会扭曲正确的、科学的心理学定义。本书无意贬低心理学总体上合理的理论和实证研究，我们不希望人们把它看作攻击传统心理学的又一论著。尽管如此，我们在书中提出的有关如何处理对话和文本材料的概念重构，无疑会对传统心理学方法的理论与实践产生深远影响。

　　本书旨在完成三项任务。第一，勾画出一个能反映主要心理学现象如何与参与者的话语产生关联的模型。我们希望这个模型能够提供一个功能完备的图式，可用于解释和理解各种不同类型的心理学话语。第二，通过一系列相关分析来展示支撑话语心理学研究的分析类型。这类分析的主要特征是密切关注话语和文本的微小细节，这是大多数心理学家不太熟悉的。第三项也是最后一项任务，是对当前大多数心理学研究蕴含的感知和认知假设进行批判性比较。本书的编写依照记忆研究所依据的感知—认知主义理论以及社会心理学的归因分析来展开。在这里，我们首先详细介绍前两项任务，然后再一一介绍各章论点。第三项任务将在第一章着重阐述。

话语行动模型

　　尽管本书展现的分析各有侧重，但其总体意图是提供一幅有关话语心理学关键概念之间关系的整体画面。我们用话语行动模型（discursive action model）来解释这一相互关系。第七章将对这一模型作充分阐述，每一步骤的分析基础都有详解。这里对一些核心观点稍作概述，帮助读者理解后面各章的细节。

话语心理学的焦点是话语和写作的行动导向。对参与者和分析者双方而言，主要问题是这个话语过程中的社会行动或互动任务。不同于社会互动分析侧重的常规问题，如处理社会和群体间关系的方式（通过称呼形式、言语适应等），或言语行为的辨识等，本书关注的焦点是认识论。我们研究的是知识的性质、认知和现实：事件是如何被描述和解释的，事实性报告是如何建构的，认知状态是如何定性的。这些被定义为话语主题，即人们在话语中选为主题、主动关注或暗示的事情。我们并不把这样的话语建构看作说话者潜在认知状态的表达，而把它们看作在特定情境和场合的建构，置于当时的语境下进行检验。在这些描述形成的社会行动方面，特定的场合与语境对参与者和分析者都有意义。因此，在这个模型中，记忆被理解为特定情境下对过去事件的描述的产物，而归因是这些描述提供的推论，是参与者话语中暗含的事务。

我们的核心观点之一与感知—认知主义对描述性话语的处理有关。具体而言，我们不同意两条假设：一是参与者使用看似描述性的话语是其"客观性"表现，二是这类描述性的话语不反映深层的"心理学"变化。这些基本假设的问题在于忽略了一个事实：在日常话语中，人们会选择以恰当的描述和报告来处理有风险的敏感话题或争议话题（Drew，1984；

Pomerantz，1984b）。实际上，我们认为描述和报告可以被用来处理参与者在自然环境中常常面临的两难处境，即他们在提供事实性报告的同时，被怀疑是否与这一特定事件或其实际后果之间存在利益关联。这些报告的接受者同样会作出相应的反应，来控制这种两难处境。因此，通过提供报告，而不是直接作出指责，说话者并不保证特定的互动结果，而是争取确立一种"是什么就说了什么"的责任解释。

一旦确定参与者在报告和描述的过程中开展了重要的心理工作，一个新的分析领域便浮出水面。这就是事实建构的领域，即依据某些日常过程建立任何看似可信并难以驳斥的特定事实版本。一旦我们认识到事实报告在处理暗含激烈冲突的两难困境时具有的关键作用，就不难看出这些日常过程的重要性。报告是一种处理微妙心理问题的行为，而且报告常常被原原本本地接受。在这个前提下，人们尤其需要保持报告版本的事实性与中立性。话语心理学的主要分析任务之一就是辨识有助于产生这种事实性的参与者技巧。

通过一系列间接方式，运用描述来处理风险困境，指向了话语心理学一个更深层次的分析焦点。这就是事实版本的修辞学建构。争议情境中涉及的描述或报告的一个典型特征就是事实的矛盾性。也就是说，这些描述或报告通常被组织起来用于破坏或拒斥另一种直接或间接的事实描述或报告。这就使得分析具有更深层次的意义。分析不仅是为了阐明某一事实描述相对于分析者界定的外部"现实"的性质,而且要研究这一描述相对于参与者不认同的其他描述的性质,这样的分析会更加有意义。

这一模型的最后一个重要特征是,重视责任解释在理解参与者方面的中心地位。心理学家一直密切地、系统地关注一个层面的责任解释,特别是对事件责任归因的部分。这是归因理论的主要焦点。但很少有人关注另一层面的责任解释,即创造这个对外部世界的报告或描述的说话者的责任,而他们的描述或报告是推论因果关系的依据。同样,一旦我们放弃某一事件的特定描述的客观性现实,而把日常报告当作不同种类的话语行为来考虑,我们就可以看出责任解释是一个共同特征。实际上,我们强烈反对把单纯的描述排除在人的责任范畴之外的观点。我们将努力展示这两个层面的责任解释存在复杂的交互关系。例如,我们会阐述一个过去事件的报告(其中已形成或包含这一事件的责任解释),如何被建构和组织起来,用于处理当下对话互动中的责任解释问题。同样,通过说话产生的当前行为特征可以作为依据推导出被报告事件的责任归因。这些浓缩的、概要的主题将在本书主要章节的具体分析中作详细阐述。

模糊画面的分析、细节和排斥

尽管心理学领域有关参与者话语的研究在逐渐增加,但这些研究仍相对少且分散。出于这一原因，我们选择通过一系列采用类似材料（公共政治争议）的有延续性的研究来展示话语心理学综合的理论和分析方法。这些分析的特征是关注文本细节，这在心理学中罕见。对细节的普遍忽略源于对话语性质的潜在理论假设。

对于语言中自然产生的细节，心理学密切关注的领域是言语的产生和接受。心理学范畴内，言语错误和语音的瞬间微小元素被用于分析基本的心理和生理机制。但这些与心理学领域相关的现象超出或未及人类日常活动的范畴。当然，这也符合将言语错误视为潜意识过程外在表现的经典精神分析方法。不过，心理学家在处理话语对参与者的意义时，通常会采取两种理论路径。

一种路径与乔姆斯基的理论相关，认为实际的语言表现（包含时机、语调和所谓错误的谈话）过于杂乱和无序而无法处理。对此，解决方法就是研究语言能力，即所谓的潜藏在杂乱的实际言语现实之下的理想语法组织。近来，这种对实际言语的理想化和抽象化主要表现为认知过程研究领域中以计算为基础的研究。

另一种路径更为普遍，语言并不是研究的主题，而是探究其他主题（如记忆或归因）的媒介。在这里，日常对话的抽象化一般通过两种方式完成，我们可以称之为"限制"和"粗略分类"（见 Potter & Wetherell，1987，pp.39–41）。限制能有效阻止参与者的任何自然话语进入研究范畴,只有严格限定的一系列回应可以被当作数据使用。被试必须在选项前的方框内打钩,给词语画圈,回忆或辨认文稿,给事先准备好的一系列选项排序,等等。研究者企图以这些方式限制反应的事实,并不意味着参与者没有能力在这个有限的世界里完成各种微妙的符号学任务,参与者的能力只是被轻易地忽略了。整体而言,这就是心理学的所作所为。

尽管限制在心理学领域被广泛用于处理复杂的自然语言材料,但一系列针对研究方法论的批评(如 Gergen,1978;Harré,1979)使人们认识到,这种方法会导致众多重要信息的遗失。这一方法不仅预先界定了哪些东西算数据,而且阻碍了对在实验或调查之外收集的自然语言材料的使用。出于这一原因,自然发生的话语通常被用来作一些内容分析。

原则上,内容分析是理论上中立的方式。研究者会精确界定自己感兴趣的一些类别,然后数一下出现频率。由此产生的数字可用于统计操作以揭示各种规律和潜在的因果过程。然而,准确地说,正是这种对谈话碎片去情境化定义的依赖,反映出内容分析在处理丰富和复杂语料方面的缺陷。通过这种粗略分类的技术处理,谈话次序的细节设计消失在总体的概括统计之中。这样得到的最理想的效果就像一张模糊的图像,可以揭示笼统的形态,却遮掩了令人困惑的细节。

归根结底,这个错误并不在使用限制程序的研究者,也不在内容的粗略分类。问题的根本在于将话语视为通向认知的一个(错综复杂的)路径的概念。本书阐述的分析采用完全不同的视角,以话语行动模型为支撑,将传统上被视为杂乱或琐碎的细节看作理解对话中表现出的行为的重要成分。这一理论起源于对话分析,自创建之始,就认为对话最细微的细节层面,以及每一个言语错误、停顿、重复和词语纠正,都可能是"经过设计的"或是重要的社会行为特征(Sacks,1964;参看Schegloff,1989;Wooffitt,1990)。我们在下面的分析中将遵循这一原则。可能有些读者,特别是一些心理学家,会认为我们走得太远了。尽管如此,我们还是会不遗余力地主张:心理学家应该追踪细节。

政治话语和心理学的一致假设

我们在不同章节选用了来源不同的各种对话和文本,包括法庭抗辩、日常电话交谈、报刊报告、电视访谈、伊朗—反政府组织听证会和"水门事件"的证词。考虑到时效性和重要性,我们感到有必要将一些有关海湾战争的案例纳入其中。本书中最详细的阐述聚焦于英国政治生活中的两组材料。第一组与一次具有争议的新闻发布会有关,一群记者声称一位政府官员告诉他们政府将施行一项关系到老人福利的改革,但这位政府官员否认自己透露过这个消息。第二组材料与劳森大臣引发政坛风波的辞职事件的动机有关。

在每一个案例中,这些话语材料为我们展现话语行动模型的特征提供了极好的机会。话语行动模型是话语心理学的核心要素。这些材料涵盖类型上相似但细节上不同的事件,读者会发现这些材料本身就很有趣,还可以通过对这些材料的了解判断我们的分析是否充分。

可能会有人质疑,我们选择的公开政治话语是一个容易涉及利益操控、事实建构和责任解释的领域,认为这是话语心理学"软检验"。当然,有人会说政治话语的这些现象是预料之中的,很难证明这些现象会以同样的方式出现(至少是出现)在日常话语或其他领域中。这种说法有一定的合理性,我们绝不认为公开政治话语的分析应该取代其他材料的分析,特别是日常对话的分析。我们已在其他地方进行过日常对话的分析。尽管如此,这种"软检验"的说法仍有着严重缺陷和成见。

首先,我们反对不假思索、理所当然地将公开政治话语视为事实建构和责任解释研究的软案例。例如,政治话语材料有一个有别于日常对话的重要特点,即它有很多公开记录(如《英国国会议事录》、媒体报告),在这些记录中,政治家们的言论可以被查阅和验证。日常互动中很少会有这种记录,大多数情况下,日常互动发生在专业评论员和批评家的视野之外。从这个意义上说,公开政治话语是一个硬案例,更不容易分析。而在日常情境中,因为不存在审查,话语行为的过程展现得更为自然,对话更为"天真",技巧更加开放。

第二，我们的确希望通过本书展现从公开政治话语的研究中得出的结论将如何帮助我们理解不同类型的话语，包括日常对话。我们并不是说特定的话语组织在不同情境中会一样，但是，对这些材料的分析带来的结果可以作为一个良好的起点，帮助我们研究日常对话中的微妙细节。

第三，这一点比较宽泛，仍与当代心理学研究理所当然采纳的假设有关。绝大多数的记忆和归因研究都在努力打造一个人们竭力用一种不含利益取向的方式记住事件或推导因果责任的心理学。根据这一假设，如果我们从这一人造情境出发，认知过程会以一种抽象的或不受阻的方式进行，然后我们有可能在里面加入风险效应、矛盾或修辞。我们看到的是，心理学完全以自己的方式，建造了自己预设的人的模型和社会的模型（参看Moscovici, 1972）。为什么这样的共识和去利益化必须成为常态和基线，而矛盾和风险是次要的，甚至有时被认为寄生于常态（Derrida, 1977a）？这不是实证研究的发现。这绝不是任何实验揭示的结果。因此，我们将通过分析公开政治话语，特别是那些涉及问责和免除责任的矛盾情境，有意识地颠覆这个基本假设。

本书的简要介绍

本书第一章比较了话语心理学和认知心理学的基本立场。这一章为本书设定了背景，介绍了近年来认知心理学和社会心理学在日常情境和对话研究方面兴趣趋同的现象。这一章讨论了一些基本问题，如还原论、认知主义中的感知假设的作用，同时简要综述了基于话语的研究方法的基本特点。认知主义处理语言的方法是将文本、语句和描述看作对外部世界的描述或对那个世界的潜在认知的外化表征；而话语心理学的方法是对不同版本的事件、事物、人物等的描述进行研究，并形成理论来解释这些版本是如何在情境中被建构起来以完成社会行为的。这个重新定位将通常不可并论的记忆（事件表征）和归因（原因阐释）结合在了一起。

紧接其后，第二章和第三章专门阐述了有关记忆研究的话语心理学方法。第二章介绍了乌尔里克·奈塞尔（Ulric Neisser）对约翰·迪安（John Dean）的记忆的著名研究。奈塞尔讨论了迪安向"水门事件"调查委员会提供的关键证词。我们认为，奈塞尔将迪安的证词作为记忆功能的证据来处理的方法，未能揭示证词是如何被建构起来以完成特定互动任务的。我们将奈塞尔研究中界定的不同种类记忆功能重新解释为话语特征。我们还指出分析者如何界定真相和错误，并以此为标准来判断参与者的记忆问题，进而分析了奈塞尔如何从个性的角度解释迪安的错误。将个性作为基础来解释错误认知并进行归因的观念，是我们在之后的章节中讨论的问题。我们还在第二章讨论了另一个将反复出现的主题：事件报告中特定描述的重要性，以及它们如何暗含归因理论所注重的原因解释。

在第三章，我们运用自己的材料，就前文提及的一些观点展开进一步阐述，从而更深入地证明话语回忆的行动导向特征。我们认为以认知为基础的记忆研究中所采用的对错假设在处理自然语境中人的对话时是有问题的。"真正发生了什么"是有关过去事件的话语中具有潜在争议的事情，因此，只有将它看作人们在对话中建构事件版本的输出结果而不是输入来源，才能作出有意义的分析。相对于参与者而言，心理学家在实验研究中具有能够界定事件真实性的优势地位，但这也可能是一种假象（日常事件没有一个单一的、决定性的版本），而且掩盖了对参与者而言真实的一面。这种做法把注意放在客观的真实和错误上，低估了事件描述的建构性、情境性和修辞性特征。

第二章和第三章展示了话语回忆可以被理解为形成行动基础的故事版本的建构，后面的两章则从相反方向进一步检验这一观点，探讨归因（被认为是社会行动）如何在不同版本的故事中展开。这反映了本书的一个重要观点：在话语实践上，记忆和归因是同一枚硬币的两个面：在对话或文本中进行报告（话语回忆）是进行责任归结、责任推脱和其他责任行为的主要方式（日常归因）。

第四章首先选用了归因理论的一些研究，对语言的角色问题进行批判性总结，其中包括将归因推理看作语法和语义特征的研究。这些研究对用于时间描述的语言资源进行了很有见地的分析，但它们提出的事件解释模式具有较大局限性且多有重复。新近的归因研究引入了一些新的方法,为归因解释提供了更具对话性的基础,但是,这些研究仍倾向于将对话实践理想化,使对话更符合格赖斯(Herbert Paul Grice)著名的对话一致性原则,而不能反映真实谈话中的细节。我们认为,尽管这些研究表面上重视自然话语,但其本质仍停留在关于心理过程的认知主义元理论上,忽略了日常解释的关键特征,如作为事件描述"利益化版本"的重要性。

第五章将进一步深入探讨话语情境化描述的重要性。我们将展示如何运用话语方法重新处理传统归因理论中的核心元素——信息一致性。与依据通过感知获得的事件信息自动开始归因推理不同,话语心理学聚焦于事件如何被建构性地描述出来,从而暗示某个特定的原因解释。我们将通过检验细节和具体解释的顺序排列来探究这个过程如何完成,以及归因推论如何在交流活动中产生。话语心理学重新定义事件的共识性或一致性的概念,将其定义为通过一系列可辨认的修辞手法建构或削弱的话语权或成就,以及被建构或驳斥的进一步的社会行动和言论。

第六章延续上文,通过讨论事实建构(描述话语)分析中涉及的成分,进一步阐述对记忆和归因的再处理的意义。第六章还展示了角色和人格的心理学概念如何被理解为在话语中完成特定行为的资源。除了为认知错误作解释,以及为削弱他人的叙述和归因推论提供展示空间,我们还展现了特定版本的角色和人格如何被建构成相互对立的解释。读者可以看到,在将特定行为归咎于对方之前需要进行必要的描述工作。因此,第六章通过实证研究材料把事件报告的建构话语、事实和错误、原因解释,以及角色对应特征描述统合在了一起。它们看上去相互抵消,必须被作为事实或角色等来建构,以一种相互暗示的方式促进社会行为的话语的完成。话语心理学的核心特征在于,它将外部现实和心理状态作为参与者关注的东西来对待:不把它们当作心理学上的先验现象,或作为谈话内容的输入或解释,而是作为本身可供建构性描述和暗示的现象,通过参与者作为话语行为的一部分。

最后一章题为"话语行动模型"的专栏,整合了各种流派和框架,将行为、事实、利益和责任解释的问题结合起来探讨。此外,该章还总结概括了本书中涉及的日常话语中的事实建构方法。读者在阅读其他章节时可以翻看此章作为参考。

总之,本书的目的不仅仅是为一个基于话语研究心理学现象的方法呈现论据,还旨在以一种相对系统的方式介绍这一方法的一些主要关切和概念。为达到这一目标,正文中穿插设置了补充材料,突出或单独列出特定观念或问题,并展开进一步的阐释或作出与正文可能不同的阐释。有些材料涉及在撰写这本通篇充斥报告、描述和解释并以它们的状态为内容的书时难以避免的反身性问题。也就是说,我们努力面对我们的理论在自己的实践中造成的后果。毫无疑问的是,我们十分谨慎,但我们希望展现出这一方法引发的心理学学术实践本身的问题。

最后说一说本书的书名"话语心理学"。过去,我们经常把这样的视角称为"话语分析"。这无疑有益于凸显与社会学和语言学领域研究的联系。然而,这也不幸导致话语分析有时只被视为一种方法,即大多数传统和现代心理学预设的变量、效应和反应的框架内产生的一种与实验、问卷类同的研究技巧。话语心理学的提出,部分是为了指出这不仅仅是研究方法的改变,更是相当激进的理论思考。本书探讨的远不止于此,因为它包含对当今心理学核心话题——记忆和归因——的重新建构。不过,在开始重新建构之前,我们还需要回顾一下心理学领域内认知主义的重要特点。

第一章
社会与认知

"发生了什么事?""为什么?"是日常和制度环境各个层面上司空见惯的基本问题。它们是科学和教育的关注点,也是亲朋好友日常交谈的主要话题。法庭和美发店都是人们探讨事实与动机、表达判断的地方。本书的主要思想可以概括为两点。第一,心理学的特定分类方式将"发生了什么事?"这个问题置于认知心理学这一分支领域(以记忆研究的形式),而把"为什么?"这个问题置于社会心理学分支(以归因研究的形式),这样的区分使得心理学对人类事件的理解充其量是割裂的。第二,在认知心理学和社会心理学中,对日常行为的理解都被拆解成方法论处方的集合,而并未将语言作为社会行为的主要模式来建立理论。

本书将从不同角度来阐述这一观点。第一章的目标是从多个角度介绍背景,让读者作好准备。首先,我们会介绍认知主义和感知主义理论,阐释它们的核心假设是如何影响记忆和归因研究的。其次,我们会对话语心理学的话语和修辞方法进行概述，阐明我们的理论背景并介绍后续各章将要探讨的具体分析方法。同时，我们还将介绍本书中作为主题或特点反复出现的法庭、法律场所和抗辩过程的意义。正式争论和交叉质询为认知心理学和日常话语研究提供了交汇的场所，让心理学研究的局限与话语分析的可能性产生互补。

在话语上聚合

认知心理学和社会心理学通常被认为是互不相干的领域。它们出现在不同的教科书、导论教材的不同章节、研究生学位课程的不同主题，以及不同的学术刊物里。如果说它们之间有关系，那就是社会心理学是一个衍生元素。认知心理学之所以占据主流，是因为它干掉了行为主义这头野兽，取而代之，占据了心理学的基座（Gardner，1985；Johnson-Laird，1988）。心理学的核心主题是感知、记忆、语言和心理表征、知识和推理。社会心理学与发展心理学基本上追随这一主流，特别是在北美国家和英国，各种问题和议题被界定为认知问题，反复引用诸如皮亚杰（Jean Piaget）、海德（Fritz Heider）等上一代思想家的著作，以强化认知主义的根基。社会心理学已在很大程度上变成社会认知研究，探究个人如何感知、划分、解释社会世界，如何对其进行心理表征、作出推论并解释原因。就这样，个人的社会生活变成他们感知彼此的方式，以及对彼此作出假设或推理的过程（Eiser，1986；Fiske & Taylor，1984；Forgas，1981）。

社会心理学、发展心理学同主流心理学一样，认为个人的认知过程是形成感知和行为的关键，我们将这种解释策略称为"认知主义"（参看 Costall & Still，1987；Coulter，1983）。这并不是说心理学领域存在一个可以涵盖一切的统一理论。但是，依据这一基本策略，一系列方法论假设与实践、大量具有启发意义和典范价值的研究，一系列被认为理所当然的理论和很多相互关联的正式或非正式的群体分类与社会机构，都可以被归为一类。出于这个原因，我们将在不同层面上阐述我们的观点，其中一部分任务就是将那些大家心照不宣的假设和实践明确阐述出来，展示这些假设如何构造出认知主义解释的内容。

有迹象表明，相对独立但以从属关系并存的社会心理学和认知心理学有可能会不复存在，这不仅仅是因为它们有着一致的认知主义视角。这些迹象是，首先，人们开始考虑从人造的实验环境中转移到人们正常思考、行动和真实生活的生态环境中去。其次，与这一自然主义思潮相关，对话语的关注不断增多。当然，这些并不是全新的思想。在自然环境中探究行为的心理学研究比心理的运算模型历史悠久得多（如 Barker，1968），只不过这种模式被心理学天真的实证主义思想阻断了。

现代以来，语言在认知心理学中占据着非常重要的地位。乔姆斯基（Chomsky，1959）的临床研究颠覆了斯金纳的《言语行为》（Verbal Behavior）的教条，提出了自己的生成语言学，这是标志认知革命开端的重要事件（Gardner，1985）。然而，认知心理学对语言的强调不同于我们对话语的关注。对乔姆斯基以及在其影响下孵化出的认知心理学而言,语言是一种心理抽象,是句法规则的知识,但显然不是社会行为,也不是日常对话。与操作性条件反射一样,日常对话的心理学研究被认为在语言心理学探新中走错了方向,从而被埋没。

正如社会心理学吸纳了很多认知革命的主要假设和观点,认知心理学家也越来越关注社会和文化层面,而且他们关注的显然不是被狭义理解的社会心理学(作为心理学的一个从属分支)。目前,以下三个领域的研究正影响着从社会与人类科学领域衍生出来的认知心理学。

第一,对认知的兴趣有了新角度,认知被认为是特定于社会和文化的,因人而异,不仅植根于心理过程和计算推论,而且存在于外部特定的、真实的、由物体、艺术品和文化行为构成的世界(例如,Lave,1988;Middleton & Edwards,1990a;Neisser,1982;Norman,1988;Rogoff & Lave,1984)。吉布森提出的极具影响力的非认知主义生态视角,在重新建构理论模型以理解认知过程如何在真实物质与事件的世界中发挥作用方面,无疑是响亮的一鞭(Gibson,1979;Neisser,1976)。

第二,对有些研究者而言,维果茨基的发展心理学(Vygotsky,1987)已成为一个新的焦点。他的理论认为,语言是植根于日常社会实践中的思想和行为的文化媒介(Cole,1988;Edwards & Mercer,1987;Edwards & Middleton,

1988；Lave，1988；LCHC，1983；Scribner & Cole，1981；Wertsch，1985）。这些研究中有一些侧重自然发生的话语和文本，但这不是维果茨基流派传统研究的标志性特征。将认知过程置于其文化背景中进行研究的方法与认知人类学有相关之处，如文化意义系统的心理表征研究（D'Andrade，1981）。认知和语言的发展被看作文化学徒和社会化的形式（Lave，1990；Ochs & Schieffelin，1984），文化心理学的诞生或者说重生开始了（Cole，1990；Stigler et al.，1990）。

第三，也是最后一点，将语言看作话语的兴趣越来越浓厚。认知心理学对话语的兴趣源于文本取向的语言学和语言心理学（Grice，1975；Searle，1986；Kintsch & Van Dijk，1978；Winograd & Flores，1986）。总体上，这一发展趋势与社会心理学及普通对话研究没有什么关系，尽管有研究者尝试将对话分析运用到人机互动模式中（Luff et al.，1990；另见 Button，1990；Oldman & Drucker，1985）。

总的说来，这一系列发展指向认知心理学与社会心理学之兴趣的聚合，而且研究关注的焦点也逐渐向日常活动和话语转移。也就是说，越来越多的人认为我们认同的关注点应被置于更为中心的地位。然而，需要注意的是，至少目前，所有这些发展仍然局限在主流认知心理学的框架中，仍是实验认知心理学和大脑与心理的中立计算模式的结合（Johnson-Laird，1988）。

能将当前这些发展中的主题整合起来的应该是话语而不是

第一章
社会与认知

语言。宽泛而言，话语可以被视为社会行为，可以作为真实世界现象而不是理论抽象概念来研究。在本书后面各章，我们将讨论对话语作为社会实践的不同理解，阐明我们的观点与上述部分观点的区别。不过，眼下我们想要强调的是，将话语视为互动和认知研究核心的观点正逐渐成为一种共识。

话语是认知的主题还是认知的渠道？

本书的主旨之一就是指出将日常话语看作认知研究途径的问题。也就是说，我们要质疑将谈话和文本直接定义为潜在的知识和推理的认知表征的思想。将日常话语视为认知途径的缺陷被越来越多的研究发现。例如，有一些研究特别提出对态度的认知解释的问题。这些研究表明，精神喊话很难被解释成一种潜在认知能力的反应，难以符合一般认知主义的理论（Billig, 1988a；Potter & Wetherell, 1987, 1988）。这些研究还指出，精神喊话最好被理解为以不同活动为导向的话语（Billig, 1987, 1989a, 1991, 1992a；Condor, 1988；Potter & Wetherell, 1988；Smith, 1987；Wetherell & Potter, 1992）。

将谈话转译成认知的一个难点在于，心理学关注的话题也是普通谈话关注的话题，即看到、记住、理解了什么。谈话展示了人们如何界定、探讨这些话题，这些话题如何铺展和消解，如何被争论、强调和回避，如何在诸如指责、逃避指责或减轻责任的谈话活动中形成。参与者对发生了什么的关注,以及对如何描述的关注并非出于对真相不偏不倚的追求,而是受制于实际行动中的具体情况。换句话说,我们日常话语的认识论围绕的是充分性和实用性,而不是效度和准确性。

基于这一认识,我们将话语自身定为研究的主题(参看 Garfinkel,1967;Zimmerman & Pollner,1970)。也就是说,对话回忆不再仅仅被视作理解内在认知过程的途径而是成为研究焦点,与此相对,对话的组织和功能成为研究问题(Edwards & Middleton,1986a)。这意味着,对话不单纯是记忆、推理等主题附带的一个学科内容或教材章节。主题化的话语不再是用以研究记忆和归因的途径,它遮蔽了认知心理学传统的猫眼,从另一个视角展示认知工作过程的全新规律。

我们将尽可能详细地展示参与者在对话中对事件的各种说法(回忆、描述、表述方法)是建构出来完成交流和互动任务的。记忆不是孤立、静态的回顾,而是与交际行为和利益密切相关。不同版本的想法、观点和谬误、推论和理由被建构并暗示出来,用于支撑或贬低特定的故事版本,以指责、批评、责备他人或找借口开脱责任,等等。在话语中,认知和现实受到修辞的制约。记忆是一个完全渗透着语言表征和效应的现象,很多传统认知研究的问题在于,它们试图将记忆从真实话语语境中剥离出来进行研究。

话语心理学的目的是,将其他范式认为是背景性的、外围的现象纳入分析焦点。这不是揭示文本和谈话的语言学结构，也不是用拖网捕捞式方法在对话中搜索潜藏的认知。相反，话语心理学的焦点是话语如何成就社会行为并成为社会行动的一部分。不过，这并不是说，它不涉及常规概念和推理的问题，而是这些问题会呈现出人意料的不同面貌，我们只是带着所有的认知主义发现和假设走出认知实验室，看看我们是否可以找到真实世界中的认知工作模式（参看 Cole et al.，1978）。

在日常谈话中，我们发现了饱含真相与错误、心理与现实、记忆与感知、知识与推论的富饶矿层。但这不同于"普通人"在大众心理学座谈会上坐在一起谈论这些抽象问题，也不是人们提供言语样本让认知研究者来揭示产生这些言语的潜在过程。真实的情况是，人们随意地、常规性地建构这些概念（感知、知识、推论等）的表达方式。这些表达方式是日常话语行为的一部分，如描述和报告有趣的事件、制定计划和安排、协调行动、解释错误和缺席的原因、谴责、找借口开脱与责备他人，以及拒绝邀请等。

简而言之，我们认为，认知与语言的关系一直是认知心理学的一个主要的关键性问题。近期的发展已趋向于将真实世界的现象作为认知现象来研究，这样的研究必然会舍弃孤立的和人造的实验文本，转向自然发生的话语。但是，我们在研究这些话语时，不是发掘人们如何表征、理解和记住事件，而是寻找层出不穷的各种情境化的说法与故事、报道与注解、描述与表达方式,而且其中最有价值的意义要通过检验它们的语用学定位和互动取向来获得。研究日常话语并不是主张将实验研究的发现应用于真实世界,而是鼓励重新评价语言与认知的关系。

不能简单地将这样的话语行为研究理解为认知心理学与社会心理学的替代品,但它并非与这些研究毫不相关。首先,这些日常话语行为正是社会心理学与认知心理学在某个层面上不得不解释的。其次,将传统社会心理学与认知心理学提出的理论应用到自然环境中,必须对社会心理学与认知心理学的背景有透彻的理解,这样才能将实验条件下界定的变量与自然的特征联系起来。最后,可能也是最重要的一点,正如我们将在后面的章节中展示的,日常话语的研究将对时下盛行的心理学的充分性产生重大影响。

还原论

有关社会心理学与认知心理学关系的讨论常常会造成厚此薄彼的局面。在社会、文化或话语心理学一边,人们认为思想与推理、心理与记忆的现象应被理解为受文化影响的、在社会中形成和定义的、在谈话与文本中构成的,等等。从这一视角看,无论我们的日常心理概念有多少可以通过实验心理学和认知科学来提炼,认知过程也并不是人类理性和行为的源泉。相反,意义、行为与动机的概念是人们创造出来调节彼此之间关系和参与社会生活的,是在文化框架内生成的。这一观点的表述方式各异,却在社会建构论学者,如格根(Gergen,1982)、哈里(Harré,1979,1983)、莫斯科维奇(Moscovici,1984)、桑普森(Sampson,1988)和肖特(Shotter,1984)的论著中十分常见。

认知主义的支持者不同意上述观点,他们认为个体不仅可以不与任何人交谈就能感知、推理和理解世界,而且即使人的心理并非专门用来掌握、分析和参与社会性的交流活动,这些活动的表征也能实现。一切社会性活动都需要一群具有认知机制和能力的人的参与。文化本身可以被理解为基于生物性的人性的产物,是基本的人类思维与行为模式的体现。展示人类思想和行为的文化基础的证据再多,也改变不了认知主义者的立场。当然,只有在争论何为正统的问题时,认知主义范式的支持者才会明确表达自身立场的基础及其相对于其他范式的优势。

很显然,我们的认知和社会认知研究方法植根于话语研究的理论与方法论,似乎与社会文化这一阵营更为亲近。我们可以运用不同的策略来证明这一理论领域的优势。例如,我们可以提出支持认知的话语组织的还原论观点,或者可以提出一个领域划分的观点,对学术劳动进行分工,有些话题最好从某个视角研究,而另一些话题最好从另一个视角研究。我们还可以借助皮亚杰或维果茨基的理论,提出一种发展观,如更高层面的文化形式的认知是基于先前的、更初级层面的个人认知逐渐发展出来的。所有这些观点都有其支持者,其中有些观点也融入了我们的理论。

然而，阐述这些观点不是本书的目的。我们想要做的是把还原论的问题，以及青睐某一种方法或分析的根源囊括起来，或放置一边。也就是说，我们关心的是检验参与者如何在谈话中处理认知心理学与社会心理学关注的那些问题。当然，心理学家的兴趣在于，这样的研究对认知和社会生活研究的主流模式有什么启发意义。

感知主义、记忆与归因

在某些形式的认知主义中存在另一个基本假设，在我们的工作正式开始之前必须先将这个假设提取出来梳理一下。我们可以将这个假设称为"感知主义"。这个假设之所以重要，是因为只要认知仍是核心问题，它就需要某些形式的感知输入从而在现实中生根。认知理论长期探讨的问题，或者说，至少有关对现实的理解的问题，是我们如何运用各种认知装备看到世界的原貌，或者确保我们对这个世界以及对彼此的理解是有效而"正确的"(Neisser, 1976)。我们对世界进行编码、选择、推断、转换和扭曲，但如果这些心理操作使我们沉迷于幻想和曲解，无法有效采取行动、作出反应和生存，那么它们就毫无用处。人类不可能演化成单纯的大话王和梦想家。对认知理论而言，感知主义是解决这一问题的理想方案，因为它主张认知表征是基于感知的，而感知基本上是现实的。

第一章
社会与认知

感知主义的核心价值可以通过认知心理学、社会心理学和发展心理学提出的一个心理结构——图式——来诠释。图式是一个假想的认知组织，其作用是让经验产生意义并指导行动（如Bartlett，1932；Mandler，1984；Piaget，1970）。在包含人工智能研究的现代认知理论中，重点既不是图式的扭曲效应，也不是它如何巧妙地帮助我们理解心理的文化机制（Bartlett，1932），更不是儿童的离奇认知（Piaget，1970），而是它如何帮助人们在日常生活环境中（包括其他文化的成员和儿童）看清世界的真相。因此，图式是一个"在空间和/或时间维度上组织起来的认知结构，其各部分因人们经历的时间或空间的临近性而彼此相连"（Mandler，1979，p.263）。

图式理论包含认知脚本的概念（Schank，1982；Schank & Abelson，1977）。脚本是常规性社会活动（如去餐馆吃饭或去看牙医）的心理表征。根据一个很有影响力的解释，脚本是"**从事件的具体经验中衍生出来的**，因此能反映'世界运行的方式'。可以说，脚本大致上就是**现实体验的抽象**"（Nelson，1986，p.8）（加粗强调部分为笔者所加）。我们并不想批判图式或脚本理论，而只是想指出这些理论在心理学的主要分支领域——发展心理学、社会心理学和认知心理学——备受推崇。此外，现代图式理论在很大程度上依赖于一个客观存在的、或多或少可以准确感知的外部世界。

感知主义也是生态心理学的一个重要特征。正如我们曾提

20

及,生态心理学强调在真实世界的行为与感知背景中研究和解释认知如何发挥作用。这个术语源于吉布森(Gibson,1966,1979)的著作,在他看来,对真实世界的感知理解一直是认知心理学的核心主题,甚至贯穿认知心理学的鼎盛时期(20世纪60年代和70年代)。在吉布森看来,有关世界的信息并非主要通过内在的认知机制得到"处理",而是可以通过对光、声音等的感觉器官获得,它们只是被"挑拣"了出来。

我们关注的不是吉布森的感知理论本身,而是它对认知心理学的影响,特别是对奈塞尔的重大研究的影响。奈塞尔(Neisser,1967)最初正处于吉布森所驳斥的认知正统理论的最前沿,但作为吉布森在康奈尔大学的同事,奈塞尔也受到启迪。奈塞尔(Neisser,1976)接受了感知主义理论的优点,开始将吉布森的理论与自己早期的认知主义理论整合起来。他指出,在感知循环中,认知图式受制于感觉输入的可用模式,同时通过对事物的观察和注意积极引导对输入的理解。

伴随对真实世界中的感知和行为的关注,出于对以实验为基础的认知心理学的局限性和人造结论的不满,奈塞尔与其他学者(Shaw & Bransford,1977)推动了生态认知心理学的发展。这一发展带来的一个结果是,人们越来越注重将认知过程置于真实世界的背景中看待。例如,记忆作为日常活动进入研究视野,不再依赖实验的程序和材料,或让被试回忆词汇表和散文段落,而是采用日常生活的情境,人们在其中自发地为自己记住对他们而言重要的事情（Neisser，1982）。日常生活中的记忆研究的新进展包括自传性记忆和预期记忆（见 Cohen，1989）。

在传统生态理论的框架内，人们记住的东西作为记忆发生时的行为和感知的一种情境功能被研究。日常记忆研究的一个主要素材是话语。实际上，从巴特利特（Bartlett，1932）开始，记忆的实验研究主要依赖专门设计出来的文本材料（Bransford，1979）。自然发生的对话和文本，如日记、记录等，是用于研究其中蕴含的记忆工作机制的更为理想和丰富的素材。当然，对话和文本材料还可用于其他类型的分析。作为话语，它们有自己的生命，可能会干扰心理学家揭示记忆机制。这也是本书希望达到的一个目的——探讨话语分析对记忆研究的影响，特别是对生态心理学提出的"认知必须通过感知建立与现实的关联"这一假设的影响。

巴特利特（Bartlett，1932）对记忆的开创性研究显然既属于认知心理学范畴，也属于社会心理学范畴，但社会认知的现代研究极少对记忆的社会基础表现出关注（尽管有一些关于社会表征的研究，见 McKinlay et al.，1992；Moscovici，1984）。本书涉及的社会认知领域是归因理论，大多数是关于人们如何为自己和他人的行为提供因果解释的实验研究。这不仅是社会认知的主要课题，而且与主流认知学派有着很多共同特征。感知主义就是其中之一。

专栏 1-1 稻草人和玉米娃娃

"有认知主义这个东西吗?如果有,真的如你描述的那样吗?你做的事,是不是就相当于做了个很容易被打倒的稻草人?"

这个稻草人的比喻很有趣。某个论点、立场或传统以某种方式表达出来就很容易被批驳,仿佛做了一个比真人更容易被击败的稻草人。在我们看来,这个稻草人的比喻指出了论证的共同特征:人们建构出一个描述世界的版本是为了促进特定活动的展开。如果你把一个理论描述得看起来站不住脚,就可以顺理成章地批评它。我们在后面的章节会展示这一过程如何发生在政治争论中。政治争论中,"发生了什么"往往经过精心设计,目的是符合特定活动的需要,如指责、赞赏和反驳。在这个层面上,指责我们创造了一个稻草人的言论已然体现了我们主张的理论视角。

但从另一个意义上说,这个稻草人的比喻是有问题的。因为他暗指稻草人后面藏着一个真人。也就是说,它假设了一个不容改变的版本,一个非偶然的、完全脱离情境的说法,一个绝对的、超越时间的、真实的观点。作为受过维特根斯坦和民族方法论启蒙的人,我们反对这样的本质论。例如,一系列科学话语的研究结果显示,特定理论的内容和对特定理论家的支持会因环境的变化而发生改变(Gilbert & Mulkay, 1984; Myers, 1990; Potter, 1988b; Yearley, 1984)。换个角度看,认知主义并无所谓可或多或少准确把握的重要的柏拉图式本质,相反,认知主义是从这类描述中建构出来的。各个学科的观点概述是教材里提供的意义理解工具和理论争议的简要笔记。在科学领域,每个人都参

> (续)
>
> 与将不同的观点和实践编制成不同的玉米娃娃,这些娃娃可以根据需要放在你所处的环境中。
>
> 当然,稻草人的批评可以提醒我们注意理论的缺陷和不必要的简单化。这里,我们希望我们的简单化有确切依据,也希望我们的论点没有重大缺陷。我们所说的认知主义是修辞性的,为的是引起大家对各领域研究中的局限和盲点的关注。我们还认为稻草人观点实际上本身就是一个修辞手法。这是一个常用的驳论技巧,用于引发人们对某一理论或观点的再思考,从而产生与旧稻草人不一样的新主张。
>
> 当然,所有这一切最终是稻草人观点的一个稻草人版本(Ashmore, 1989)。

源于人的感知研究的归因理论和对归因推理的经典处理方式或多或少是对感知的研究(Shaver, 1983)。例如,米乔特(Michotte, 1983)通过观看移动物体的影片所做的原因感知的研究被誉为有关因果关系的先驱性心理学研究(Hewstone, 1989),而海德(Heider, 1944)关于归因的第一篇重要文章被公认为有关认知过程和现象因果关系的论著。在对一般认知和记忆的研究中,将常规的经验抽象为图式的认知过程,同样出现在归因分析里。凯利(Kelly, 1967)开发了一个很有影响力的模型,将外部世界中的事件置于其中进行认知协方差分析(ANOVA 模型)。在这个模型中,经验的常规特征(被定义为恒定性、独特性和一致性的变量)被抽象出来,用于解释被观察到的新事件。这一过程中暗含的感知基础与图式理论的假设很相似。因此,"可以说感知主体通常从其他人的外显行为开始,这是他的认知研磨机中的谷物"(Jones & Davis,1965,p.222)。从根本上说,有关人们如何对人类行为作因果解释的研究总体上被理解为被彻底碾碎后掩藏在感知主义中的认知心理学应用[参看比利希(Billig,1985)关于社会心理学中的感知与修辞方法]。

与认知心理学的生态运动同步,归因的实验研究也受到日常对话和文本的现实性吸引而开始趋近。之后的研究方法已开始探讨人们惯常地和自发地作出的各类归因,而不是实验程序所要求的人造情境下的归因(如Antaki,1988;Harvey et al.,1990)。但总体说来,对日常和真实的追求,与以前的实验研究一样,基本上都是对文本材料的语言反应研究(尽管这些材料一般被处理成人们感知到的世界的写照)。至少在操作层面,大多数对记忆的研究,以及对归因的研究都是对谈话和文本的研究。

归因理论的新发展趋势是,试图用真实的或更现实的材料替代人造的文本,甚至开始将归因作为日常对话现象来研究。与记忆的生态学研究一样,这些日常对话和文本的归因研究也遇到了相似的严重问题,那就是,心理学家带来的概念(认知)机制与日常话语的行动取向有可能产生激烈的冲突。我们再次重申,检验话语以探究认知不是一项简单的工作。相比于回到实验室和操纵人造的文本材料,对日常话语的关注是值得赞许的一步,尽管这一步迫使我们对认知主义本身作出彻底的再评价。

记忆、归因和对抗主题

本章开始时我们提到,向话语分析方向转移的一个后果是切断了传统的心理学分类。在传统的心理学分类中,记忆和归因分属于两个不同的分支领域。从话语角度来看,这两个主题经过恰当的重新概念化之后密切相关。人们说话时,想法和现实、事实和推理、原因和解释会混合在一起。这不是因为他们的思维混乱不清,而是由于他们生活在一个行动导向的世界里(Heritage,1984)。在这个现实世界里,过去事件的故事版本是在原因分析的背景下产生的,它们融合在一起进入更广层面上的行动排序,处理诸如指责和表扬、安排活动、解决争端等事务。过去发生的事情根据现在的功能需求被重新建构——正是在这个环节,话语分析可以为认知研究作出重大贡献。而我们选择记忆和归因作为后续章节的主题,正反映了对话语研究所要求的认知主题的重组。探讨分别为认知心理学和社会心理学典型主题的记忆和归因还有一个好处,即这两个主题是大家熟知的,以此为基础阐释我们的概念重构有助于大家的理解。

但是,我们从截然不同的分支领域来检验这些心理学传统主题时,有了一个惊人的发现,那就是,它们对人类思想和行为的基本假设非常相似。对二者而言，它们都以感知认知主义为基础，都认为现实的理解基于常规经验的图式概括。认知心理学对归因和文本记忆的研究既关注人们如何感知世界，也关注人们如何通过事实和原因推论来理解世界。在记忆心理学研究中，原因推论是调节记忆行为的重要因素，人们会忘记他们读到的或听到的事情的精确事实细节，却能记住看似有着合理关联、推论和因果关系的故事版本。此外，人们在归因时，依据的是被描述出来的某人干了某事的事实信息。从这个意义上说，记忆和归因研究是彼此的镜像。事实与推论是记忆和归因研究的关键问题。正如我们所说，它们也是话语分析最核心、最普遍的主题。

我们会侧重讨论记忆和归因心理学研究在特定领域的发展，而不是综述记忆和归因心理学研究的整个领域。这些特定进展是我们已经讨论过的，即认知过程的研究，特别是在话语的认知研究方面，正在向真实世界背景转移。佘塞尔（Neisser, 1981）对迪安在"水门事件"调查委员会面前所作的证词的研究，以及其后出现的以语言学为基础的和采用对话方式的归因研究（例如，Au, 1986; Hilton, 1990），都可看作我们自己的分析研究的出发点。

之所以选择这些研究来讨论，是因为它们似乎与我们半路相遇。尽管保留着认知主义的视角，但这些研究反映了对谈话和文本现象的努力探索。我们会强调与传统记忆和归因研究的

第一章
社会与认知

差异,但我们不希望浪费精力争辩某种现象的研究者是否应该研究另一种现象。我们说过,指出认知主义的错误不是我们的目的(至少本书如此)。事实上,认知主义是理论和研究的可行的、建设性的基础,这一点毋庸置疑。但是,在向自然语境和话语转移的当口,我们需要在方法和理论上作出根本性转变,以及对日常认知和话语作进一步概念重塑,而不仅仅是对这一趋向给予认可。

迪安的案例有一个值得强调的重要特征,那就是,它发生在法庭这个场合。迪安作为证人在听证会上提交了书面证词,在质询环节作了口头证词。他提供的事件叙述不仅包含究竟发生了什么,他的记忆力有多好,他的记忆是怎么运作的,而且涉及一些归因问题,如谁该负责什么,谁该承担责任等——在这些问题上,他也受到牵连。对抗语境非常适合开展有关记忆和归因的研究。有研究者(Edwards & Middleton, 1986a)指出,如果关于记忆的实验心理学研究有一个平行的真实环境,最理想的就是那些可以让人们冷静地进行完整、准确回忆的场景。从表面上看,人们被传唤提供证据的司法场合最符合条件。但实际上,目击证人证词的实验研究是真实世界问题研究潮流的另一个显著特征(例如,Lloyd-Bostock & Clifford, 1983)。与交叉质询的对抗场景相近,归因理论家从哈特和奥诺里(Hart & Honore, 1985)的法律过程的因果推理研究中得到启发,将此作为一般归因分析对话模型的基础(Hilton, 1990; Turnbull &

Slugoski，1988）。

　　法律场合提供了一个丰富的生态资源，可用于研究事实报道、记忆、归因和原因解释如何建构起来成为情境化谈话的一部分。除了与记忆和归因研究关系密切，它还是对话分析的协同研究的焦点（例如，Atkinson，1978；Atkinson & Drew，1979；Drew，1978，1985，1990；Halkowski，1990；Linell & Jonsson，1989；Molotch & Boden，1985；Pomerantz，1987）。法庭，或者更宽泛地说，对目击证人进行交叉质询的思路，是本书最有价值的主题，因为它们是对真相和利益、原因和报道的基于谈话的对话式探寻。这对目光远大的认知心理学家而言很有吸引力，因为它对事实和证据及其社会组织形式的处理非常有力，提供了一个介于实验环境与真实世界之间的舞台，实验研究的发现在这里可以有用武之地。它对话语心理学的吸引力也是如此，实验研究的应用性在这里得到检验，它一方面可以直接与记忆和归因心理学相关，另一方面可以为常规谈话的修辞组织、利益和矛盾的研究创造条件。

　　需要强调的是，我们不是想将律师当作一个新模型来替代"科学家"、电脑、小白鼠。相反，这是一个生态的、隐喻的主题，是我们观点和论述扎根的地方。再次重申，它的优势不是我们自己编造出来的。法庭不单单是真实世界语境，有关记忆、归因、对话和修辞的生态研究已在这个领域开展，为我们提供了有用的经验。

话语分析：一个初步介绍

有关话语分析原则和方法的全面介绍将在本书后面的章节展开，其他著作也有涉及（Potter et al.，1990；Potter & Wetherell，1987；Wetherell & Potter，1988）。我们在这里尽可能简要地作一介绍，重点阐述我们的方法与其他名称类似的研究方法的区别。总之，下面的内容，以及后续各章中提供的具体分析将展现这一方法的本质特征。

我们这里所说的话语分析，是针对谈话和文本的一种功能取向的分析方法。到目前为止，绝大部分话语分析研究是质性的。然而，话语分析并非从理论上排斥量化，而是不能接受心理学量化研究一贯强调的可操作性以及这一做法掩盖的理论问题。话语分析最近的起源是科学知识的社会学研究（Ashmore，1989；Gilbert & Mulkay，1984；Potter & Mulkay，1985）及其在社会心理学上的应用（Potter，1984，1987，1988a；Potter & Wetherell，1987，1988）。这些研究还具有语言学哲学渊源，知识的问题被作为语言问题，特别是被重铸为语言使用问题来重新研究（Austin，1962；Wittingstein，1953）。这一领域发展的同时，符号学和后来的后结构主义与后现代主义在文化和文学理论中兴起，将注意投向文本的建构性和主动性特征（Barthes，1974；Derrida，1977b；Shapiro，1988），以及文本产生的"现实"意义上（Atkinson，1990；Todorov，1968）。

在社会科学的其他领域，言语行为理论（Grice，1975；

Searle，1969)和民族方法论(Garfinkel，1967；Heritage，1984)发展出语言及其在日常社会生活中的应用的功能性研究方法。语言作为现实构成行为再次浮现出来,如何将描述与认知或外部现实世界对照起来成为一个非常复杂而有趣的任务,因为完成这个任务的方式数不胜数。事件、记忆、事实和原因有很多不同的版本,可以看作为了完成情境性行为而建构的故事版本(文本)被置于该行为的特定语境接受特征检验。这一关注语言细节和社会生活的新方法,有很大一部分是从对话分析中发展出来的(例如,Atkinson & Heritage，1984a；Button & Lee，1987；Levinson，1983；Sacks et al.，1974)。这类研究对精心转写的对话进行分析,揭示普通对话作为连续的社会行为有着高度的组织性特征。

并不是将各种方法简单相加就可进行话语分析。这些方法并不一定相互兼容,有的甚至彼此冲突。我们提出的话语分析具有以下独树一帜的特征。

1. 话语分析研究的是自然情况下发生的对话和文本,包括被认为是自然发生的访谈记录(参看 Potter & Mulkay，1985；Potter & Wetherell，1989)。这使得我们所说的话语分析与大多数言语行为理论和分析,以及大多数处理文本材料的实验心理学区分开来,为对话分析提供了更为广泛的研究问题和材料。

2. 话语分析关注谈话的内容、主题及社会组织,而不是语言组织。这使其区别于关注文本语法、连贯性等方面的语言学研究。语言学研究的目标一般是总结出一个不涉及内容的语言结构。

3. 话语分析对行为、建构和变化三者均十分关注(Potter & Wetherell, 1987)。人们通过说和写来表现社会行为。这些行为的具体特征是一系列语体、语言学资源和修辞手法建构出来的谈话和文本的产物。有些话语分析关注这一建构过程。因为谈话和文本是行动取向的,故事版本的建构要服务于特定互动语境,因此故事版本会因语境的不同而出现变化。叙事的变化为话语分析提供了更重要的研究层面,可用于揭示不同版本的情境性和功能性特征。

4. 话语分析的另一个重要特点在于,关注日常谈话和思想的修辞(论说性)组织(Billig, 1987; McCloskey, 1985; Simons, 1989a)。修辞分析的主要特征之一是展现我们如何处理各种相互矛盾的、或真或假的故事,目的是理解任一事件描述版本的性质和功能(例如,Billig, 1988a, 1989b)。

5. 话语分析的最后一个特征是,关注有关现实和思维的,看似是"认知"的问题。这反映了话语分析的科学知识的社会学根基,及其有关态度、学习、记忆等问题的心理学类别的新视角。话语分析侧重通过话语检验来探究有关知识和信念、事实和错误、真相和解释的认知问题如何被处理(Edwards, 1991, 1992a, 1992b; Edwards et al., 1992; Edwards & Mercer, 1987;

Potter et al., 1991; Potter & Halliday, 1990)。正是对这些问题的进一步研究使得我们超越了简单的话语分析,可以将其称为"话语心理学"。

以上概要介绍了话语分析的主要特征。在下一章,我们将通过批判性解读关于记忆的生态研究,特别是奈塞尔对迪安证词的研究,开始往这个框架内填充内容。

第二章

乌尔里克·奈塞尔的记忆

1978年呼吁对记忆进行生态情境化研究的时候,乌尔里克·奈塞尔(现代认知心理学的创始人之一)发表了这样的评论:"如果 X 是记忆最有意思、最具社会意义的部分,那么迄今为止,心理学家还没有对 X 做什么研究。"这句话虽有些故作惊人的意味,但它除了惹恼了很多实验心理学家,也激励了很多想要把研究拓展到实验室以外的研究者,他们想研究那个 X——那种"自然"发生的记忆,如图形记忆、对话回忆和面容记忆等(例如,Cohen, 1989; Gruneberg, Morris & Sykes, 1978; Gruneberg & Morris, 1979; Harris & Morris, 1984; Neisser & Winograd, 1988)。这一将目光转向自然环境的思潮自然吸引了很多追求生态信度和效度的研究者。不过,正如我们先前提到的,奈塞尔的生态观更是一种偏向吉布森主义的、以感知为基础的认知心理学的具体理论取向。

将记忆看作生态的一个特征的思想运动会不可避免地促使分析者与日常话语建立密切的联系,远离记忆的实验研究中常用的去语境化的人造句子和段落（第四章将对此作更多论述）。"生态"一词来源于自然物种的生物系统的研究，这里用来表示记忆发生的物理环境。我们发现，大多数时候，由人构成的自然环境是人与人的交谈。而且，关于记忆的实验认知心理学大多与语言材料有关，与词汇、句子和段落的记忆有关，与基于语言的记忆机制理论有关（语义记忆、脚本、文本和故事语法等）。因此，生态方法常常与话语研究联系在一起（尽管人们很少这么认为）。然而，这也带来了一个特殊的问题。本书自始至终强调，日常话语有其自己的动态，把它作为理解认知过程的证据存在很大问题。我们对这个问题的态度是，采用另一种更有优势的方法，即通过分析话语来揭示心理和现实的观念如何在情境化行动中建构起来。

我们的目的不是对传统或近期的记忆研究作一个全面的综述或评论。我们关心的也不是以一种更积极的方式探究普通话语中的日常记忆研究的意义，而是要探索一种认真对待话语的方式。一般的实验研究非常依赖语言，这些研究与日常话语研究的差异已显而易见，因此不再赘述。但即便是近期，自然主义倾向的研究仍常常将语言材料当作记忆的认知研究素材，它们的意图显然是在真实语境中拓展和检验实验模式及其研究发现（Cohen，1989），把文本定义为常说的自传性记忆研究就可以证明这一点。

有些自传性记忆研究采用了日记、分析者自己出于研究目

第二章
乌尔里克·奈塞尔的记忆

的专门作的记录(Linton，1982；Wagenaar，1986)，或者其他实验研究参与者的日记(Rubin，1982)。例如，在瓦格纳的研究中，一个长达6年的事件被系统地记录在"谁""什么""哪里""何时"的标题下。这些记录是衡量记忆精确性的标准。日记基本没有被当作文本来看待——它们一般是什么样的，它们一般是怎么写出来的，它们如何做到顺序上的连贯，它们如何表现出对事件的社会兴趣(见瓦格纳1991年所做的马里奥科莫的日记研究)。对进行真实世界记忆研究的心理学家而言，日记(如果还可以称为"日记"的话)只是真实世界重大事件的记录，可以用来衡量记忆。实际上，这些研究到底研究了什么始终含混不清：对事件的记忆，还是对日记内容的记忆，还是对经过文本记录调节后的事件的记忆？事件记录被等同于事件本身和事件的心理表征，语言则被认为是世界的窗口和心理的窗口。在早期的一些论文中，研究者着手分析时立刻就将这些事件或记录去语境化，编码成事件—人物—时间类别。日记成为线索性回忆，失去了原本该有的叙事意义和连续性。

我们并不是说这些研究不重要，或是完全不能揭示记忆的工作机制，尽管我们现在还不清楚这些研究所说的记忆机制是什么(Cohen，1989)。我们想要做的是，指出这些研究和我们所称的话语心理学之间的强烈反差。这是关于如何处理、使用、分析和借助理论解释这些话语的问题。我们认为基于日记的自传性记忆研究几乎完全忽略了日记的特征，或者更宽泛地说，忽略了话语与知识、话语与世界的关系，忽略了话语自身。相反，他们沿用了记忆的实验研究一直采用的语言处理方法，把语言看作研究认知与现实关系的透明媒介。这些貌似"真实世界"的研究，实际上是在通过实验的窗口看世界。

我们不打算对生态情境化的研究进行概述，只想把焦点放在一个重要案例上——奈塞尔1981年实施的对迪安向"水门事件"调查委员会提供的证词的研究。当时，调查委员会正在调查尼克松总统为削弱对手而参与的非法活动。这一研究之所以重要，是出于多种原因。其中之一是，它本身引人入胜、条理清晰，而且是新的认知生态方法的重要支持者的代表性研究。这一研究围绕大量连续话语进行质性分析，这些话语包括迪安的口头证词和书面证词，此外还有当时广泛报道的、电视播放的、公开发表的各种言论，这些话语在事件发生时博得了公众的广泛关注。另外，这是在提供证词和交叉质询的法律环境下产生的话语。这有助于我们将它与后文讨论的其他材料进行比较，同时，鉴于公众对此事的兴趣，我们有机会看到人们对同一材料的文本分析可以千差万别。

奈塞尔研究的另一个显著特征在于，它提供了大量原材料的片段，而且他的解释相比于一般认知话语研究更为清晰直观。在大多数自然主义的记忆研究中（还有归因研究，见第四章），分析者最基本的解释隐藏在各种未作说明的数字编码和"文本拖网搜索"中，我们只能看见对研究及其依据的材料的浅表性笼统评价。我们选择奈塞尔对迪安的研究是因为它有我们最想找的那种材料、关注点和话语分析方式,而且它保留了心理认知机制的解释基础。因此,这一研究为我们的批判性分析提供了一个相关的、有效的基础,为有关记忆的话语心理学的全方位发展提供了借鉴。

约翰·迪安的证词

奈塞尔(Neisser, 1981)对迪安证词的分析依据,不仅仅是迪安提供给"水门事件"调查委员会的证词,还有随后公开发表的迪安与尼克松以及其他白宫官员的部分原始对话记录。证词和原始对话记录这两份材料的可及性对奈塞尔的研究而言至关重要。它们具备重要的类似于众多实验控制的特征:将输出(记忆)和输入(感知经验)进行对应的能力,并推断出在二者之间实施干预的认知机制。在这个案例中,记忆出现在迪安对询问的反应上,而原始对话的文字记录是当时参与者经历的记录。

奈塞尔采用功能性和认知性的视角来处理迪安的记忆。他不仅把注意放在其认知层面上,而且进一步对照个人目标解释迪安话语特征的意义,如迪安对说真话的考虑、想要树立自身正面形象的愿望。与生态心理学主流相一致的是,奈塞尔研究的是证词的精确性,而不是证词的不充分性。在本章,我们将探讨奈塞尔研究的功能主义,包括它的盲点,它的真实性问题,以及真实性如何被评估。我们的观点是,奈塞尔在建构功能和真实性的同时,没有充分考虑话语本身的特点,尤其是话语的语用组织。

我们认为,在任何对话记忆的分析中,需要做的不仅是传统认知研究在自然环境中的延伸,还有将研究问题重新聚焦在社会行为,特别是话语的动态上。尽管在一些知识表征研究中,特别是提问—回答研究中,已出现一些有局限的形式化话语语用学分析(Graesser & Black, 1985; Lehnert, 1978),但很少有研究处理自然发生的对话话语(如 Berkerian, 1987, 注; 还可见 Levinson, 1983, pp.305 - 306, 论自然发生的问答的不确定性),也没有研究处理过参与者的真相建构问题,以及实验者在这一过程中未被注意到的角色问题。

不可避免地,最早的记忆研究开始于不质疑究竟发生了什么——一种对原发事件毫无争议的记录或叙述,可以用来代表原发事件(对被试而言)和作为标准(对心理学家而言)来衡量哪些是被记住的、被忘却的、被推导出来的、被扭曲的,等等。没有预先获得的关于"真相"的知识,记忆的传统心理学研究就没有办法开展。正如我们所说,正是椭圆形办公室①里会议录音的公开发布为奈塞尔的研究提供了机会。我们将探讨由以下假设引发的一些问题——事件真相可以并且必须被事先确定,这是记忆研究的必要条件(参看 Edwards & Middleton, 1986a,

---

① 坐落在白宫西翼的办公室,是美国总统的主要办公地点,也是美国总统权力的象征。

第二章
乌尔里克·奈塞尔的记忆

1987,论没有"输入"知识的记忆研究)。

我们将基于这一质疑对奈塞尔的研究进行细致分析,向大家说清楚这一点十分重要。对于奈塞尔的研究,无论是整体上,还是具体采用的材料,我们绝无不敬之意。相反,我们认为这一研究脱离了早期以实验室为基础的信息处理是令人欣喜的重要一步。而且,这一研究为认知研究面临的在真实世界活动背景中的重新定位等重要问题提供了解决思路。正是这一研究的意义和价值引起了我们的关注。此外,在探讨话语分析视角时,在研究真相、精确性、准确性的概念以及这些因素如何作为话语成就被分析时,我们不可避免地会提到认知心理学,或其他任何关于记忆的研究如何建构自己的真相。心理学关于记忆的真相建构(证据、模型和理论)与被试的记忆分析中对真相和记忆的操作化定义密切相关。因此,就像其他领域的话语和社会行为的分析者研究过的特定知识的建构问题,奈塞尔的研究本身就是一个研究主题(例如,Gilbert & Mulkay,1984;Latour,1987;这一领域的综述见 Woolgar,1988a)。话语分析方法的重要特征之一是,揭示普通人如何建构现实的方法论同样可以用于科学本身。

迪安是"水门事件"听证会的关键证人。他一开始提供了一份书面证词,然后又在交叉质询环节提供了有关他本人、尼克松总统和其他不同级别的白宫官员在椭圆形办公室谈话的详细描述。迪安提供的证据对尼克松听证会的结果产生了关键的、毁灭性的影响。随后，被挑选公布的部分谈话记录为检验迪安证词的准确性提供了条件。奈塞尔关注的是通过对迪安证词的分析，揭示他的记忆以及一般人的记忆是如何工作的。奈塞尔首先做的是证明迪安的记忆在某种意义上是准确的，尽管他对几乎所有重要细节的记忆都明显是错误的。

在奈塞尔的分析中，迪安不仅记错了时间、地点和对话细节，而且记错了事情发生的主要过程和对话的主要内容。尽管如此，"在一个更深的层面，他基本上都是对的。他对真实的场景，对他了解的人的实际个性和责任，以及他努力回忆的对话背后的事件，进行了准确描述"（Neisser，1981，p.4）。奈塞尔所说的"更深层面"的准确性是他划分的"准确回忆"三个类别中的第三个。这三个类别是：(1)"逐字"记忆或"字面记忆"；(2)"要点"记忆；(3)所谓的"片段式"记忆。迪安在"片段式"记忆中"提取了在多次对话和多次经验中保持不变的共同主题，然后把这个主题融合进了他的证词"（Neisser，1981，p.20）。与巴特利特（Bartlett，1932）所说的在多次复述过程中出现的故事重构、编造和改变不同，"片段式"记忆是一种从很多不同但相关的经验中提炼出来的回忆，其中一些事实真相的要素保留了下来，即使其细节和场景记忆出现了各种各样的不准确。"片段式"记忆在以实验室为基础的记忆研究中并不受推崇，这一点也不奇怪，因为这很难纳入常用方法论的框架——这涉及人们必须回顾很长一段时间的个人重要经历，而且人们当时并不知道以后会被要求对这些事件作详尽叙述。因此，这是对所有负责任的实验研究者的创造力的挑战。

奈塞尔将"准确回忆"区分为不同"层面"，这可以被视为"记忆的生态心理学研究"的一种尝试（参看 Neisser，1976，1982，1988）。建构主义的、信息处理的认知研究方法强调遗忘——记忆在特定认知处理器中经由图式处理时产生的曲解、虚构和总体不可靠性（Alba & Hasher，1983），而生态视角强调记忆的准确性——真实的记忆就如同依据被试视觉领域流动的恒定性信息对世界的特征进行概括。奈塞尔的观点是，如果我们在这个背景下看待"要点"记忆和"片段式"记忆，它们就可以被理解为对过去的准确记忆。

让我们看看奈塞尔的三种记忆：（1）"逐字"记忆；（2）"要点"记忆；（3）"片段式"记忆。每一种都可以被看作一种文本。我们的主要观点是，就什么算"准确"而言，这三种记忆类别中的每一种都有问题。

"逐字"记忆

这是一种我们通常认为的千真万确、一字不差、死记硬背的成功结果。在对"曲解"感兴趣的信息处理和图式理论盛行的时期，死记硬背在心理学实验研究中不再受宠。但奈塞尔指出（Neisser，1982，p.17；参看 Rubin，1977），尽管被忽略，死记硬背在很多人的日常生活中发挥着重要作用。例如，人们会复述和背诵祷告词、国歌、歌曲与诗歌等。

然而,值得注意的是这些死记硬背的内容所适用的社会—话语语境的特殊性质。例如,祷告词或诗歌的重复背诵——说话者需要在不同场合复制自己的表演。这些材料的显著特征在于,它们是被设计用来重复的,正因如此,无论什么场合,都会有一种公认的标准来衡量每一次演绎。这种情况与自然对话截然不同,如尼克松和迪安在椭圆形办公室的谈话。我们很容易将这样的谈话想象成戏剧脚本,这样就可以提供一个中立的标准来检验迪安的说法是不是准确。但是,回顾一下语言学家和对话分析者有关谈话脚本的辩论,我们很快就能看到这种想法的缺陷。谈话的书面记录是高度规范化的谈话版本,言语编码的层面和内容的确定与变化在很大程度上依赖分析者从中看到的东西(例如,Atkinson & Heritage,1984b;Cook,1990;另可见本书附录)。总体而言,我们对标准正字法的熟悉使我们误认为对"逐字"记忆的评定很简单。这会对实际操作产生误导,因为我们的标准会随着研究的背景和目的而变化。

此外,对说话者提供的他人言语的"逐字"记忆相对于"要点"记忆(直接引用相对于间接引用)的语用分析比较,揭示了局限于记忆准确性检验的分析未能反映的一个有趣特征。说话者会根据某个"立足点",选择间接引用别人的话进行"要点"记忆,或者直接引用别人的话进行"逐字"记忆(Goffman,1979;Levinson,1988;见第七章)。也就是说,无论出于什么意图,是"逐字"记忆还是扼要汇报,它们都是说话者自己的选择,从而表

第二章
乌尔里克·奈塞尔的记忆

现出与被报道的发言者的直接或间接关系。他们有机会成为一个中间人或发言人，可以建构别人说了什么的说法；他们也有机会表现自己对某个事件的记忆精确无误，可以澄清人们对这一事件的怀疑或疑问(Wooffitt，1991)。这样的研究或许不能反映说话者能记住什么，但随着我们的兴趣向生态环境转移，以及记忆被作为真正的、语境化的行为来研究，这类研究与记忆研究的关系将更为密切。

"要点"记忆

评估"要点"准确性的主要难点在于，普通对话中，无论是在特定场合，还是对参与者而言，哪些算是充分和准确的观点均存在争议。其充分性取决于说话者被要求回忆的交际语境。在心理学实验语境中，受制于交际因素的"要点"不确定性和其他日常会话的特征均被控制。什么算是"要点"由实验者一锤定音，这是方法论的一部分。实验者摘取一段文本来分析其案例——语法事件结构、故事或脚本结构(Rumelhart，1975；Schank & Abelson，1977；Thorndyke，1977)，或者将其预先分成一系列"思想单元"(Bransford & Johnson，1972)或"主张"(Kintsch & Van Dijk，1978)，然后计算被试能回忆出多少"单元"。在所有这些方法中，"要点"是主要观点或暗含主题的抽象化、抽离语境的概要。有分析者在界定"要点"时征用了社会—话语分析过程，但他们仍必须判断被试表述的变化，以及重新措辞是合理的重述，还是不合理的扭曲或省略。

专栏 2-1 "立足点"的丢失

"立足点"的概念由戈夫曼(Goffman, 1981)提出,用于描述对话行为中当前说话者在什么立场报告另一个说话者的言论的对话行为特征。他对比了模仿者(目前在说的人)和创作者(说出原话的人),指出需要进一步区分创作者和观点的来源。例如,一位政治言论写手可能为某位领导写稿表达一些观点。戈夫曼同时区分了一系列不同的接受者角色,如谈话对象和非谈话对象、碰巧听到者和故意偷听者。莱文森(Levinson, 1988)拓展了这一分类并将其系统化以纳入更多种类的观点。他也指出,有些语言会通过语法表现出特定的"立足点"。例如,说话者会表明这个来源是间接的,但不明确说明出自何人。

对"立足点"的考虑在心理学研究中消失已久,或许是因为主流研究方式预先定义了"立足点",使这一问题不需要再议。例如,绝大多数研究中,模仿者、创造者和观点来源是同一个人。然而,"立足点"在话语心理学中十分重要。这是说话者表现其话语责任解释的主要途径之一。他们能对自己的言论负责吗,还是他们只是转述别人的观点?人们可以通过凸显模仿者或观点来源之间的鲜明差异来强调自己与特定态度或评价的距离,他们也可以通过模糊或忽略这种差异来表现自己与特定态度的一致性。对"立足点"及其操作的分析成为理解话语的行为导向的重要成分。

总之,强调参与者的差异非常重要。戈夫曼和莱文森为日常谈话中的常见情况提供了明确的术语。但不加批判地进行观点来源或模仿者的对比可能会使我们产生一个错误印象,即有的人说的话完全是自己想出来的,而有的人只引用别人的言论或知识,是个传声筒。我们要避免对这种区别的物

(续)

化，原因有三：第一，大多数明确表明是模仿或原创的谈话是当前说话者用来完成特定互动任务的(Clayman, 1992; Levinson, 1988)。第二，大多数自称原创的言论，是在广泛共享的观点、常识性的推理和事实表述的一般标准策略的基础上创造出来的(例如，Billig, 1989a, 1992a; Moscovici, 1984; Wooffitt, 1992)。第三，也是最根本的一点，是后结构主义研究对心理学具有启发意义的一个重要见解——意图和个人创造性的观念在对话研究的应用上存在重大问题，这一点体现在文学研究中作者优先的批判上(Barthes, 1977)，更具体地说，体现在德里达对言语行为理论的核心分类的解构上(Derrida, 1977a, 1977b)。

在普通对话中，完全不是这么回事。"要点"的概括是否充分或准确是参与者自己判断的，而且判断的标准取决于这个概述应实现的语用目的，是视情况而定并可以争论的。也就是说，"要点"概述是根据其在特定情境中的任务恰当性来理解的。例如，我们可以比较认知心理学中"要点"的概念与对话分析中"简洁陈述"的概念，"简洁陈述"是归结前面发生过的谈话的对话事件(Heritage & Watson, 1979, 1980; 参看 Schegloff, 1972)。一般而言，这样的陈述并非立场中立的概述，而是用来为特定未来行为作铺垫。例如，格雷特巴奇(Greatbatch, 1986)展示了电视采访者通过简要陈述说话者刚刚发表的言论的方式来包裹批判性的观点，以便不偏离应有的中立立场。

机构情境中同样如此。例如,爱德华兹和默瑟(Edwards & Mercer, 1989)曾分析教师如何根据其原来构想的结果对课堂教学、活动、探究发现和结论进行概括,从而重新陈述多变的、问题频出的课堂事件,即根据"应该"发生什么来陈述课堂上实际发生的事。其他学者检验了"简洁陈述"在法律和科学情境中的作用(Atkinson & Drew, 1979; Yearley, 1986),研究了质问者如何经常"回过去"重述证人的证词,找机会发现其中潜在的不一致和矛盾之处(Bogen & Lynch, 1989)。

当"输入"不是或不全是文本内容时,"要点"概念的方法论问题进一步浮现出来。对迪安而言,问题不仅仅是回忆谈话内容,而且要回忆事件、办公室里的人、文件、时间和日期、行动的顺序等,一切都被整合进证词。研究文本理解和记忆的认知心理学有很多关于想象、思维模式、原因推论等干预过程的观点,甚至对文本输入如何进入文本输出的过程都有阐释(Bransford, 1979)。但是,一旦进入记忆的"交叉模块"(Edwards & Middleton, 1987),我们便会清楚地看到,描述性谈话作为视觉与口头表达之间或思想与语言之间的过渡极具复杂性。这不是单纯的记忆问题,也不局限于记忆问题,它对任何运用文本和话语表征的记忆研究或理解都有深远影响。

即使我们面对一个需要描述的场景或事件,而且有机会进行现场描述,或在反复观看录像后进行描述,我们也不可能脱离其功能和目的来界定什么是绝对准确的故事,什么是恰如其分

第二章 乌尔里克·奈塞尔的记忆

或充分完备的"要点",或什么是可以接受的高度精准的描绘。描述理论是可以无限延伸的(Garfinkel,1967;Heritage,1984),因此,对真实描述的分析研究不能用真实事件作参照,而是要看描述服务的情境性行为和使用描述的场合。这里,我们要从维特根斯坦探寻观点与时间之间对应关系法则的《逻辑哲学论》(*Tractatus*)转向他的《哲学研究》(*Philosophical Investigations*),以寻找语言在构成"生活方式"的"语言游戏"中建构真相时发挥的作用(Wittgensitein,1921,1953)。

显然,以一种去情境化的方式,脱离对话的情境性语用功能来谈论"要点"的准确性是不恰当的。我们的分析将揭示,迪安的证词需要从语用限制的角度和法律话语目的的角度,依据当时一段一段表达的具体场情来理解。

"片段式"记忆

在有关迪安的研究中,这是奈塞尔最感兴趣的一种记忆。他从认知角度将其定义为"提取出不变的共同主题"的过程——这正如我们所说,非常类似于一种在感知学习、规律辨析以及语言和概念习得领域广受推崇的认知—感知过程。我们并不认同将"片段式"记忆作为认知过程和迪安的一个思想层面来看待,我们将其重新定位为奈塞尔"认知化"处理迪安话语后的人为类别。

有关准确的"片段式"记忆的观念,独立于"逐字"记忆和"要点"记忆,是一种精心建构的观点。奈塞尔对这一记忆的认可在很大程度上取决于他对白宫里"真正发生了什么"的真相的掌握,这是独立于迪安之外的证词,但可用于与他的证词作比较。这不仅仅是一个将录音和迪安证词进行比较的事情,既不是"逐字"记忆的问题,也不是"要点"记忆的问题。在尼克松参与掩盖"水门事件"及其罪责的基本性质上,迪安的"片段式"记忆被认为是正确的。

录音提供的解释完全不像奈塞尔那样直接。实际上,尼克松本人在已公开的谈话录音前言里声称,谈话录音与迪安的证词是矛盾的(Neisser, 1981, p.2)。奈塞尔采用了其他的证据和观点:"审判结果认定他有罪……如果历史证明了什么的话,它证明的是迪安记得那些谈话,并说出了真相。"(Neisser, 1983, p.3)奈塞尔可以不用分析迪安的证词就预先声明迪安是对的——历史结果不仅被认为是不证自明的,而且可以证明迪安记忆的正确性。然而,这似乎是对真相的循环论证。既然迪安是控方的主要证人,听证会的结果只是与迪安的证词总体要点一致。最后的判决是尼克松有罪,而不是迪安说了实话,他的证词是"逐字"记忆、"要点"记忆还是"片段式"记忆并不重要,因为这是基于司法准则得出的结论,而不是依据科学标准得出的结论。

奈塞尔认为,迪安的证词代表了一个有着良好记忆力的人在精确回忆所汇报的事件方面付出的最大努力:"迪安在作证时给人留下的印象——他有很好的记忆力而且下决心要说实话,

第二章
乌尔里克·奈塞尔的记忆

即使仅仅因为说实话对他自身最有利——他说的基本上是对的。"(Neisser, 1985, p.24)此外,迪安的说法的正确性还通过书面记录得到直接证明:"**书面记录使大家清楚地看到,尼克松了解隐瞒真相的事情……**"(Neisser, 1981, p.9;加深部分的强调出自笔者)请注意,书面记录本身是作为自我解释的主体被呈现的(参看 Kress & Hodge, 1979; Latour, 1987; Mulkay, 1985; Silverman & Torode, 1979),用来掩盖奈塞尔自己为得出这样的结论所作的解释。我们认为,可以将迪安的证词看作一个根据语用目的设计出来的话语,而不是记忆的一个(相当直接的)窗口。它是一系列叙述构成的,由交叉质询引发,目的是避免被问责和把责任推给别人。从这个角度看,迪安的证词可被重新解读。那些表面上看起来真实和准确的特征,以及记忆的认知过程产生的结果,实际上是迪安用来确保其声明的真实性和一致性的交际策略。

奈塞尔标注的迪安证词不准确的地方是,他与尼克松和海德尔曼(Haldeman)9月15日的会议。奈塞尔对这段文字记录的分析如下:

> 尼克松没有说任何迪安认为他说过的话:他没有请迪安坐下,他没有说海德尔曼一直给他通风报信,他没有说迪安干得不错……他对利迪或指控的事只字未提。迪安自己也没有说他后来描述自己时所说的:他不觉得自己有功

劳,这件事以后会暴露,等等。(Neisser,1981,p.9)

奈塞尔的兴趣主要在于迪安证词的准确程度——微小细节甚至"要点"有多么准确,他想要通过这些给人留下一个正确的印象,那就是,尼克松曾参与掩盖事实,或者至少对此知情。但是,迪安证词的语用情境的性质被忽略了。迪安的证词和书面记录本身都"同样暗示被告有罪"(Neisser,1981,p.9)。"暗示有罪"这个词特别值得注意,因为这个词暗指迪安陈述的故事的话语—功能背景。例如,迪安是以如下方式表现自己的。

1. 他谨慎谦虚,而且诚实(不贪他人之功)。迪安:"我回答道,我不能抢占别人的功劳,因为他们做的事情比我做的要难得多。"(引自Neisser,1981,p.9)

2. 他有特别出众的记忆力。迪安直接说了这样的话来证明自己记忆力好:"任何了解我学生时代的人都知道,我记忆信息是非常快的。"(Neisser,1981,p.5)而且,他还通过生动的描述和叙述细节以及直接引用间接地证明了这一点,所有这一切都是为了强化他给人的印象,即他是有机会亲历这一事件的人:"你知道,总统书桌旁边有两张椅子……海德尔曼先生坐在左边的椅子上。"(Neisser,1981,p.11)"我清楚地记得他把椅子从书桌那边转回来,身体靠向海德尔曼先生说:'一百万不成问题。'"(Neisser,1981,p.18)这个话题将在后面的第三章和第五章进一步阐述。

3. 他处于这片国土最高权威（美国总统）的强势影响和指挥之下，因此对自己的参与不能负完全责任。迪安故意使用尼克松的正式头衔，而不是称他为尼克松："当你和美国总统见面时，这是一个值得纪念的重大场合，和总统对话时，你就会记得美国总统说的话。"（Neisser，1981，p.6；参看 Halkowski，1990）

在这个分析中，迪安的证词可以看作出于实用目的组织起来的现象，而不单纯是他的记忆功能的直接反映。它是在特定语境下产生的，这既体现在对话的轮序层面（对问题、指控的回应等，参看 Arkinson & Drew，1979），也体现在听证会本身的性质这一更宽泛的层面上。听证会旨在确定包括迪安在内的不同人之间的共犯关系和罪责，以及迪安作为证人的可信度。迪安从元认知层面表达了对准确性的免责声明——他很小心地拒绝了"逐字"记忆（Neisser，1981，p.3），但声称记得事情的"要点"，这同样是迪安表现自己"真实可信"的策略。

类似的元认知声明和免责声明的语用功能，还可以在奥利弗·诺斯（Oliver North）在伊朗—反政府组织听证会上的证词中找到（Bogen & Lynch，1989）。诺斯被询问是否了解反坦克导弹的运输事宜（他被指控贩卖军火到伊朗以换取钱财支持反政府武装对抗尼加拉瓜的桑地诺政府）；他被要求"只要向委员会描述"他"对当时发生的交易的理解和他在其中的角色"（Bogen & Lynch，1989，p.207）。注意提问者如何建构了对诺斯证词的设想或期望,好像证词应该是对"当时发生的"事情的直观经验的简单、直截且明确的报告。这将诺斯置于事件的直接知情者的位置,但这是一个可能被控有罪的位置,诺斯需要摆脱这个处境。诺斯回答道:

> 嗯,我现在说的,没有(.)重新回:忆过,嗯:,让我:尽::量(1.0)回::忆(.4)那段时::间。(4.0)我和:礼顿先生有过几次会面:(1.2),通过他有一次(0.2)或者两次:(0.6)和以色列公民的会::面,(0.2)公民个人(0.8),后来有一次见面(.)我记::得(1.0),是和::格班尼/法先生(2.0),通过他和金姆奇先生会过面(1.0),我相信所有这些都发:生在(0.6)9月运货::之前(0.6)……(Bogen & lynch, 1989, p.207;见本书书面记录规则清单附录)

> Ah:: m, I'm working without (.) refreshed reca: ll, uh:, let me do: the best I ca:: n teh, (1.0) remember ba:: ck teh that (.4) period of ti:: me. (4.0) I h'd ha: d several meetings: uh with Mister Ledeen?, (1.2) which led to a meetin:: g (0.2) or two: (0.6) with two Israeli citizens, (0.2) private citizens (0.8) an' then a subsequent meeting (.) as I reca:: ll (1.0) wi:: th Mister Ghobanifa/r. (2.0) that in turn led to a meeting with Mister Kimche

第二章
乌尔里克·奈塞尔的记忆

(1.0) an'I believe all these took pla：ce (0.6) prior to：：：(0.6) the September shipment ...①

诺斯的回答包含一些对话语记忆研究而言非常有趣的内容,既包含至少理论上可以通过其他证据来源验证准确性的人物和时间的细节,也包含关于其记忆的范围和可信度的具体元认知表述。但是,我们也可以将它作为一个情境化的谈话来分析。在作出对其记忆的免责申明时("我现在说的,没有重新回忆过""让我尽量回忆""我记得……""我相信……"),诺斯表示他的记忆不可靠,同时表现出对真实性和准确性的关注。他把自己表现为一个积极配合的、追求真相的证人,同时为未来出现不利于他的证据或观点时否认自己的说法留出了余地。诺斯的证词是一个微妙的话语成就,为真相和易误性的修辞性铺陈创造了"合理的可否定性"(Bogen & Lynch, 1989, p. 203),抵御了交叉质询对其证词的削弱。诺斯证词的精确建构可以从证词如何应对要求的角度来分析。后来,诺斯强调了他的证词的准确性和权威性:"此后我记得很清楚的是……"但是在这里,他开始通过表现自己非常努力配合调查者的要求,削弱调查者请他"简单描述"的暗藏危险的修辞性建构。

---

① 本段引文为转写内容,为避免中英文语法的差异造成信息丢失,特附原文于此,全书同。

回到迪安的案例,我们的观点是,在分析实践中,迪安在回忆上的努力离不开他的叙述模式。他的证词是在交叉质询中产生的,值得就其"辩护设计"进行研究(参看 Sacks,引自 Bogen & Lynch,1989,p.211)。迪安对自己"记忆"的叙述可以算作一种经过修辞处理的叙述,其中细节证据的准确性通过进一步描述他的记忆方法[奈塞尔(Neisser,1981,p.5)所称的位点方法的时间版本],他自我标榜的"记忆力好"的事实(引自 Neisser,1981,p.5),以及人们确实能记住重要事件(如与美国总统的对话)的元认知声明,得到保证。奈塞尔与我们不同的是,他把这些基于实用目的组织起来的声明看作迪安证词性质的佐证。

被交叉质询的迪安

迪安记忆的实用主义组织特性在莫罗奇和波顿做的另一个对迪安证词的研究中显露无遗(Molotch & Boden,1985)。与奈塞尔完全不同,他们关注的焦点是迪安在交叉质询中对权利的使用。另外,他们对数据的选择也不一样,奈塞尔几乎只选择迪安对参议员伊诺耶(Inouye)质询的证词,而莫罗奇和波顿选择的是迪安对参议员格尼(Gurney)质询的证词。这两种证词的差异令人惊讶。伊诺耶向迪安提出的是相对开放式的问题,允许他作大段的、详细的回答,并不打断他。他还让迪安有机会证明他的可信度,允许他详细描述自己的特殊记忆技能,这个部

第二章
乌尔里克·奈塞尔的记忆

分后来成为奈塞尔讨论的内容。格尼的风格截然不同,他问的问题只要求作简单的是或否的回答,而且会在迪安试图作解释时打断他。格尼的询问被认为是"有敌意的",充满了反对和警告。

当然,这种差异并非偶然。莫罗奇和波顿选择格尼的质询是因为他是调查迪安的委员会里"尼克松的人"(Molotch & Boden,1985,p.275)。因此,格尼试图削弱迪安证词的可信度,两人之间形成了对立的关系。对调查迪安的欧文委员会的其他人而言,特别是民主党参议员伊诺耶,这种对立关系就不明显了。此外,莫罗奇和波顿强调,迪安的行为使他很容易成为一个"替罪羊",因此他有相当大的必要来证明责任应由白宫里更高层的人来承担。

我们认为,应将迪安证词的差别视为特定情境下产生的话语产品来理解,这些话语被用来解决问责(对尼克松)和推脱责任(对迪安自身)的问题。在格尼咄咄逼人的询问中,我们看到迪安的说法受到批评、打断和各种形式的削弱,而在伊诺耶充满同情的询问中,迪安可以自由地组织问责和推脱责任的言论(参看 Atkinson & Drew,1979;Drew,1990;Pomerantz,1978;Potter & Wetherell,1988;Watson,1978;Wowk,1984)。这种差异在对迪安的记忆这个话题的不同表述中清楚地展现出来。如上文所述,奈塞尔采用了迪安在伊诺耶面前对自己记忆技能的详细描述,而且认为这个说法基本正确。然而，迪安在格尼的质询中同样谈到了自己的记忆技能：

> 迪安：……我告诉过你我正在努力回忆。我的大脑不是录音机。它确实十分清楚地记得(0.3)对话的印象，我的印象是他告诉我——那——他告诉我鲍勃已经向他汇报了我所做的事。这就是我脑子里出现的非常//清楚的印象。
>
> 格尼：换句话说，你的——你的总体意思是，美国总统知道9月15日的"水门事件"纯粹是一个印象，这次会议里并没有出现一丝一毫的证据。（引自Molotch & Boden，1985，p.281，略作简化）

> Dean: ... I've told you I'm trying to recall. My mind is not a tape recorder. It does recall (0.3) impressions of conversations very well, and the impression I had was that he told — the — he told me that Bob had reported to him what I had been doing. That was th- the impression that very //clearly came out.
>
> Gurney: In other words, your — your whole thesis on saying that the President of the United States knew about Watergate on September 15 is purely an

impression, there isn't a single shred of evidence that came out of this meeting.

这一段里有两件引人注意的事情。第一，在这段说辞之前，迪安已经历了一系列回答问题的困难，而且"有点陷入麻烦"（Molotch & Boden, 1985, p.281），迪安发现强调自身记忆的缺陷可能对自己有利。与诺斯一样，迪安看似不经意的元认知声明实际上是精心编排的细节与模糊性的混合体，具有值得研究的修辞功能。迪安一方面在报告事件时表现出追求真相和准确性的合作意愿，另一方面建立一定程度的"合理可错性"。声称自己不是"录音机"的免责声明使得迪安可以为自己答案的不充分作解释，同时，他对记忆印象要点的强调使得他可以证明自己基本正确。第二，奈塞尔和默不作声的伊诺耶（他没有反对迪安的评价；有关此观点的处理见 Bilmes, 1987; Goodwin & Goodwin, 1987; Pomerantz, 1987, 1984a; Sacks, 1987）认可迪安的故事，格尼则提出反对的观点。所以，从格尼的表述看来，迪安并非表现出一种对"片段式"真相的抽象概括和对潜在的主题与经验的捕捉，迪安提供的"纯粹是一种印象"，没有"一丝一毫的证据"（关于格尼的这段记录还清楚地展示了我们所说的，"要点"是出于修辞目的建构出来的）。我们可以看出，迪安的记忆描述是精心设计出来的，以符合功能话语情境的需要，奈塞尔认为这揭示了记忆的自然功能只是一种可能的解释——实际上,这是迪安自己提供的解读。

错误归因:迪安的性格

要认定迪安本质上(从"片段式"记忆角度看)是个说实话的人,就需要对他时对时错的现象作出解释。"片段式"记忆被奈塞尔定义为个人认知过程的特征,因此迪安的对错发生在个人的心理过程这一范畴内。奈塞尔指出,迪安明显对3月21日有更出色(更精确)的记忆,这是需要解释的。这应该是迪安事先准备好稿子演练过的,其中潜藏着迪安的心理志向、希望和恐惧,以及他自我表现的努力:它"满足了迪安针对总统作一番个人演讲的愿望……它成了约翰·迪安自己的故事"(Neisser, 1981, p.16)。在这里,奈塞尔的观点似乎与我们一致,将迪安的对话记忆解释成出于实用目的而产生的结果,但他认为这是一种人格导向的,由性情决定的叙述(见第六章和 Gergen & Davis, 1985; Potter et al., 1984; Potter & Wetherell, 1987; Wetherell & Potter, 1989)。

尽管迪安在归咎责任和欺诈方面的叙述都具有"片段式"的准确性,但奈塞尔也指出,迪安在一个地方,也就是他陈述自己的特殊角色方面,犯了明显错误。

> 迪安的错误……是出于,我相信,迪安自己的个性,尤

第二章
乌尔里克·奈塞尔的记忆

其是他对白宫发生的事件的自我中心的评价。他的证词并不是 9 月 15 日会议的本身,而是他对这个会议的想象:这个会议应该是这样的。(Neisser,1981,p.10)

他的自我又干扰他了。(Neisser,1981,p.18)

他的野心重新组织了他的回忆……处于同一位置的另一个人也许会更冷静地观察,对自己的经验作更缜密的反思,并作出更准确的汇报。不幸的是,这样的个性品质是很难得的。(Neisser,1981,p.19)

因而,奈塞尔在对与错的层面分析了迪安的叙述。错误被归结为个人偏见,在一个更完美的人身上就有可能被消除。

奈塞尔所作的解释是很常见的一种。无数对普通人(Yearley,1987)、法律界人士(Atkinson,1978;Pollner,1987;Yearley,1985),尤其是对科学家(Gilbert & Mulkay,1984;McKinlay & Potter,1987;Mulkay & Gilber,1982;Potter,1984)的观点的研究显示,人们倾向于将偏离他们所认为的真相的错误归咎于一些失真因素,如人格、缺乏能力和各种社会心理学与社会学因素。换句话说,似乎没有办法解释"事实性"的描述,因为它们单纯地反映事物本来的样子,只有曲解发生时,才需要解释(Bloor,1976)。这个观点体现在奈塞尔对迪安证词的处理上。

迪安被认为是出于功能需要而歪曲了事实真相，以满足他的"自我"需要，但关于尼克松和其他人的事，他说的都是（"片段式"）真话。正是这种对事实真相的直接接受，妨碍了奈塞尔从其认为的事实叙述中看到功能导向的意义。实际上，奈塞尔的整个观点的基础是"记忆可以被理解为本质上诚实"这一吉布森主义的观点，因此，他被自己的观点驱使着去弱化错误，因为错误基本上与记忆没有关系，它是由另一种个人因素（如个性）的失真棱镜导致的。这对生态情境下的记忆研究非常不利，因为脱离传统实验研究的意义就在于后者想要排除各种对过去事件的常规叙述中有趣的、根本的特征，不把它们当作真正的记忆，而是当作与内在记忆发生机制无关的东西。将记忆作为日常行为看待的研究并不需要采用个人心理学的解释基础（Edwards & Middleton，1987）。我们会在第六章讨论个人特征和角色分配如何在话语中发生和建构。

我们的观点是，对话记忆的研究揭示了回忆如何受到对话情境的控制——这是一种语用学探究——不需要诉诸心理主义、性格倾向心理学和真实—错误区分的传统工具。迪安将自己表现成有着良好记忆力、不愿夺人之功、只是听命于权威、说实话的人，所有这一切都是为了在交叉质询中提高自己作为控方证人的可信度，强化自己对事件的描述的真实性，以减轻自己的罪责。

第二章
乌尔里克·奈塞尔的记忆

普通谈话和法庭谈话

让我们总结一下我们的观点。第一，我们认为奈塞尔对真实记忆的三个分类，即"逐字"记忆、"要点"记忆和"片段式"记忆，每一种都有严重问题：不存在可以用来检验自述的未加解释的中立记录；什么算是"要点"是与参与者关注的具体问题和具体兴趣密切相关的情境化现象，即整个主题和规律无法与谈话各段落的修辞特征分开。第二，我们认为迪安对自身记忆的表述和展示可以被理解为情境催生的产物，可以对其行为过程和动机进行"归因"，为其行为作出解释：将罪责归结到总统身上，防止自己成为"替罪羊"。实际上，奈塞尔对迪安的表现的解释可以看作有选择性的，以证实（从字面上理解）或讽刺（从功能上理解）迪安的话语，因为这样一来，关于世界真实特征的"片段式"概括的重要理论就能站得住脚，特定的系统性错误就可以归咎于迪安个性的缺陷。

需要重视的是，对心理的"信息处理"研究方式和"生态"研究方式都同样受制于"到底发生了什么"这一基本问题。二者都要求心理学家知道准确无误的客观世界真相。在某种程度上，不让被试知道为的是让心理学家了解被试的感知、理解或记忆在多大程度上是正确的或错误的。两个视角都会对迪安提出同样的问题：用心理学家有权掌握的真相来衡量，他所说的内容哪些是对的，哪些是错的？实际上，正如上文所述，"水门事件"听证会的自然情境特征之一应是用某个人的记忆与他们对这些事件的实际体验进行细节对比。

这与对目击证人证词的实验研究的特征相近,尤其与伊丽莎白·洛夫特斯(Elizabeth Loftus)及其同事做的一个著名研究相似(例如,Loftus, 1979; Wells & Loftus, 1984)。在这个研究中,心理学解释是从信息处理的角度提供的,其方法论基础是,实验者通常事先布置了一些事件让被试观看,他们能分辨出哪些是"真实的记忆",哪些是经过诸如对问题内容的控制等"事后信息"加工的"曲解"(Loftus, 1975; Loftus & Ketcham, 1983; Loftus & Zanni, 1975)。"这个范式被当前研究证人证词的学者广泛采纳,他们最近的研究大多是为了揭示,在什么情况下,证人对复杂事件的记忆是正确的或错误的。"(Loftus, 1981, p.194)这类研究的问题是,在缺少精心控制的环境和材料的情境中,研究者不可能获得"真正发生了什么"的真相来作简单检验。

这不仅仅是因为日常生活中,我们一般不会用摄像机记录我们见到的一切,并用它来解决所有可能发生的争议。问题是,即使我们这样做了,事件的真实故事也并非简单地被"感知"。正如大量对话研究所记录的,以及我们将在后续章节中论讨的,对事件的报道是建构的作品,是一种版本的故事,充满了假设和解释,是出于实用目的,在对话情境中形成的。那种认为可以创建一个简单环境和理性之人均认可的真相的观点,实在不具说服力,不能以此要求心理学家用同样的方法来研究日常

第二章
乌尔里克·奈塞尔的记忆

谈话和记忆。如果这样做,就要忽略日常知识和科学知识都涉及的真正的根本性问题。日常知识和科学知识中,观察、观察条件、数据、解释和理论以及叙述的实用意义之间都具有内在关联(参看 Gilbert & Mulkay,1984;Heritage,1984;Hesse,1974;Pollner,1987)。事实上,在一个假定场景中,所有理性之人都能产生同样的叙述是非常有趣的观念,富含实证研究的假设和可能性暗示,包括这些实验如何被建构和实施,如何与法庭实践比较,以及如何与科学和日常观察描述比较,等等。

让我们在法庭停留一会儿。从对话分析视角开展的关于法庭和其他法律对话的细节研究有很多(如 Atkinson & Drew,1979;Bogen & Lynch,1989;Drew,1978,1990;Halkowski,1990;Molotch & Boden,1985;Pomerantz,1987;Pomerantz & Atkinson,1984)。这些研究关注的是,揭示对话的系统性和对序列高度敏感的特征,以及对话如何实现一系列社会行为,采用的是日常随意对话研究中常见的研究策略。这样一来,这些研究便不可避免地要处理参与者建构记忆的问题(证词的主要基础),和他们如何权衡归因暗示的问题(判断有罪或无罪是法庭的主要任务)。我们可以通过一个案例来展示这些问题的微妙性。

下面是从德鲁(Drew,1990)的研究中摘取的两段对话,我们使用这两段对话的依据是伍菲特的讨论(Wooffitt,1990,pp.13-15)。被告律师(C)在询问主要的原告证人(W),一位声称被强奸的受害者。

> C：这(指被告和受害者相遇的酒吧)是姑娘和小伙会面的地方,是不是?
>
> W：大家都去那儿。
>
> C：整个晚上,O 先生(被告)有没有过来和你坐在一起?
>
> W：坐在我们这桌。

伍菲特指出,C 和 W 彼此不同、相互竞争但并不矛盾的事件版本,各自都"经过特别设计以便为在场的陪审团提供推论"(Wooffitt,1990,p.13)。律师选择将场所描述成"姑娘和小伙会面的地方"制造了一个印象——这间酒吧的顾客对彼此有某种意图和期待,显然与被告被指控的侵犯行为有关。例如,"姑娘和小伙"不仅将性别建构成一个相关的因素,而且通过使用具体的成员类别,暗示了一种特殊性质的关系(相比于其他描述性别的说法,如"男人和女人""女孩和男孩")。"大家都去那儿"的表达中和了上述暗示。同样,"坐在我们这桌"弱化了"过来和你坐在一起"中暗示的个人化关系和彼此的熟悉程度。

这些类型的材料展现了表面上看似对行为和事件的"描述"可以被建构出来产生特定的暗示,这些暗示与说话者或施动者所牵涉的责任和过错归因问题有关(参看 Jefferson,1985a)。

第二章
乌尔里克·奈塞尔的记忆

对事件的口头回忆是描述。描述可以分为许多不同的种类,并非只有(客观的、明显的)对错之分(Schegloff,1972)。在经由一系列对话行为产生的背景中,描述表现出一种内在的"接受者设计"(Sacks et al.,1974;Sacks & Schegloff,1979)。不同版本的描述被建构出来通过暗示,提供涉及原因与结果、指责与合谋等问题的推论,展开对话过程。

在对话记忆中,即便将诸如谎言和错误的类别剔除,甚至,即便将那些被参与者修辞性地灵活编排出来的类别剔除,仍有无数种描述"发生了什么"的方法。这些我们会在后面的章节讨论。法庭的交叉质询中,毫无疑问,有关事实的问题是所有证人、原告和被告普遍关心的问题。即使是就所要讨论的事件而言,建立事实也不是建立任一事实和所有可能的事实。这样的语料可能是无穷无尽的。早在任务开始之前,这一重要问题就已笼罩在每个人头上。人们会根据自己看到的,编排描述,建构事实,呈现出各种具体的说法和故事。无论我们处理的是法庭对话还是日常对话,都是如此。因此,真正的问题是要根据手头事务的实际需要建构一个合理的事件描述。什么才算关于此事的恰当描述、相关事件和适当标准,甚至明显在当前谈话之外的标准(实物证据、得到证实的证词等),都是参与者在谈话中会涉及的问题。话语心理学的主要目标之一就是阐述这一过程。

我们关于对话记忆的讨论从奈塞尔对迪安证词的分析开

始。这将我们的注意引向对抗性谈话的语意层面,对此,法庭提供了一个经典样本。然而,我们需要注意的是,任何对话都可以被用来分析关于事实、认知和推论的问题,以及潜在的可推断的归因问题。下文中的日常谈话的对话分析研究可以很好地展示这一点。

报告和归因

对话分析的一个优势在于,它可以揭示,报告是否属实和谁应负责的问题通常是参与者的利益问题。也就是说,它开始揭示,以往依据个人心理学术语分析的问题实际上是社会互动特征。例如,各种对话现象一直作为"首选结构"被展示(Atkinson & Heritage, 1984b; Sacks, 1987)。对特定行为而言,如邀请、要求和给予,"首选"的回应是接受和配合。拒绝、排斥、不认同,诸如此类的反应被认为是"非首选"的结构,它们在语言上一般要长一些,会表现出犹豫,会加一段开场白,而且常常包含对这一行为的解释。

这些解释(通常由报告或描述开始建构)具有有趣的归因功能。例如,它们往往能软化拒绝、不赞同等行为的社会含义。这些解释一般针对有可能从这个拒绝行为中推导出的负面认同,并试图暗示一个更为积极的认同。在这样的解释中,我们可以发现当前的、预期的、过去的事件版本,此外,这还可以用来分析,它们如何处理"非首选"行为的归因问题。这些解释通常是事件的建构,暗示不合作具有合理原因。正如德鲁(Drew,1984,p.129)指出的,"说话者一般并不说他们没有做或者不打算做什么,而是说自己没有能力做这件事"(还可见 Heritage,1984)。人们可以在拒绝或排斥的背景下陈述一件事,这么做的目的是外化责任,把责任推给外部条件,避免对自己不利的个人归因。下面是德鲁研究(Drew,1984,p.138)的节选,在收到 N 的购物邀请后,E 说了一大段话,描述她前不久因脚趾甲感染而做的手术带来的持续影响。这段报告的结尾是这样的:

E: ……我还得连续两天把脚放在枕头上,你知道,
    ⌈还有-·嗯……
N: ⌊是吗?

E: 不过,亲爱的,会好的,我确定,

N: 哦,我肯定你的脚会好:的,

E: 是的,

N: 哦::真:可恶。我⌈想我们可以⌉
E: ⌊我想买 ⌋一些小拖鞋,

不过,呃。(Drew,1984,p.138)

E: ... and I had to have my foot up on a pillow for two days, you know ⌈and -. hhhmhh
N: ⌊Yah?

E: But honey it's gonna be alright I'm sure,
N: Oh I'm <u>sure</u> it's gonna be al<u>ri</u>:ght,
E: Yeuh,
N: <u>Oh</u>::do:ggone. I ⌈thought maybe we could⌉
E: ⌊I'd <u>like</u> to get⌋
some little slippers but uh,

不仅是分析者听到这个为拒绝邀请而设计的关于脚趾甲的故事。在对话分析中，典型的做法是将注意放到参与者如何展现他们对彼此谈话的解读上。在这个案例中，分析与 N 对 E 的说法的反应"哦::真:可恶"一致。对我们的目的而言，有趣的部分在于，这些对话组织揭示了什么样的话语记忆。它们提醒我们，报告、记忆、解释、目击证词等即使是在日常、无关紧要的对话中，也是作为社交行为发生的，它们与责任、过错这类问题相关。法庭证词是一个特别的谈话类别，但它是从世俗谈话中衍生、发展出来的。

根据个人责任的问题来建构"发生了什么"是对话的常规特征，是法庭对话的特殊特征，因此，记忆和归因的心理学分类必须被看作密切相关，甚至是相互支撑的。对事件的报道包含归因推论，并且是为此精心建构的。归因方面的考虑是故事建构的重要标准。在下一章，我们将通过一个新闻报道的案例研究来充实我们的观点，其中的公共记录、事实和指责

第二章
乌尔里克·奈塞尔的记忆

的问题、有关一位高级官员的争议对话的记忆,以及客观记录解决争议具有的可能性,使得这个案例与迪安的案例有很多可比之处。

第三章
劳森大臣的记忆

在第二章,我们提出记忆研究的话语分析方法。我们认为,任何一个单一的故事版本,或者任何故事版本的合集,都不能作为一个人真实的或明确的记忆。在它们被当作认知表征之前,过去事件的叙述需要被视为话语——发挥语用和修辞功能的可变的情境化产物——来分析检验。也就是说,我们努力向大家展示将记忆作为情境化话语行为来看待的价值,而这会给传统心理学方法带来相当大的困惑,因为传统方法认为认知的研究需要将情境的"干扰"尽可能"扯掉"。

本章将通过详细分析另一个事件的报道,进一步阐述这个观点。这个事件与"水门事件"一样,涉及记忆、真相和准确性的问题。对这一材料的分析允许我们引入奈塞尔研究中没有涉及的问题和要素。我们关注的焦点依然是人们如何建构真实的原发事件(事实),以及如何解释曲解和错误(通常是别人的)。随着这一章的铺展,我们将展示真相和错误的问题如何与涉及人的性格和意图的归因考虑交织在一起。当然,这并不奇怪,因为

第三章
劳森大臣的记忆

在自然环境中,当我们说起从前的经历或根据要求进行回忆时,我们一般不会仅仅描述一系列按次序发生的现象,而是讲述一个富含动机和责任归结的故事。

这次的分析还是发生在自然环境中的"回忆"。然而,相比于传统的认知心理学,我们现在将"回忆"看作一个更丰富的现象。分析材料是一系列报刊报道、议会会议记录,以及前英国财政大臣奈杰尔·劳森(Nigel Lawson)在新闻发布会上所作的有争议的发言。这些材料的优点在很多重要方面与迪安/"水门事件"的材料相似:都是关于回忆和推断的争议——在一个政治敏感性很高的会议上到底说了什么,这一事件的各种描述版本的充分性和准确性,以及各种"客观"记录的性质等。但是,这个案例同时提供了奈塞尔研究中有限数据来源所不能提供的其他要素。具体而言,它对事件发生的修辞背景进行了分析,还让我们有机会观察事件随时间发展逐渐建构的过程,对于这一点,奈塞尔也明确承认,它是真实世界研究的一个重要特征(参看Bartlett,1932)。

值得一提的是,我们选择乍看起来与错综复杂的英国政治系统相关的材料是出于多方面的考虑。一旦我们开始从话语行为的组织层面考虑记忆和其他心理现象,如归因和动机,我们就必须比以往更关注具体的内容和陆续出现的背景的细节。只有这样,我们才能搞清楚语用因素所起的作用,以及它们如何设定了话语的结构方式。

出于这一需要,我们选择关注有关政治家行为的争议,因为它们在所有西方国家都是司空见惯的(在调子上略有不同)。尽管记者对政治会议报道的习惯不同,尽管产生争议的具体政治政策不同,但政治家企图控制政治报道的一般方法,以及有关政治行为性质和意义的矛盾的基本规律在总体上是一样的。因此,尽管细节不同,大多数读者仍有能力理解政治新闻报道,这也有助于他们理解和评价我们的分析。简言之,如果读者具有广泛的隐性背景知识,我们阐释起来就会更轻松些。

尽管有这些理由,我们仍完全可以选择一种不同的谈话,例如,家庭成员之间的谈话(Billig,1990;Edwards & Middleton,1988)或对超凡事件的叙述(Wooffit,1991,1992)。从某种意义上说,这些机构环境以外的谈话可以更好地证明我们的观点,因为我们研究的是话语的一般特征而不是特定于政治争论和媒体报道的机构环境的话语特征。例如,话语分析者强调,日常谈话是分析的首要基础(Atkinson & Heritage,1984a;Heritage,1984)。尽管如此,我们希望这些材料的可及性和内在吸引力能弥补其概括性上可能存在的局限。

对于将报纸和电视报道作为分析焦点的问题,还有一个值得一提的理由。人们可能认为,这些材料不是单个个体的话语产物,相反,它们受到复杂的社会和机构的影响,涉及不同的作者和说话者,以及一系列不同程度的修订和编辑。这样一来,话语成了一个集体的或互动的产物。然而,我们强调,

第三章
劳森大臣的记忆

至少在一定程度上,这是一个能反映面对面交际话语普遍特征的更直白的样本(例如,Leudar & Antaki, 1988; Levinson, 1983)。此外,我们关心的不是口头表达或文本的自然历史,也不是这些材料产生的过程,而是它们在具体语境中使用的修辞组织方式。

本章将分析:(1)被用作真理仲裁者的话语如何通过修辞组织起来;(2)参与者的事件描述版本如何通过修辞建构起来成为论点的一部分;(3)争议双方如何通过解释错误保持各自立场的一致性,就像奈塞尔在迪安的研究里做的那样。

这里必须补充说明一下我们是如何使用"建构"这个术语的。正如上文所述,奈塞尔从早期认知建构主义的立场(Neisser, 1967)逐渐转移并认识到,尽管其中包含"片段式"的合成,但记忆是通过对真切事实的反思和组织形成的。然而在这里,我们主张的建构与此不同。在奈塞尔早期的认知建构主义观点中,一个人的现实是通过各种心理图式、分析和合成过程创造出来的,而在我们所说的话语心理学中,这一建构过程显现在谈话的组织内,以及谈话包含的特定于情境的一般推理中。实际上,建构主义已被广泛应用在心理学领域的各类研究上(Gergen, 1985),并不是所有的理论都与本书观点一致。

需要强调的是,要进行这种自然主义的话语分析研究,我们需要比以往的信息处理或生态研究方法更加慎重地看待"真理"。出于建构主义的理论立场,我们作为分析者不应对事情的真相作出决断,因为这是参与者在一般推理过程中主要关心的问题。事实上,关于科学知识的社会学研究已揭示,保持中立立场、尊重参与者认定的事实非常重要,否则参与者自己的兴趣和目的将干扰分析结果(Bloor,1976;Collins,1981;Mulkay,1979)。我们说过,这正是奈塞尔的研究引发的问题,也是我们之所以用处理文本"数据"的方法再次分析那篇文章的原因,而不是因为它代表了一种特别值得评论的心理学方法。

因此,在后面的分析中,"何为真相"并不是分析的起点,就像它在奈塞尔的研究里那样,也不是分析的终极目标。相反,我们感兴趣的是,参与者在这个问题上做出的话语性推理行为。实际上,我们的观点不再是人们借助自己的心理机制努力回忆,而是人们通过交谈或书面交流相互争论事件的真实性。他们想要努力建构的是真相——我们关注的是这些企图如何被编排,以及它们的修辞组织方式。我们的目的是展示任意事实或"事件真实故事"建构具有的情境性和功能取向的本质。也就是说,正如我们在迪安的问题上指出的,"发生了什么"的叙述发生在归结责任、推卸责任、合理辩解的交际活动当中,是这一交际活动的一部分,因而会根据那些修辞行为的要求产生系统性变化。

我们现在转向"劳森门事件"的新闻报道。虽然,将科学研究报告和报纸的新闻报道进行比较乍看起来不太合适,但我们

第三章
劳森大臣的记忆

想要展示的是,这两类文献中提出的是同类问题,而且这些问题是受人质疑的。这些问题包括:关于"到底发生了什么"的有争议的故事版本是如何建构的,用来证明这些说法的看似客观的标准是如何被提出的,声明言论准确性的修辞策略是如何使用的,对他人言论中的错误的解释机制是如何形成的。在对劳森大臣和记者的争论进行初步概括后,我们将分三个部分来讨论记者的说法,每一个部分都涉及记忆的心理学研究的一个重要方面,与迪安证词的案例相呼应:(1)真理在**哪里**的争议;(2)真理的**性质**的争议;(3)**错误**的性质的争议。

"劳森门事件":要点概述

1988年11月,英国新闻媒体对11月4日发生的英国财政大臣劳森与10名周日报纸记者之间的争论进行了连续几周的报道和讨论。周日报纸在英国是颇有声誉的老牌报社(历史最悠久,有200多年历史),与其他日报相比,发行量更大。这次新闻发布会被视作一次常规的见面会,属于那种"不宜公开报道"的简短会议。资深政治家一般会借此"给媒体透露点新消息",如即将推出的政策、计划等,他们不希望由自己公开宣布这些消息。这种"不透露来源"的会议通常被称为"游说新闻","游说者"是一群记者。注意,这里说的"游说者"和党派政治中的那些施加压力的团体不是一回事。

记者们与大臣之间的争议、指责和反指责主要围绕几个核心话题。其中最有争议的话题与劳森所说的养老金政策的改革有关。周日报纸报道,养老金政策将发生巨大的有争议的改革,所有人目前享受的福利将来有可能通过一种"支付能力调查"(收入评估),只提供给特别需要的人,这样一来,有些人的养老金缩减,有些人根本拿不到养老金(这就是有争议的部分),而有些人的养老金可能增加。劳森随后(在此后的周一,在广播、电视和议会上)否认他曾说过这样的话,并指责记者用他们"疯狂的想象力"集体炮制了一个"纯属编造的""不准确、半吊子"的说法,"与我所说的完全没有关系"(引自11月8日的《泰晤士报》和《卫报》)。那次会议的录音本身也成为声明和否认的主题,使得这一事件与"水门事件"有异曲同工之处。这一事件后来被称为"劳森门事件"(《观察家报》,11月13日)和"尼克松白宫录音的炸鱼薯条版,脏话已删除"(《卫报》,11月9日)。

表3-1 劳森大臣新闻发布会后续事件顺序

11月4日	劳森、新闻顾问约翰·吉夫(John Gieve)和10名新闻记者的新闻发布会
11月5日 晚上	独立电视新闻(Independent Television News, INT)报道了与第二天报纸报道类似的新闻
11月6日 早晨	周日报纸有关养老金问题的新闻标题发生了变化,强调了这一问题的争议性
11月6日 晚上	巴尼·海霍(Barney Heyhoe,前保守党主席)在电视上批评了被报道的政策改革
11月7日 晚上	劳森在BBC广播里否认了这一说法

第三章
劳森大臣的记忆

续　表

11月7日　晚上	劳森在议会中回应由反对党领袖提出的一个"个人补充问题"时否认了这一说法 劳森在BBC电视的一个重要访谈节目中否认了这一说法
11月8—10日	有关这次新闻发布会及其内容的无数报道刊发,也出现是否存在会议录音的猜测
11月13日　早晨	周日报纸通过独立电视新闻发表了"独立确证",用详细的长篇报道描述了那次记者会、会议背景,以及由此产生的争议
11月24日	社会安全秘书处宣布为贫穷的养老金领取者提供额外的福利
11月25日　早晨	报纸将福利政策与新闻发布会联系起来,例如,指出"两亿英镑养老金"和"给两百六十万养老金领取者的额外福利"是为了掩盖劳森在支付能力调查问题上的失言

　　表3-1列出了主要事件的顺序作为参照,因为我们特别重视新闻发布会事件的各种说法的顺序关系。表3-1中列出的部分特征我们将在第五章讨论。我们采用的分析材料主要取自五大报纸,即《卫报》(The Guardian)、《泰晤士报》(The Times)、《观察家报》(The Observer)、《周日镜报》(Sunday Mirror)和《周日泰晤士报》(The Sunday Times),以及关于辩论的官方议会记录,即《英国议会记事录》(Hansard)。我们之所以选择这些报纸,主要是因为它们享有"高品质报纸"的声誉(只有《周日镜报》的记者参与了那次记者会),它们报道各种政治观点。《卫报》和《周日镜报》被认为比《泰晤士报》和

《周日泰晤士报》偏左一点,更开明一些。那场有争议的记者会发生后,我们连续两周每天收集这些报纸,收集和复印了每一篇与之相关的文章。只选择这些报纸并非因为我们觉得那些小报没有意思或不重要。相反,小报总体上加起来比这些高质量报纸的发行量大很多,而且它们对政治的报道不仅复杂还具有娱乐性。然而,吸引我们注意的是高质量报纸提供的细节和报道力度(经常会在一期上围绕同一主题发表几篇报道),以及我们对这一文体的熟悉程度,这有助于我们迅速理解所要分析的问题。

真相在哪里?

在这一部分,我们的目标是展示真相在哪里,或者什么算作事实性记录,这实际上是参与者面临的一个鲜活的问题。不同场合的不同参与者提出有关如何检验事实的不同观点。此外,我们认为,将这些观点看作大家努力理解真相的中立描述是错误的。因为描述本身就是报纸与政府代表之间的修辞矛盾所暗含的特征的外部显现。

卷入争论的各方都反复求助于客观记录以揭示某种毋庸置疑的真相。其中最显著的是一位当时在场的政府官员记录的一份录音。到目前为止,无论是录音,还是录音的转写文本,都没有公之于众。"当周日报纸的记者让他(劳森)拿出当天会议的录音记录来证明自己的说法,令财政部难堪的另一件事浮现了

第三章
劳森大臣的记忆

出来。会议上一位官员用来录音的录音机出了故障。"(《泰晤士报》,11月8日)录音的失败或其他什么状况成了又一个争议话题。有报纸指出录音的事是为他们的说法平反,与奈塞尔采用"总统录音记录"证明迪安的说法一样,他们还解释了录音没有出现的背后动机,磁带的缺失"不可避免地……加剧了人们对官方掩盖事实的怀疑"(《观察家报》,11月13日)。新闻报道详细描述了自相矛盾的财政部申明:录音机出故障,所以磁带是空的;录音是有的,但不会被公布;暂停键被不小心按了下去,所以录音磁带没有转;原来的磁带弄丢了,等等。

  财政部官员和记者都提供了非常详细的描述来证明自己的说法。因此,"一名财政部发言人在周三对《卫报》说,录音机是'一个非常复杂的机器……灯亮着,但它没有运转'……根据财政部的说法,磁带是空的。这台录音机是一个声控的机器。它没有正常运转"(《卫报》,11月11日)。录音机的复杂性在这里看起来并不能证明这个机器有多好,反而在财政部的合理解释下成了不可靠和难以操作的原因。为了反驳这一说法,证明录音机是正常工作的、磁带轴是转动的,记者们提供了绘声绘色的描述,丰富的背景细节与迪安使奈塞尔相信的描述类似:"我听到'咔嗒'一声,我想是磁带用完了。它就在我正前方。我看过去的时候,磁带轴正在转。那个咔嗒声原来是《周日电讯报》(Sunday Telegraph)的唐·麦金泰尔(Don Mcintyre)发出的,他坐在我的右边,正在咬钢笔头。"(《周日镜报》,11月13日)磁带究竟存在不存在的说法随着说话者的语用立场而改变。更有趣的是,看似客观的依据也随着谁在说话而改变。看起来,理解这些话语的最好方式不是依据某种抽象的总体真相或准确性的标准来检验所有描述和背景的细节,而是把它们当作特定修辞任务的产物(参看 Pomerantz,1987)。

到目前为止,读者如果认为这个争议的存在是因为逐字逐句记录的录音不见了,是可以理解的。事实上,记者们对磁带消失的怀疑建立在磁带可以消除这一矛盾的基础之上。然而,如果我们继续审视"记者的记录是否充分"这个争议,刚才的判断就不那么合理了。

没有了录音磁带,劳森甚至愿意认可记者们详细的速写笔记的存在和可靠性。《英国议会记事录》里引用了他在议会上的讲话:"相关记者对事情很了解,如果**他们看一下自己的笔记本,就能发现周日报纸上刊登的报道与我的发言没有一点关系**。"(《英国议会记事录》,11月7日,强调部分为笔者所加)这里,劳森大臣特别声明记者的记录可以作为证据反驳他们的说法,这与其言论的修辞策略是一致的,即强调记者因缺乏新闻亮点而"编造"了故事,但这样说存在被记者直接反驳的风险。有趣的是,劳森将从书面记录中建构事件的过程描述成简单的"看"和"发现"他们所说的话。这里包含着一种观念,即存在一种只要感知就能理解和确定的毋庸置疑的说法与千真万确的描述。这一观念在这里显然被当作一种反诘力量使用。我们需要说明的

第三章
劳森大臣的记忆

是,这不是劳森阐述记录与真理关系的唯一方法。同时,《卫报》(新闻发布会上没有《卫报》记者出席)提供了对劳森的质问的解释。那次会议"不宜对外宣传"的性质使得劳森有机会使用修辞策略:"'这些蹩脚记者'的笔记本只有一些粗略的概括,没有逐字逐句的记录。劳森先生可以大胆地质疑这些记者,要求他们引用原话来证明自己的说法。"(《卫报》,11月9日)《卫报》的意思是,存在10本各自独立的详细笔记的说法是没有根据的,简单依据这些笔记就能了解真相的推断也是不成立的。劳森提出验证记者的书面记录的准确性,把球踢给了记者那一方,他可以借此否认这些记录的存在和价值,同时确保自己不被反驳。

这时候,出现了对这些速记笔记是否能作为事件真实记录的各种说法,事情已变得格外有趣。《卫报》等其他报纸说,有人对"劳森大臣的话作了逐字记录"(《周日泰晤士报》,11月13日),"10位受过充分训练的记者"作了笔记(《卫报》,11月9日)。但在另一些报道中,有时是同一篇文章里,《卫报》对这些笔记的存在和可靠性表示出怀疑。我们不用去努力分辨什么是事实,什么是谎言,我们可以从这两种说法所处的语用背景中理解这种可变性(参看 Potter & Wetherell,1987)。

对记者笔记的细节精确性的声明是功能取向的直接表现。在批评劳森的背景下,它们的作用是作为论据支持记者对事件的描述,驳斥劳森的说法。《卫报》指出记者只有简要笔记的说法,其功能取向则有点复杂。如果我们注意到这是《卫报》对整个游说系统——一种不说明出处的"消息透露"的做法的总体批判的一部分,那么这个问题就清楚了——"主要考虑到它提供的新闻控制的范围,《卫报》两年前就从这个系统中撤出了"(《卫报》,11 月 11 日)。如果没有这个背景,周日报纸的全体一致性便可能被视为真相和准确报道,但在这种情况下,全体一致性反而表现出自身的不充分:

> 游说系统中训练有素的全体一致性,就如同禁卫军……两个所谓的重量级报社[或者说"严肃刊物"(quality press)]居然给这个故事加了一模一样的标题……下面的故事在内容上也基本相同。(《卫报》,11 月 7 日)

类似的说法出现在一个明显的修辞背景中:

> 因为他们认为这些评论是查不到出处的,所以在场的记者们就不像往常那样拼命记笔记。相反,他们会后聚在一起,相互问一个老问题:"今天的故事是什么?"……这个故事如期出现,而且有着惊人的一致性,这就是周日早晨集体游说会议的危险结果。(《卫报》,11 月 11 日)

因此,在一个话语背景中(批评劳森),我们得知 10 位独立资深记者作了详细的笔记,每一份都可看作独立于这些记者自身新闻报

第三章
劳森大臣的记忆

道的真实依据,因此可以用作检验这些报道的准确性的基准。我们也曾提到,这一说法也是劳森可以补充的内容。在另一个话语背景中(批评游说新闻系统),同样的笔记被描述成粗略的、不完整的,基本上是相关记者事后共谋所建构出来的产物。至于这些笔记是不是充分记录了这一事件,显然取决于修辞背景。

> **专栏 3-1 劳森是谁?**
>
> 奈杰尔·劳森的地位是不可撼动的,我对他说过。他是一个非常强势的人。[玛格丽特·撒切尔(Margaret Thacher),ITV,《沃顿访谈》节目]
>
> 在公共领域中,他是个罕见的人物。他步入政坛并不是出于对高级职位的野心,而是希望找到一个可以一辈子为之努力的职务。
> ……好斗、胆大、自信,思路开阔、反应敏捷,没有耐心、幽默、不容易相处、好为人师,骨子里比他看起来善良得多。
> 如果没有架可打,他会到街对面惹出个事来。
> 他的风度,他的超强智力,足以使他有傲慢的资本,尽管他的一些同事对此很恼火。(《每日电讯报》,1989年10月27日)
>
> (他的)庞大体格成为笑料,人们说他是撒切尔主义下富得流油的表现……
> 劳森先生,在傲慢的举止下面,是一个极有原则的人,从来没有为了铺平仕途而向卑鄙或违法之事低过头。(《独立报》,1989年10月31日)

(续)

> ……他鄙视打造形象和刻意拉拢政治支持的做法,用来描述他的首选形容词是"傲慢"。(《独立报》,1989年10月27日)
>
> 身份建构并流通的主要媒介并不仅仅是语言学的,也是文本的:人们的身份是凭借他们植入话语的方式而建立的……这样一来,文化的文本赋予了它们的"定居者"建构自我的资源,它们铺展开一系列潜在能力,同时建立起一系列限制性边界……(Shotter & Gergen, 1989, p.ix)
>
> (感谢 Ashmore et al., 1989, ch. 4)

同样的可变性也能在劳森的话语中看到。一开始,劳森强烈指责记者的报道是编造出来的,后来声称"报道中出现的没有标明来源的引用'绝对准确'"(《卫报》,11月11日)。在这一话语中,我们又看到相互矛盾的说法。再一次,我们不需要考虑绝对的真相是什么,而可以从劳森不同发言的语用层面和顺序上分析其话语的可变性。

劳森的第二个说法,认为记者的引用是正确的,紧接在媒体公布"新闻发布会上究竟发生了什么"这一详细叙述之后。这份叙述充斥着对环境和对话顺序与背景的细节的描述。这些叙述本身是针对劳森先前的指责("被描述成……他10年来见过的'最不准确、最断章取义、最不负责任的'",周日报纸,11月13日)所作的回应。劳森一百八十度大转弯的语用行为是为了在

第三章
劳森大臣的记忆

承认记者报道的准确性的同时，维护他从未提出基于支付能力调查的福利政策的说法。关于他到底说了什么的问题转移到他所说的话被误解了的申明上："财政部官员后来说，劳森认为记者们报道的新闻发布会的情况总体上是准确的，不过他强烈反对记者们的解释。"（《泰晤士报》，11月11日）

大臣的新言论对界定真相起到了关键作用。现在，是否有一份对会议的直接记录已不再重要，因为争议的焦点不再是大臣说了什么，而是大臣的话该怎么解读。也就是说，尽管对那份应该能够证明事实真相的录音仍有争议，但各方都认同"一字不差的真相"这些字眼，只不过在对它们的解释上意见不一。用劳森的话说，真相不再能通过对记者笔记的"看"和"发现"来甄别。感知主义和认知主义在这里出现了，不是作为分析者的自相矛盾的方法来检验记忆和谈话，而是作为参与者自己的概念资源，灵活地用在真相和争议的修辞（辩论）中。

让我们阐述得更清楚些。注意，是劳森和《卫报》，而不是游说记者们（他们仍坚持表示有一份清晰的记录可以支持他们的说法），指出了故事的建构性质。意思就是，参与者本身可以做心理学家做的事，提出事实的客观性或建构性。在这里，我们看到参与者根据背景和语用需要，灵活采用理论立场，从一个故事版本转移到另一个故事版本（劳森和《卫报》都是如此）（Latour & Woolgar, 1986; Woolgar, 1988a）。现实—建构之分——建构主义者和吉布森主义者关于心理实质的争论轴心，在这里看起来是一个日常修辞资源,用来支撑不同的语用功能。"真理主义"的常识在你需要声明自己了解清楚无误的真相时非常有用,而建构主义可以在贬低他人的说法时发挥作用。

真相是什么?

将"原始事件"作为认识论基础的观点是有问题的,当然,这对认知心理学而言也不是什么新观点,至少在它不涉及记忆而只关涉理解时如此。至少从巴特利特(Bartlett,1932;参看Bradford,1979)开始,理解和记忆就被认为是紧密相连的。记忆被视为原始经历的一种理解功能,甚至被描述成一种理解过程的复述(Schank,1982)。与此类似,文本材料的理解模式被认为离不开细节丰富、组织良好的记忆元素,理解世界、事件以及如何进行推论的模式可以通过查询这些记忆要素,最终完成对文本的理解(例如,Bradford,1979;Winograd,1972,1980)。

然而,无论是实验研究还是模拟研究,记忆对理解的依赖在其中基本被理解为认知主体心理运作方式的问题。心理学家自己似乎有免疫力,不会被这个问题侵扰。他们可以直接接触实验的输入,这些输入一般由他们自己发明出来,设计上包含一定程度的可理解性或一定程度的模糊性,而且可以清楚地理解它的意义:"在心理学实验中,确定被试说的是否正确相对容易。实验者知道真实情况,因为这是他一手设计的,而且他留了记录,可以用来比对被试的报告。"(Neisser,1981,p.2)但是在日

第三章
劳森大臣的记忆

常对话记忆中,在"劳森门事件"的数据中,恰恰是原始事件的问题引发了争议。如果将这个问题从实验研究中去除,关于一般记忆者的一个主要问题就被系统地排除出主流认知心理学研究。其结果是,"原始事件"建构性的、带有目的性的性质无法被研究。下面,我们将分析解释在"劳森门事件"的报道建构中如何发挥作用。

记者对新闻发布会的呈现可分为三个阶段。在引发争论和否认的周日报纸的最初报道里,故事只是一位不知名的政府部长透露了一项"针对"贫困老人的福利政策:"个人收入调查威胁到了退休者的利益……'针对性'意味着将目前支付给所有退休者的福利进行转移……将资源集中用于帮助最贫困的人。"(《观察家》,11月6日)劳森开始反驳的时候,周日的日报上又刊登了以下说法,以及类似的报道:"计划是通过取消较富裕者享受的如……的普遍福利的权利,来调集更多的资源帮助真正需要帮助的人。"(《泰晤士报》,11月7日)

第二阶段出现在劳森指责记者的报道是"胡编乱造的大杂烩"之后。针对这一言论,记者们提供了详细的会议描述。在这篇报道中,记者们首次将注意投向事实—解释的区别,开始证明他们对劳森大臣的说法的诠释:

《泰晤士报》联系了几个出席了会议的记者,所有人都坚定地说,虽然劳森没有具体提到取消10英镑圣诞节补

助,取消退休者免费医药,以及对老年人开始进行个人收入调查,但他的意思是明确的。(《泰晤士报》,11月7日)

记者解释的核心问题是"针对性"这个词。劳森声称,这并不是对资源的重新分配,而是为贫困人群提供额外的资源,这就不容易出现争议了。在第三阶段,记者们联合起来说,劳森被迫拿出额外的经费来摆脱最初透露的消息带来的尴尬处境:"为260万退休者提供额外福利的政策匆匆出台,试图掩盖劳森在个人收入调查问题上的失言。"(《卫报》,11月25日)事实与解释之间的区别,准确的说法与明显的意思之间的区别,最初是由劳森引发的,在记者对其言论进行详细批驳后,劳森说记者引用的话是准确的,但他们对他的话的解释存在偏差。在第三阶段,记者在第二阶段的解释被理所当然地用来反证大家都知道的劳森说了什么的事实描述。让我们看看第二阶段和第三阶段。

记者很高兴劳森指出所说的话与所包含的意思之间的区别:"《卫报》政治记者筛查了围绕大臣关于养老金问题的新闻发布会的事实、想象和争议。"(《卫报》标题,11月11日)在这个隐喻中,事实就像小颗粒物一样事先存在,可以被筛选,就如同将麦子与谷壳以及其他杂质区分开来,"想象"可以从解释中被分拣出来。然而,事实并不仅仅是词语本身,还包含他们的意义。解释必须嵌在事实之中。记者的解释有确凿的记录提供强有力的证明,有独立的叙述、生动的回忆、合乎情理的背景(逻辑)和常识(每个人都知道),似乎所有理智的人都必须认可。由此可见,解释与到底说了什么的事实不可分割。我们不希望在本文中过多分析这些材料的特征。尽管如此,我们还是节选了下面的一段文字,并按标题组织起来,让大家领略一下这种证明方式。每一段文字都强调了最重要的部分。

常识

(新闻界)对大臣上周五对游说记者所说的话的解释**与其他政府行为完全一致**。(《泰晤士报》,11月8日)

任何"**在职的政治家**"都会告诉你,永远永远不要提支付能力调查,尽可能用委婉语……因此,1988年托里党人说的是"准确地针对需求"。

在这届政府中,"针对性"的意思**从来就没有过疑义**。(《周日泰晤士报》,11月13日)

背景和逻辑

(记者归结出来的)主要意思,实际上与以往大臣发言所说的"针对性"是一致的。按逻辑,下一步……(《卫报》,11月8日)

话语背景

他关于儿童福利的言论**仍在耳边回响**。劳森先生**马上转向**退休者……**与儿童福利一样**,似乎他所想的……是转移普遍福利的资源……把经费用在收入调查上,针对最穷

的人。实际上,**紧接着的下一个问题**(为了"教育"他的后座议员)就反映了他的主张。(《观察家报》,11月13日)

基于他早先有关儿童福利的言论和他认为大多数退休者承担得起健康检查费用的看法,那个说法只能有一个意思。(《周日泰晤士报》,11月13日)

我说过我打算写一篇关于退休者福利变化的报道。我记得我用了"削减"这个词。财政部本可以借这个机会告诉我劳森所说的是一个新的、额外的福利。他(吉夫)没有这么做。(《周日镜报》,11月13日)

我们已讨论过其他各种证据,如请求提供准确记录、独立的信息来源和生动的记忆(具有画面感的场景描述),并展示了如何将它们看作真相表述的修辞成果。我们总体上得到的是一系列话语策略,用来证明记者们提供了真实而准确的报道。所有这些解释工作为的就是表示这些解释根本没有必要——结论是显而易见的,而且是唯一可以接受的、内在于事实的。因此,事实—解释的区别再次在语用上结束了,最后只留下记者的说法:"针对性(支付能力调查的政治词汇)……"(《周日泰晤士报》,11月13日)"他不能不负责任地否认他所说的话,或者指责十几个记者说谎。"(《卫报》,11月15日)在《周日泰晤士报》的表述中,"针对性"是"支付能力调查"的直接翻译——只是在政治背景上存在差异。这一做法有效回避

第三章
劳森大臣的记忆

了事实—解释差异,支持了记者的说法。同样,《卫报》的引用将一件大家曾费尽周折争论的事情具体化为一个简单的事实。劳森所想的就是他所说的。此外,在下面这段节选里,劳森的言语不时被看作一个既定信息,镶嵌在一层层的假设中(参看 Wilson,1990):

(a) 解释结束了——他说的和他想的是一样的。
(b) x(否认所说的话)假定了 y(他说过)。
(c) 他不能不为 x(否认所说的话)负责,假定了 x,因而假定了 y。
(d) "这是完全正确的……"进一步包含其他已交织在一起的假设。

很显然,我们已远离令先前的参与者痛苦的文本解释任务,已远离第一阶段关于劳森可能说了什么和可能是什么意思的纠结。

记者们在这几个阶段的说法不能简单地理解为记者和政治家们意料之中的行为,也不能认为这些与心理学关注的"真正"记忆或客观真理几乎没有关系。在一般谈话的生态环境中,记忆永远是一个实际存在的行为,而不是一个潜在的行为。它发生在谈话"服务"的行为背景中。此外,这不仅仅是日常谈话的特征,也是讨论客观真相的最终领域——科学知识的建构——的特征。

拉图尔（Latour，1987）指出，除了有关事实的政治谈话，科学知识也可以用话语模态来分析。已经被认可的知识曾经是有争议的，以后还可能再次引发争议。这是一个知识的表达与其诞生的环境之间关系远近的问题：

> 我们将那些导致言论远离其诞生环境的句子称作"积极模态"。它使言论更坚实，从而产生其他必要的结果。而那些引导言论向另一个方向，也就是其诞生环境的方向的句子则被称为"消极模态"。在消极模态中，这些句子会详细地解释这一言论为什么有道理或站不住脚，而不是利用这一言论产生其他更为必要的结果。（Latour，1987，p.23）

对"劳森门事件"中的记者而言，事实的问题一旦被质疑，就会被带回它们诞生的环境中，在证据与合理性层面被证明或否定（参看 Pomerantz，1984b）。记者提供了对事件及其背景的具体生动的描述，以证明这些事实包含的争议元素的准确性。此外，无论是在科学、政治领域，还是在日常对话中，本质上，我们要处理的是修辞过程。即使在没有公开争论的情况下，事实的描述也是被设计用来排除其他可能的说法或驳论的（Billig，1987）。在科学文本里，"逐句阅读论文时，如果不去设想读者的反对意见，就好比在网球决赛中只看一个选手挥拍"（Latour，1987，p.46）。

第三章
劳森大臣的记忆

另一个同样反映在日常社会行为上的科学话语特征是，实证主义与建构主义立场之间的移动。拉图尔称此为科学的"两面性"特征，这反映在科学家的"各种阐释技巧"的话语分析研究中(Gilbert & Mulkay, 1984; Mulkay, 1985; Potter & Wtehrell, 1987)。在不同模态维度上论证事实时，同样的科学家会在实证主义与建构主义的观点之间移动，实证主义认为科学知识是自然决定的，而建构主义认为自然与自然知识应区分开来，自然知识是科学理解的结果而不是科学理解的决定者(参看 Woolgar, 1988a)。同样，这个过程是修辞性的而不是认知性的组织过程，它嵌在文本或话语的行为中，实证主义的技巧用来强调真理，基于情境的建构的策略用于解释疑惑和错误。与迪安和奈塞尔的案例一样，这些立场也是日常对话中的资源。

错误是什么？

我们在奈塞尔的研究中注意到一个特点：为了证明迪安的基本正确性，奈塞尔还必须处理迪安表现出来的明显错误。错误对奈塞尔而言基本上是一个解释问题，因为这不符合其所说的迪安的记忆是"片段式"记忆的说法(参看 Gilbert & Mulkay, 1984; Mulkay & Gilbert, 1982)。为了维护其解释的一致性，奈塞尔需要采用一些其他策略，迪安个性和虚荣心形成的扭曲作用刚好可以派上用场。迪安对尼克松的描述是基本准确的，但他对自己在这一事件中的角色的描述存在偏差。

专栏 3-2　黑箱、齿轮和事实

箱子用来比喻三个相关事物。本专栏构成的"箱子"好比一个特殊的容器，用来存放一些将在第三章讨论的文本。它就像一个玩具柜，一些枝节问题或反思性解释可以放置其中，否则它们就会堆积在正文的地板上。当下，本专栏讨论的是另一种箱子，也可以叫"黑箱"。黑箱有两种类型。一种是关于心理学研究对象的隐喻——"人类和动物就好比充满输入和输出的箱子"(Hamlyn，1990，p.8)，由认知心理学家从行为主义批判中继承而来。我们说过，认知心理学将记忆看作一种能力，而不是一种活动，他们认为记忆的特点可以从输入与输出的差距中推导出来。这个概念和方法被沿用到生态研究中，从而构成拉图尔讨论的另一种意义上的黑箱。

拉图尔(Latour，1987)使用"黑箱"这一术语来部分解释科学事实的性质。任何科学文件或讨论，无论其实证性、技术性或理论性多强，都依赖于一系列前期发现、方法、目标、结论等。这些前期成果被不加质疑地参照，或单纯地引用，或作为假设。当有争议的思想和实践向黑箱转移，科学知识得到发展，批评或相反发现的涌现导致黑箱被打开。

通过引用拉图尔的言论，我们将拉图尔的思想也放入黑箱，强化他的观点，将他对科学知识的描述作为一种更可信的观点加以参考或引用，而且自动运用他的观点开展实践。我们不需要提供具体的细节来证明这个观点，因为拉图尔自己的文本有274页。实际上，如果要这样做，那么所有的谈话和文本都不可能延续。"常识"的创造和瓦解是话语普遍关注的问题(Edwards & Mercer，1987；Heritage，1984)。

第三章
劳森大臣的记忆

(续)

> 我们把拉图尔的黑箱观点放进了黑箱,认同了他的积极模态分析的解释(还可见第六章)。我们对奈塞尔(Neisser, 1981)的做法则刚好相反,我们打开了盖子,仔细看他做的那个研究。无论怎样,奈塞尔对迪安证词的研究也是可以放进黑箱中的。他对现象进行分类,区分概念,提供方法示范并得出结论,与所有的科学研究一样,这些方面都是值得援引的。科恩(Cohen, 1989, pp.185–187)恰恰这么做了,他用两页纸概括了奈塞尔的研究:"两个发现最为显著……首先,回忆受到动机、个性和愿望的重要影响。其次,我们需要区分对话记忆的不同水平。"奈塞尔的研究在科恩的文章里转变成研究发现和结论的概述,包括与一般认知心理的同化(迪安说尼克松请他坐下的错误记忆是一个"基于脚本的干扰……源于那种进入会议场合的脚本")(Neisser, 1989, p.186)。
>
> 这种对奈塞尔研究和拉图尔研究的黑箱化或模态化,在科学(或日常)话语中是常见且必要的特征。我们的目的是"引起关注"(这个感知隐喻有助于我们将它看作一个真实存在),让大家认识到这是知识的话语建构的一个方面。无论我们分析奈塞尔研究的什么内容,无论我们选择从什么方向来转动他,模态维度向上还是向下,关上箱子还是打开箱子检查,我们都可以展现科学知识、常识以及日常谈话是社会交往引发的,可以作为话语和修辞来研究。

这与"劳森门事件"中记者采用的劳森行为的性格倾向解释异曲同工:

　　劳森先生虽然对琐碎的细节不敏感,却是一个智力超

群的人。这是不是在一定程度上可以解释这次消息透露的时机？(《卫报》,11月7日)

尽管他很聪明,但他有时太聪明了。他不能容忍愚蠢……他超级傲慢的超级自信常常招惹麻烦。很多人觉得,是他的骄傲自大让他(和他们)陷入这一周无尽的烦恼中。(《卫报》,11月9日)

……这位**傲慢的大臣**要吸取的教训是,以后要小心措辞。(《周日镜报》,11月13日,强调部分为笔者所加)

对奈塞尔和记者们而言,真实说法不需要这么多解释。可能确实存在一种为什么有人选择说实话的解释——可能是对人有利(奈塞尔对迪安的分析);当证据和论点铺天盖地般出现,一个人可能被迫承认一些事情(记者对劳森的看法)。但是,真实说法本身的性质是直截了当的——这就是真理。从另一个方面看,错误需要一种不同的解释。不可能有无休止的错误,因此我们需要解释为什么特定错误会出现。(当然,这是我们自己的观点,真实的描述可以无休止地被详细阐释。)因此,迪安的虚荣心导致他在描述中美化自己,劳森漫不经心的自信和傲慢导致他认为自己可以否认明显的事实真相,并且可以不承担任何后果。

劳森面临的这个问题,记者们同样面临。也就是说,劳森必须解释记者们对新闻发布会内容的报道为什么会出现错误。劳

第三章
劳森大臣的记忆

森在 11 月 7 日的议会辩论上提出了对错误的解释。然而，我们研究的报纸选择不引用这段对记者们更为不利的话，这在一定程度上显示出这段解释的重要性：

劳森先生：……周日报纸上刊登的说法与我实际所说的没有一点关系。我对他们说的是，我们绝对、完全支持维持-

克莱尔·肖特女士（伯明翰，莱迪伍德）：他们有速写笔记。

劳森先生：哦，对，他们有笔记，而且他们知道，他们知道他们会后查看过了，**他们认为写不出什么好故事，于是就编造了一个**。（《英国议会记事录》，11 月 7 日，p.26，强调部分为笔者所加）

劳森没有从心理倾向的角度来解释错误原因，对 10 个记者的报道同时进行概括十分困难，他在解释中强调了报社要求记者提供好故事的机构压力。劳森的说法回应了记者报道的一致性（他们写出来的报道相同是因为他们一起串通编造），以及报道与其本意的差别（因为他所说的不足以成为一个好故事）。这种一致性或相同性的概念在归因理论中非常重要，我们将在第五章再次讨论这段话语建构。

我们反驳了单一、客观的真理独立于任何故事版本的观点，

话语心理学
Discursive Psychology

也反驳了必须通过建构来形成真理的观点。奈塞尔、迪安、劳森和记者们都煞费苦心地证明自己的说法可靠以应对可能的驳论。在这个过程中,他们每一方都把真相说成绝对的、单一的、客观的——所有理性的人看到证据后都认为显而易见的——同时,他们从性格倾向层面解释另一方的错误。正如我们在上文中提到,这是科学实践和修辞中的一种经典做法(Gilbert & Mulkay, 1984; Potter, 1984)。在科学领域,真正的知识不需要基于情境的解释,因为它们是客观的科学方法得出的结果。相反,"错误"知识被认为是由另一种过程造成的,如个人的怪癖或偏见、社会影响、错误的推理方式或其他原因。

这些基于猜测的性格倾向所作的对错误的解释很有问题,但问题不在于它们自身的内在信度,而在于他们用来进行对比的对立观念:一种独立于欺骗或修辞、建构和证明,或者独立于任何不同说法的单一客观真相的观点。在记忆的认知研究中,真理相当于心理学家对输入的直接掌握。但我们说过,在话语研究中,认为直接、非建构式的渠道通向单一的有意义的输入的观点是虚幻的,这种输入是实验设计产生的人工制品,为的是避免而不是确证日常记忆的认识论问题。我们认为,记忆研究者需要采取一种更对称的(中立的)方法处理参与者所认为的真理和错误。如果我们想要检验参与者界定事实、推论和错误的方法论过程,采用这样的方法非常重要(参看 Bloor, 1976; Heritage, 1984)。

第三章
劳森大臣的记忆

记忆、真理和话语

让我们概括一下我们的观点。在第二章,我们指出,奈塞尔对真实记忆的分类——"逐字"记忆、"要点"记忆和"片段式"记忆——每一种都值得评论。它们都依赖一种确定的话语记录的存在,无论是确实的存在,还是可能的存在。奈塞尔对迪安证词的分析忽略了其作为话语的重要组织特征,特别是修辞性和"情境性"特征,保留了认知上抽象的却有可能受到错误污染的本质真理观。错误被认为源于性格倾向,存在于迪安的动机和人格。

本章通过一个可与"水门事件"研究相提并论的研究拓展了我们的论点,在这个案例中,有关争议的细节是可以查询的。我们首先展示了真理存在于何处的说法并不仅仅是心理学家关心的问题,而是卷入争议的各方关心的实际问题。我们的主要观点是,这些不同版本的故事应被理解为修辞性的组织。参与者对事件的叙述,以及他们对真理标准的选择,不能脱离这些说法采用的语用策略。其次,我们展示了对真实性质的推理是以公共问责的方式进行的,而且这种推理在争议最尖锐的时候表现得最为透彻。这次公开争论之前和之后发生了什么的说法被放进黑箱(参看 Latour, 1987; 见专栏 3-2),被视作明确的,甚至是不证自明的。最后,我们展示了争议双方如何通过对错误的解释来维护各自立场的一致性,我们还指出,这与奈塞尔对迪安证词中错误的解释方式相似。

我们要表达的是,如果我们想要正确理解迪安、劳森和记者的行为，就需要理解准确性、精确性、记忆和真相等观念在话语中是根据场合的语用目的而建立的。奈塞尔对迪安的兴趣与他的吉布森主义观点一致：感知本质上是与现实对应的，可以依据真理和错误的标准来研究记忆准确性。"逐字"记忆、"要点"记忆和"片段式"记忆是准确性的不同种类。但是，一旦涉及对知识的质疑，如我们在日常对话的生态中发现的那样，记忆的认知心理学研究就陷入了困境。我们不仅很难了解所经历事件的真实性质，并以此为对照或衡量标准，评判参与者了解的真相的准确性，而且这种了解是具有欺骗性的，因为它不是参与者的心理。它把我们从话语分析的任务上转移开来，我们想要揭示的是参与者自己如何处理对事物的认识。

与记者话语的有待建构的结果一样，奈塞尔提出的三种真相或准确记忆类型是有问题的。这一分类提出，逐字逐句的客观记录可以证明事件真实情况的可能性，但是在关于磁带录音、记者笔记以及其他信息来源的独立性问题上，它就无能为力了。很显然，即便是"逐字记录"也不能改变或消除争议，因为劳森和记者都将注意放在到底该怎么合理解释大臣所说的话上，而不是大臣到底说了什么（参看 Emmison，1989）。为了搞清楚其含义，劳森说了什么的要点最后也成为要解决的争议焦点，因此，记者们提供了情境细节描述、话语背景、常识（我们都知道英国政府说的"针对性"是什么意思），运用了合理性推论（"逻辑"）。片段式的真理与一致性结果相似：与尼克松一样，劳

第三章
劳森大臣的记忆

森最后被报道为确实"说了"那样的话,他只是在设法"掩盖"他所说的话。

"究竟发生了什么",即事情的真相,是所有记忆研究内在的主要问题,无论这些研究是发生在日常叙述中还是实验室里。我们要说的是,如果我们要研究的是日常话语,那么我们必须处理的是,这些事实报道是怎样完成的,是什么时候、为了什么而完成的。我们需要以揭示参与者自身对事实和认知的取向为目的来检验话语。尽管通过实验控制这种方式,"输入"可以相对确定和明确,但它掩盖或忽视了日常记忆对完成真理的解释和建构工作的重要性。实际上,我们可以说日常对话记忆往往将此作为首要关注点——努力建构一个对发生了什么的叙述版本,以期被接受、认同或促进交际(Edwards & Middleton, 1986a,将此称为"对话记忆的价值认可功能")。对个人记忆的实验性研究既不能解决问题,也不利于理解这一过程。它们总体上将这个问题从实验设计中去除了。心理学家扮演权威的证明者,了解绝对真相,收集好结果后作出裁决。参与者的记忆并不参与这个真相裁决过程,它们被排除在外,但在日常记忆中,这恰恰是他们关注的主要问题。

实际上,记忆者可能经常有比准确性更重要的其他交际目标(Edwards & Middleton, 1986a, 1986b, 1987, 1988; Neisser, 1985),而且"严格的准确性"本身在任何情况下都是与目标和标准相关的,就像各种哲学家和社会学家已充分讨论的那样（Chalmers，1980；Lawson & Apognanasi，1989；Woolgar，1988a）。我们强调话语记忆、事实报告、对事件的描述等是社会情境现象，对它们所处的交际行为与修辞情境十分敏感。我们可以通过分析这些版本被设计出来所要表达的意义和推论来理解这一点。探究解释和推论如何从现有的事实声明中延伸出来的是社会心理学领域的归因理论。在下一章，我们将检验归因理论、事实知识与话语特点的关系。

第四章

文本、描述与推论

在本章,我们的目标是进一步阐述记忆和事实报道问题的再加工。到目前为止,记忆和事实报道一直是我们的主要话题。从讨论中,我们可以逐渐看出,同样的话题还出现在社会认知研究的一个主流领域:对因果关系和责任的归因研究。我们在这里想要强调的是,记忆研究和归因推理研究的基本方法论程序中有一些重要的相似之处,特别是两种研究都将语言材料(文本、句子等)视为世界和/或心理的表征——发生了什么,或者某人认为发生了什么——而不是特定情境下的行为。因此,这两个领域的研究都刻意淡化了语用因素的作用,而这些因素恰恰是话语心理学的研究焦点。

首先,我们将探讨归因问题在经典记忆研究中的介入,随后将介绍两种直接研究语言如何在归因推理中发挥作用的最新归因研究方法。其中一种方法认为,因果关系包含在特定动词的语义中;另一种认为,对话背景很重要,但通过一种抽象的去语境化方式进行解释具有讽刺意味。我们将指出这两种方法的重要局限和缺陷。本章最后将以罗杰·布朗(Roger Brown)的著名综合概述为例,着重讨论运用归因模式探究自然话语的隐形研究,介绍一种基于话语研究的新方法。

话语、语段和归因

尽管文本记忆研究范围超越了具体归因问题研究中的推论作用和图式"填空",但这些问题是这类研究的一个主要特征。对原因和动机的考虑提供了叙事与推论的关联性,成为记忆性(提供有助于记忆的连贯性)和建构性(引入原始材料中没有明确包含的虚造元素)的基础。此外,即使这些推论并不明确或直接进行归因,它们也包含重要的归因暗示和结论。话语心理学的一个核心观点是,因果推论和暗示常常通过表面上描述性的或事实性的说法得到间接处理。因此,尽管文本记忆研究侧重事件及其表征,推论作为潜在的认知过程发挥着重要作用,但归因理论直接聚焦于因果关系推论,也运用事件的文本表征作为输入。

对文本材料的理解和记忆的心理学研究一般采用实验研究者创造出来的一系列句子或一篇散文段落,它们中包含着研究者感兴趣的特征。被试阅读这些材料,然后接受测试,看他们理解或记住了什么。实验者可能会将原始材料中包含或不包含的句子拿来让被试辨认,或者要求被试进行回忆,然后对这些回忆进行测量或检验,看有无省略、改变和干扰。通过检验输入与输出的关系和差距,心理学家一般会得出关于理解和记忆的潜在机制

第四章
文本、描述与推论

的推论。下面是一些经典研究中的文本材料的样例:

> 一天夜里,两个从艾古拉克来的年轻人到海边去猎海豹,他们到的时候,天开始起雾,周围很平静。随后,他们听到打仗的呼喊声,他们想:"可能是打仗派对。"他们逃到岸边,躲在一根木头后面。这时候,独木舟出现了。他们听见划桨的声音,看见一艘独木舟向他们驶来。独木舟里有五个人,他们说:"我们打算把你们带走,你们看怎么样?我们想要和人打一仗。"(节选自小说《幽灵的战争》,引自 Bartlett,1932)

> 一根点着的香烟被随意丢掉了。
> 大火烧毁了大片原始森林。(Kintsch,1974)

> (a) 约翰摔倒了。他想要吓唬玛丽。
> (b) 约翰参加了聚会。他指望在聚会上遇见玛丽。
> (c) 约翰穿着西服。他希望给简留下好印象。(Clark,1977)

> 薇拉饿了。
> 她拿出一份米其林指南。(Schank & Abelson,1977)

> 这个男人很担心。他的车停了下来,只有他一个人。

天特别黑,特别冷。他脱掉大衣,摇下窗户,以最快的速度出了汽车。然后,他用尽力气尽可能快地前行。等到终于看见城市的灯光时,他松了口气,即使还离得很远。(Bransford & McCarrell, 1974)

第一个例子是巴特利特(Bartlett, 1932)在其有关记忆的文化与认知基础这一很有影响的研究中给英国被试阅读的材料,节选自美国印第安民间传说。巴特利特从被试随后的回忆中发现,他们不仅省略了一些信息,而且改造甚至添加了一些细节,用来维持或建立故事的连贯性和意义。因为这个故事源自被试不熟悉的文化,而意义是首要标准,所以故事的原有特征被改换以符合被试本土文化的意义标准。一个关于印第安武士、祖先的幽灵和传统仪式的超自然神话故事可能被改造,在一连串的回忆中由一个人传给另一个人,最后成为一个欧洲人熟悉的划船冒险故事。

巴特利特的研究对文化的侧重,包括他使用的真实世界材料,在后来的认知研究中并不常见(参看 Edwards & Middleton, 1987),但这一研究展现的理解和记忆的建构性改造性质对后继认知心理学家(例如,Bransford, 1979; Neisser, 1967)产生了深刻影响。这一影响体现在其他样例材料的使用上,在这些研究中,主要的关注点是被试阅读文本时得出的各种推论。

在金奇(Kintsch, 1974)的研究中,被试看了那些句子后,被

第四章
文本、描述与推论

要求对一个推论性表述的真实性作出评判，如"这根被丢弃的香烟导致了这场'大火'"，研究者测量被试的反应时。通过与更直白的推论表述（例如，"一根被随意丢弃的香烟引发了火灾……"）的反应时相比较，金奇发现，在一个很短的间隔（15 分钟）后，因果关系是否明确已不重要，评估的反应时是一样的。人们不能分辨他们原来读的文本与他们作出的推论之间的区别。

克拉克（Clark，1977）的研究（第三个例子）是对相当于"空缺弥补"推论的一个概念分析，以格赖斯（Grice，1975）的会话含义研究为基础。克拉克关心的问题是人们作出推论的心理计算，他们如何在思考输入句子的内容的同时，思考说话者和听话者的"合约性"理解。一个听话者会进行"空缺弥补"的推论："什么可以弥补……说话者期望他建构的，而且……说话者可能有此意图。"（Clark，1977，p.413）"空缺弥补"通常包括"原因"和"理由"，案例里提供的是"原因"。

"原因"和"理由"形式的事件解释是实验被试最常用的推论链接，也常用于理解文本材料的计算机程序。第四个样本是尚克和埃布尔森（Schank & Abelson）的研究，他们的研究在主张心理图式特别是常规社会情境的"脚本"的认知心理学和社会心理学领域中都很有影响力。具备了情境的图式知识，如去餐馆吃饭、看牙医、补课等，就能进行"空缺弥补"的推论，从而理解报告、描述或其他相关文本。程序设计者的任务是确保文本（第四个例子）引发一个寻找餐馆的"脚本"，而不是"薇拉打算把米其林指南吃掉"的推论。同样,最后一个例子选自布兰福特和麦卡利尔的研究(Bransford & McCarrell,1974),被试很难解释为什么这个男人要脱掉外套,打开窗户,除非他们得到一些额外的信息——这辆车"沉到水里"了。为了解释被试如何"豁然开朗",布兰福特和麦卡利尔指出,心理学家必须"对从感知经验中提取出来的抽象的关系知识进行特征描述,并且研究这些信息如何对个体理解语言串的能力造成认知束缚"(Bransford & McCarrell,1974,p.220)。

这些研究表现出记忆机制的重要特征,但该怎么理解这些特征还不清楚。它们是心理表征的特征,还是图式知识结构的特征,又或是理解和认知过程的特征?它们反映了有待现实感知机制提取的外部世界特征吗?或者,它们是人们用语言建构的事物,如记忆本身是在实验研究选择了它们进行研究时才存在?

我们不打算在这里解决这些疑问。不过,关于记忆的话语心理学聚焦于这些研究搪塞或含糊过去的过程特征。那些研究回避了话语语用的问题,它们聚焦于脱离背景的去语境化文本,聚焦于抽象的、人造的特征,不关注某人在什么地方出于何种原因说了什么的特征。此外,被要求回忆这类文本的被试无须对它们负责,它们并非出自被试之口,被试并未赞同它们,与它们也无利害关系,更没有选择以这种方式表述它们。当然,这不是认知心理学家的一时忽略——他们一直在苦心孤诣地设计这样的方式以符合实验的要求。

第四章
文本、描述与推论

文本输入的记忆通常被视为个体在中立和准确性上的最大限度努力的记忆结果。相反,将记忆作为对话活动来看待的研究则强调从对话的、交际的性质层面检验记忆行为的重要性(Edwards et al., 1992; Edwards & Middleton, 1986a, 1987, 1988; 参看 Coulter, 1979, 1985; Harré, 1983),并呼吁关注研究书面语言记忆而不是口头语言记忆的意义(Edwards & Middleton, 1986b; 参看 Hildyard & Olson, 1982)。此外,话语分析的原则是,任何记忆(或者任何其他对话或文本表述)在建构中都是可变的,可以通过功能设计满足情境需要,完成当前的互动任务(Potter & Wetherell, 1987)。

实验被试如何从语言材料中得出归因推论的研究也是归因理论的一个主要关注点,归因研究和记忆研究在假设与方法上存在多方面的高度相似。我们曾提到,在归因研究中,占据核心地位的是原因推理的机制,而不是知识的内容和组织。我们不打算对归因理论及其实证基础与各种批评作详细而全面的回顾,我们的目标是介绍其基本元素,让大家了解这类研究如何处理日常因果推理,尤其是如何运用文本材料,由此可以看出认知心理学在研究文本和记忆,特别是研究日常理解、话语和原因推论、推理和责任归结方面的共性特征。

归因理论被设计用以描绘和解释一般人如何理解事件,特别是人的行为的因果关系。例如,任何人的行为或反应都可解释为源于该人的愿望和意图,或能力、个性等,又或其他,如引起特定行为或反应的外部世界的特点。我们将从布朗(Brown，1986)的综合分析开始展开讨论。布朗将归因推理定义为对主体—行为—情境事件的日常的、准科学的常识解释形式(参看Heider，1958)。这类事件举例如下：

1. (a) 布朗先生—发动不了—他的车。
   (b) 约翰—笑话—那个喜剧演员。
   (c) 苏—害怕—那只狗。
2. (a) 布朗先生—发动不了—大多数车。
   (b) 约翰—笑话—大多数喜剧演员。
   (c) 苏—害怕—大多数狗。
3. (a) 很少有人—发动不了—这辆车。
   (b) 很少有人—笑话—这个喜剧演员。
   (c) 很少有人—害怕—这只狗。(Brown，1986；例2和例3选自McArthur，1972)

布朗详细阐述了用于表征日常归因推理的"因果关系算式"，这个算式是从海德(Heider，1958)、凯利(Kelley，1967)、麦克阿瑟(McArthur，1972)以及其他人的经典方法中衍生出来的。根据这个算式，人们依据所谓的"信息变量"的一致性、独特性和稳定性归结原因责任。每一种变量的价值有高有低，分别对应三个要素：主体(一致性)、行为(稳定性)和情境(独特性)。

第四章
文本、描述与推论

例如,例 1a 中归因任务是解释为什么布朗先生发动不了他的车。通过改变信息中主体的一致性(3a:很少有人/很多人),就可以控制归因推论。如果很多人都发动不了这辆车,那么原因可能在这辆车上。如果只有布朗先生有困难,那么原因在他自己身上。同样,当情境的独特性发生了变化(例 2a—c,例 3a—c),因果推论还可以在主体与情境之间移动。如果布朗先生发动不了大多数车,那问题的原因很可能在他身上,这是主体的原因。如果他的困难仅限于特定的某一辆车,就另当别论。同样,句子中行动成分稳定性的高与低,也可通过改变用词,如"很少""经常"或"总是"来改变,与主体或情境结果结合起来可作出进一步的原因推论。

归因的实验研究的主要关注点一直是主体相对于情境的推论,以及如何通过改变输入句中包含的信息控制这些推论。在麦克阿瑟(McArthur,1972)的研究中,被试读了有关苏和狗、约翰和喜剧演员(上文例 1—3)的句子后,要回答"为什么",他们可以从选项中选择答案,如"约翰有点问题""喜剧演员有点问题"。布朗(Brown,1986,p.142)谨慎地指出,不应从字面上理解"主体""行为""情境"这三个术语。严格意义上,在 1c 这个例子中,苏没有"行动",只是害怕,而且情境元素通常是一个人或者物。这三个术语旨在代表人和涉及心理学上的因果关系的事件的三个要素,以便分辨内在原因(主体)和外在原因(情境)。在"约翰表扬了玛丽"这个例子中,约翰是主体,玛丽是情境。

正如我们看过的一些主要的事件记忆研究,用作归因推理的输入和输出材料是语言材料。归因理论都与事件感知,以及从已知事件得出的认知推论有关,而方法都与话语相关。同样,这二者都有相同的假设身份。在进行推论之前,事件描述被假设为等同于事件本身,或者至少等同于被感知到的事件。我们希望探讨的正是这个感知—认知理论与文本材料使用之间的矛盾。这个力量驱使着我们检验实验语句和日常谈话与文本的关系。

在凯利(Kelley,1967)的研究中,外部世界里发生的事件被放到一种认知协方差分析模型(ANOVA 模型)中进行分析,这个模型能提取出经验中的规则性(定义为稳定性、独特性和一致性)。我们曾在第一章和第二章中提及,这个对经验的感知抽象过程的基本假设是其他各类认知结构和过程的图式理论的基础。

近期的发展,以及不同于经典归因模式的其他方法,已开始更加强调语言的中心地位。有一种研究方法(例如,Au, 1986; Brown & Fish, 1983; Semin & Fiedler, 1988)基于语言系统本身的类别来研究归因的过程,特别是人们用于描述和解释人的行为与状态的不同动词的语义系统。这些研究提出一个重要观点:语言绝不是传递信息的透明的或中立的系统,相反,我们用来描述简单日常行为和状态的语言自身饱含着对事件的因果解释。有些理论家强调语言对思维形成的重要影响（Hoffman & Tchir，1990），而布朗的观点支持语言结构对认知总框架的依赖（Brown & Fish，1983）。

在第二个语言学取向的研究方式中（例如，Hilton，1990；Turnbull & Slugoski，1988），重点在于对话的语用和结构性特征，这些特征被认为是日常因果归因的认知和语言本质的基础。希尔顿（Hilton，1990）将此称为"对话模型"。有一篇对归因理论的回顾指出，"对语言因素的关注是早就该有的"（Hewstone，1989，p.93）。从话语心理学的角度看，这些方法对普通话语的关注还远远不够。

我们不打算过多概述归因领域，而是要把注意转向置动词语义学和对话模型中的语言于首位的具体研究，并在本章和后续章节中提出一种从话语心理学中衍生出来的不同方法。归因的话语研究取向要求研究者将研究对象作为社会行为来看待，而不是恰好在对话里表达出来的对社会行为的认知。有关这一观点和其他语言取向的研究的详细概述可以查看爱德华兹和波特（Edwards & Potter，1992b）的论著。

归因语义学

布朗和菲什（Brown & Fish，1983）做过一个很有影响的研究，确定了分别描述人与人之间行为或心理互动的两种动词的存在。一系列研究显示,它们带有不同的归因暗示。让我们以"帮助"或"欺骗"这类行为性行动动词为例。当它们处于诸如"泰德—保罗"这样的简单句中时,原因主要在于主体(或施动者)泰德身上,见下面的例1a。也就是说,人们问到"为什么"时,他们倾向于从泰德的角度作解释。然而,当行为动词被一个心理(状态)动词,如喜欢或注意(例1b)替代后,感知到的原因就转向了情境元素(或刺激物)——保罗。在后来的研究中,范克利克等人(Van Kleeck et al., 1988)发现,这类隐含在动词类别中的归因,显著地调节着有关稳定性、独特性和一致性信息的影响。

1 (a) 泰德帮助保罗　　动词:行为
　　归因:泰德(施动者)
　(b) 泰德喜欢保罗　　动词:状态
　　归因:保罗(刺激物)
2 (a) 约翰打电话给玛丽　动词:行为
　　归因:约翰(施动者)
　(b) 约翰感谢玛丽　　动词:行为
　　归因:玛丽(客体[①])

---

① "客体"(patient)这个术语指语法上被作用的客体,而不是在医院接受治疗的病人。对归因语义学的目标而言,差别主要存在于施动者与其他任何参与角色之间,这些角色与动词的搭配被称为"情境""客体"或"刺激物"。

(c) 约翰仰慕玛丽　　　动词：行为

归因：玛丽（刺激物）

奥伍(Au，1986)拓展了这些发现。她展示了一个貌似"状态"动词的行为动词子集(见例2b)。她的主要发现概括如下："成年人在有些行为动词上(如打电话)，一贯将行为的原因归结于施动者，而在另一些行为动词上，将原因归结于客体(如感谢)。在感受性动词上，他们稳定地将原因归结于引起这种感受的刺激物而不是感受者本身(如惊讶、仰慕)。"(Au，1986，p.104)同样，我们不打算对这些研究进行综述，而是要请大家特别关注奥伍的研究，以便更深入地探讨如何使用和解释文本材料。

从话语心理学的视角看，这些研究的部分问题在于它们未对一个行为或感受的原因进行解释。在奥伍的研究中，原因至少有两种可能的意义。

(a) 动词标注出行为或状态的直接原因，与这个动词语法上的主语同义。

(b) 被认为对这个动词表示的行为或状态负有责任的人或物。

第二个意义相比于第一个更加隐晦或更为间接。

奥伍无意间在这两种意义中作了转换，也就是说，在语法原因和情境原因中作了转换,旨在将施动者的原因分配给行为动词的主体(如扔)、感受动词的刺激物(如感到不高兴)和"人际"行为动词的客体(如责备)。上文中(a)的意思看上去是对行为动词的讨论的主要焦点,以便使原因成为一件有趣的事,但实际上,约翰打电话给玛丽有可能是由其他人的因素引起的(Semin,1980)。(b)的意思是对感受动词的讨论似乎与之相关,但同样不一定。有时候,原因似乎肯定是刺激物,但实际上,它是不经意地引起了这种感受。对施动者而言,这几乎等同于一种同义反复(奥伍对刺激物的定义是"引发特定感受的角色",1986,p.105;参看 Brown & Fish, 1983, p.242)。此外,对原因的"暗示性"解释也有问题。考虑一下视觉感受。列举这类感受的"原因"时,我们可以把任何跃入我们眼帘的东西(刺激物),或者其他相关的情况看作原因,例如,看见的人如何看向那个方向,如何在那个情境中体验到那样的感受(例如,"她看见他死亡的原因是她到达事故现场比较早")。

重要的一点是,即使是最不可能产生歧义的行为动词,也可划分出语义角色主体与行为的情境责任之间的差异。动词"打电话"(如在"贝蒂打电话给约翰"这个句子里),在奥伍的研究中被百分百地认定为施动者原因。确实,我们知道或假设人们打电话是他们打算这么做。但是,让我们将这个动词放进更复杂的句子里:"听到留言机里立刻给他回电的消息后,贝蒂给约翰打了电话。"在这个案例中,我们不得不区分语法施动者(贝蒂)

第四章
文本、描述与推论

和让贝蒂打电话的情境责任。实际上,若有人告诉我们,贝蒂事先和约翰说好,如果 X 情况发生的话,就打电话给她说有急事,那么,我们就会对情境责任作出另一种考虑或反转。当然,有人会说,我们创造出这么复杂的句子或场景,已经远离奥伍严格设置的心理学研究焦点,否认了动词天生或暗含的因果结构,引发了很多不相干的情境考虑。但是,情境考虑——类型(b)指的非语法的原因责任——是所有指责和批评将责任归结于被指责和被批评一方的根本基础。

奥伍通过"人际动词"来界定归因的做法源于菲尔莫尔(Fillmore,1971)对比"指责"和"表扬"这类词语时采用的预设处理,指责的预设是作为客体的人对某件坏事负有责任,而表扬预设某人做了好事,即"一个人际交往事件的原因……被归结于**那个动词所预设的**对某个导致事件发生的情境负有责任的人"(Au,1986,p.104,强调部分为笔者所加)。在归因类型(a)中,这样的预设是内在于意义的,其中的一部分是所有要成为这些动词的有效使用者的人都必须理解的。"因果关系是这些动词内在的预设性语义的组成部分",这一观点是菲尔莫尔分析的基础。心理语言学家惯于使用这类观点,奥伍质疑这些语法结构是否反映真正的心理现实。

> 这一分析看似很有说服力……它保留了一个开放式问题:人们是否与富有经验的语言学家菲尔莫尔一样对人际

> 动词中的预设敏感。例如，如果约翰指责了玛丽，有人可能认为这是因为约翰正好情绪不佳，或者他是个易怒的人，会指责任何出现在他眼前的人，而玛丽不应该被指责。但是，也可以想象约翰责备玛丽是因为她又毛手毛脚地犯了错误，或者因为她已令他恼火很久，因此玛丽应该受到责备……(Au, 1986, pp.104‐105)

菲尔莫尔的语言学分析被看作可通过实证研究进行验证，仿佛有可能发现人们没有意识到，甚至不同意的菲尔莫尔的意图。然而，我们需要审慎地思考其中包含的意思。菲尔莫尔分析的是这些动词内在的预设语义。如果实证研究在某个层面上证明他错了，那就证明他没有像其他人那样正确理解这些词的含义——换句话说，基本的语言能力有问题。实际上，奥伍提出的"约翰责备了玛丽"的其他原因与菲尔莫尔分析的对错没有任何关系，因为他们都假设了它的正确性。"玛丽不该被责备"的观点，并不是在反驳指责归咎于玛丽的预设，而恰恰是直接依赖于这个预设。奥伍驳斥的是约翰责任行为归因的恰当性，而不是菲尔莫尔有关归因的语义分析。

某人可能错怪另一个人的观点将我们的注意引到语言如何实施社会行动上(Austin, 1962; Wieder, 1974; Wittgenstein, 1953)。实际上，我们需要注意的是，指责和表扬并不仅仅是"人际"动词，它们还是言语行为动词。它们表达了约翰的行为，同时暗示了玛丽的情况。它们让我们注意到说话者说了什么的行为。实际上,这里有三个层面的责任:玛丽做了什么,约翰责备或表扬的行为,以及当前说话者(所有动词语义研究不包含的)建构的约翰针对玛丽做出的指责或表扬的行为。我们的观点是,语言和归因的社会心理学需要研究这些动词的情境布局,这三种责任都要纳入考虑,而且它们的重要性是反过来的,即当下的谈话和说话者第一,约翰第二,玛丽第三。玛丽做的事情不是分析的起点,而是这段谈话的产物。

在所有关于归因的动词语义研究中,对事件原因的推论从来没有考虑过说话者描述事件发生原因的行为。事件仅仅是被给予的,被认为是真实的,因此责任的归结是针对事件而言的,而不是针对句子。让我们把两种责任拓展为三个:

(a) 施动者或刺激物;动词的语法预设。

(b) 对造成这个动词标注的事件的先决条件负有责任的任何人或物。

(c) 当前说话者在建构(a)和(b)结论中扮演的角色。

说话者对事件的特定话语建构责任的重要性迫使我们重新思考归因语义的社会心理学意义。它将我们的视线拉回到方法论上。

因为限制了话语的重要特征(行动导向、建构本质)的显现,动词类别研究很容易变成循环论证,只能确认动词内在的语义,而不能提供更广层面的心理学意义。实际上,研究者本身偶尔也会注意到这些发现具有超乎寻常的统计学意义,结果有时非常完美或接近完美。范克利克等人(Van Kleeck et al.,1981,p.91)说过:"我们得到的结果……确证了感受动词图式的现实具有高度的恒定性……使得显著性检验结果超乎想象的好。"在谈到布朗和菲什的一项有关研究(Brown & Fish, 1983)时,他指出:"事实上,只要有一个主语和一个动词,就可以得出预期的答案。"(Van Kleeck et al., 1988, p.93)

这一说法指出,这些研究仅仅提供了动词语义的循环论证,而不是有意义的社会心理学发现,检验它们在去语境化的简单句里的使用就可以证实这一点。例如,在奥伍的研究中,100%的被试将"打电话"评为施动者—原因(施动者—行为)动词,100%的被试将"表扬"评为客体—原因(行动—客体)动词(Au, 1986, p.111)。从语言在真实的情境化行动中如何被使用的角度看,这个结论肯定不可信,而且我们会立刻质疑这一人为现象:X 表扬 Y 一定是因为 Y 值得被表扬?有没有可能是拍马屁、出于礼貌、讽刺、说谎、说给第三方听众听,等等?我们知道夸奖别人的人往往有自己的动机,而且不仅仅是出于(甚至大于)说实话的动机。我们在这里看到的是一种脱离了语境的人为现象。因为呈现的句子没有说话者,只是既定的,而且不包含动机和场合。被试被实验方法论邀请来处理作为世界真实展现

第四章
文本、描述与推论

的无动机、无情境的口头描绘。我们认为,在类似这样剥去了所有东西,只剩下语言的内在语义和预设内容的情况下,实验被试仅仅证实了一个词义,即表扬一个人就意味着说一个人做了件好事,他真是个好人。

毫无疑问,这些研究展示了这些实验被试是英语语言能力很强的人。但是,在具有特定情境的行为中,表扬可能是阿谀奉承、明褒实贬。据此,我们需要审视这些话的情境布局,以探究它们的社会心理,将三种原因推论都考虑在内:动词语义、情境参照和说话者的语用学。

描述的行为导向是普通谈话的一个明确特征,因此选择看起来更直接的描述可以更好地完成作为描述的解释。这可以成为一种"保持中立"的行为(Clayman, 1992)。换句话说,什么可以算作纯粹的描述,算作这个描述所指的客观现实,是被试关心的事,因而是有可能产生争论的问题。在肖明和菲德勒对动词语义与归因的研究中,"直接行为动词"被作为一个类别区分出来,他们声称提供了"一种中立的描述","其中不包含对行为的解释,仅仅是对行为的描述"(Semin & Fiedler, 1988, p.559)。动词"踢"被用来举例,与更具解释性的动词,如"责备"或"帮助"作对比。他们的观点是,"责备"和"帮助"的具体行为是开放性的,而"踢"只代表那个动作。然而,看这个句子:"约翰踢了他的对手。"作为一场足球比赛中发生的事件,如果考虑到比赛规则及其在情境中的应用,对犯规的定义和对不当行为的制裁,以及对是否应该给予惩罚的争论，这个描述可以被理解为完成了重要的解释性工作：指责和证明、对行为分类、追究意图等。正是这样的描述完成了对行为的分类，从而作出各种各样与其相关的评判和理解（解释）——这一脚是故意的，而不是不小心碰到了小腿，等等。

在话语心理学中，行为描述是外化工具（Pomerantz，1986；Potter & Edwards，1990；Potter & Wetherell，1988；Smith，1978；Wooffitt，1991，1992；Woolgar，1990，1988a）。也就是说，看起来简单的、未经解释的、不含动机的描述完成了故事、分类和解释。这对归因理论的意义，就像对认知心理学那样，在于揭示归因理论没有解决的人们自己建构和组织描述的问题。事实上，在大多数研究中，事实是分析者以简要介绍的形式事先定义好的，这样一来，话语活动的整个维度就被系统排除在外了。

动词分类研究探究了动词的一些抽象语义学含义，而自然话语的研究将揭示更广范围内语言工具在归因或暗示原因（或避免这么做）方面的巧妙运用，其中包含被动语态的使用、各种不及物动词、反身动词和缩略形式的使用，对动作施动者的间接处理〔花瓶碎了或弄坏了（the vase broke / got broken）；玛丽被解雇了、失业了、怀孕了等（Mary got fired / got herself fired / got herself pregnant）〕，此外还有"为了""作为谁的代表""因为"等词语的使用。作为心理学家，我们的兴趣一定不能止于发现语言结构使这些归因话语成为可能的事实，而是要探寻情境化谈话中,归因如何被执行、暗示、反对或规免,其方式远比直接将客观感知的现实或在相应语言上固定好了的描述强加给我们要微妙得多、灵活得多。

理想对话

普通话语中的归因实证研究至今为止还不多见。目前,已有研究并未处理过相对未经加工的、全文转写形式的话语,以及从它们的排列顺序和情境特征检验其意义。有一种方法会根据分析者的兴趣将对话分成不同形式的表达(Antaki & Naji, 1987),以此来研究论点如何在路径和分支结构上发展起来,或归因表达发挥的各种个性功能(Harvey & Weary, 1984),或研究被试如何将自己的解读加进口语材料(Howard & Allen, 1989)。另一种方法(Hilton, 1990;Tuenbull & Slugoski, 1988)几乎从未尝试研究自然发生的话语,但采用特定抽象对话特征,如格赖斯原则(Grice, 1975),作为认知归因过程的模型。通过对这一研究的批评,我们将阐述研究自然语境中发生的真实话语的优势所在。

话语心理学领域尤其关注的焦点是描述事件和反对其他描述的机会,而不是仅将描述作为既定文本进行解释的机会。当我们将话语放在情境中检验其互动功能时,就会发现看似对行为、事件和状态的简单描述实际上是在完成重要的归因工作,就像我们提到过的"踢"这个词,以及第二章和第三章里讨论的记忆的处理。如果想要揭示谈话的这些行为导向的特征,就需要

话语心理学
Discursive Psychology

检验它们的顺序排列。关键的一点是事件描述既不是有别于也不是先行于归因工作,相反,归因工作是通过描述完成的。话语心理学最关心的就是研究真实谈话和文本,探究其基于情境的现实创造功能。在对话归因研究中,研究者会提供脱离语境的句子和语段,不涉及利害关系的被试被要求将这些材料看作简单的真相或现实的替身来处理,有趣的描述功能被这样的研究设计掩盖了。

与话语分析相反,归因推理所谓的对话模型仍与实验方法论有着密切联系,回避所有真实对话的系统分析。与此相反,对话研究的出现往往伴随格赖斯(Grice,1975)的理论,他提出的合作对话原则被广泛采用,用作描述和控制一般对话的规则(Hilton,1990;Turnbull & Slugoski,1988;参看 Fiedler et al.,1989)。有人说:"格赖斯的对话模型本质上是平等合作的各方之间达成的一个协议,大家尽可能以最清晰和最有效的方式传递信息。"(Turnbull & Slugoski,1988,p.85;参看 Grice,1975,p.47-48)然而,在使用格赖斯理论具体化分析对话性质时,会遇到一个很大的困难。格赖斯的模型不是一般对话的描述,而是一般说话者自觉遵守的一些规范性原则的理想化模式。将它作为一般对话的实证研究范式同样是有问题的,因为用它来替代一般谈话会产生对自然的归因推理进行预先判断的效应。

除此之外,这可被称为"一个互动的通用模型",因为"基本合作原则"指出,"在对话发生的阶段,根据**参与的谈话交流的公认目的**或方向提出的要求,作出对话贡献"(Grice,1975,p.45,强调部分为笔者所加)。同样,这里对共同目标的预设使它适用于部分领域的心理学研究,但是,社会心理学的对话研究,或者对话归因研究是不是其中之一尚不清楚。我们要强调的一点是(我们大多数的实证研究反映了这一点),话语心理学关注冲突、辩论、权利和控制情境中的归因过程,也就是那些人们争夺定义的控制权并在目的上相互冲突的情境。正如很多研究者指出的,这些才是指责和责任归结中最为关键、与归因谈话最为相关的情境。可以说,格赖斯的模型具有很重要的心理学意义,但它还不足以成为真实谈话的替代者。

对话模型是解决问题的"拼图方案"之一,而"拼图方案的基本形式就是一个答案针对一个问题,因此日常解释分析的基本单元是问题—答案配对"(Turnbull & Slugoski,1988,p.66)。受到哈特和奥诺里(Hart & Honore,1985)的法律背景下的归因推理分析的启发,有研究者指出,"被认为并非理所当然的、在一定程度上不寻常或不正常的共变因素,通常被界定为原因……因此,在原因推理中,这种非正常的条件概念对日常解释来说似乎是恰当的概念"(Turnbull & Slugoski,1988,p.69)。格赖斯的"数量原则"[根据信息要求作出贡献……不要提供超出需要的信息(Grice,1975,p.45)]可以用来支持这个观点,"总体上,当被问到事情为什么发生时,回答者会把整个原因领域中最符合提问者预设知识的一个或一系列因素选定为原因"(Turnbull & Slugoski, 1988, p.69)。因此,如果说话者假设听话者知道行为的所有背景情况,那么他提供的原因往往内在于行为主体,反之亦然。

尽管这个模型表面上是以对话原则为基础,但它的基本形式更接近我们所指的在认知心理学的记忆和归因研究中使用的基于图式的方法。它假设人类思维和行为可以通过检验世界如何通过图式进行心理表征来预测,图式是以感知为基础的,从常规经验中抽象出来。符合期望的事件被图式自动加工处理,而不寻常的事件会造成认知问题或疑惑,因此需要付诸努力来解决:

> 一个有意识的、故意的解释尝试只有在理解出现失败和理解特别重要时才发生……事件不需要解释。相反,如果观察到的行为与合乎常理的行为之间产生反差,则需要解释……每一个解释或解决方案就是一个关于"为什么"的答案。(Turnbull & Slugoski, 1988, p.67)

这一模型忽略了一般话语的性质,把焦点放在规则控制的问题解决上。一整套谈话修辞和语用元素都被一种基于知识共享的、简单直接的、机器人式的问题—答案工具掩埋进信息合作原则。它既未充分认识到解释所发挥的对话功能——

第四章
文本、描述与推论

解释仅仅被视为针对问题的答案,也未充分认识到描述与推论之间的微妙却普遍的关系。此外,问题—答案是客观的,不包含动机、不涉及利害关系,只是为了合作和提供信息。要完成的"拼图"是简单给予的或经历到的,除了破解它,没有余地去考虑"碎片"可能在话语中被建构、抵制、否认、修改等。具有讽刺意味的是,对话模型不是关于一般对话归因的模型,而是人们作为麦克阿瑟式实验研究被试的行为模式。在麦克阿瑟(McArthur, 1972)的研究中,归因答案作为实验合作性的一部分被提供。

因此,从话语心理学的视角看,归因的对话模型有三个主要缺陷。

1. 缺乏对真实对话的特点的关注。
2. 没有认识到话语的建构功能:话语完成对世界的描述,这个描述是建构出来的被理解的现实,而不是被给予的现实的反映。
3. 缺乏对说话者和行动主体的兴趣的关注,他们的兴趣展现在他们的描述和解释中。

关于归因的话语心理学提出一个积极的修辞过程,要求至少有两名参与者。故事的建构不仅仅围绕归因,还针对参与者之间可能存在的互不认同。我们对这个过程的观察不是从一个被动接收既有故事并进行推论的感知者的角度出发,而是必须检验故事如何在事实及其含义的话语控制中被建构和推翻。归因被当作一个在谈话和文本的互动中进行的公开社会过程来研究，在这个公开社会过程中，事实和归因推论通过修辞的方式得到同步处理。

日常生活中的归因

有些归因研究将研究真实世界或自然发生的文本或对话变成他们的亮点。有些研究关注的是原因解释的其他特征，如这些解释如何辅助人格发展和生活危机适应（Harvey et al., 1990），还有些对传统归因理论进行了公开批评（Antaki, 1985；Howard & Allen, 1989）。安塔基（Antaki, 1985）的研究指出，日常解释不是为某个虚构人物的所作所为作一种无关的归因，而是作为更大的社会行为和争论的一部分，说话者个人参与的事件，其描述，以及明确的解释都十分重要。霍华德和艾伦（Howard & Allen, 1989）认为，读者对故事材料的解释具有可变性，这些文本对各个读者而言是不同的刺激物，是可以产生不同"解读"的资源。

无论怎样，所有这些研究的特点是采用了自然谈话（尽管是研究者诱导的），将它们作为资源和一种一般意义建构的宝库。其中，原因推理的元素被提取出来进行编码和计算，而不是作为对话现象本身来研究原因推理所发挥的情境互动功能。例如，霍华德和艾伦从故事解释的数据中提取出大量孤

第四章
文本、描述与推论

立的、经过编码和分类的归因,包括个人特质归因,如"不感情用事、冷漠""一个爱做梦的人""一个逃避生活的人",这些都被用于统计分析。从话语心理学角度看,一旦用这种方式去除了语境,就不可能研究这些话语的情境化和偶然性特征。实际上,这种去语境化的归因刚好足以解释这项研究的非同一般的发现(对归因理论而言,可能是令人失望的):个性归因占绝对优势,因果关系归结为"基本没有"。这些提供给被试的故事是他们没有参与建构的,故事里的虚构事件也与他们没有关系,而这一分析方法也阻碍了对间接归因的研究。例如,个性归因与其他类型的描述一样,如果置于语境,就可以起到原因分析的作用。一个严厉的、喜欢惩罚孩子的家长可以作为一个心怀怨恨的孩子(这一观点将在第六章详述)的行为的解释和理由(外化的指责)。换句话说,通过话语情境中的描述和解释,归因表述本可以被理解成一个直接和间接的听话者取向的话语修辞特征,而不是我们以事不关己的姿态来理解和解释的特征。

另一个对现实的、真实世界现象的运用是将经典归因理论投射到自然发生的文本和事件上。他们往往不是期刊文章那样的系统化"严肃"分析,更多是对理论的教科书式阐释,侧重对理论的解释而不是对理论的进一步探索。布朗(Brown, 1986)编写的教材中包含关于想象出来的日常事件的归因分析,如学生如何解释教师的反馈意见,以及对真实事件的分析,如 1979 年在辛辛那提举办的"谁"(Who)摇滚音乐会,和对尤金·奥尼尔(Eugene O'Neill)的著名喜剧《长日入夜》(*Long Day's Journey into Night*)中对话的分析。在认可这些案例材料的教学和教材功能之外,我们还注意到布朗对归因理论的处理对教材来说是具有开创性的,这类理论的真实世界例证以最明确的方式表达了我们所主张的表现一般人日常思维的观点。话语方式本身具有重视自然发生的文本和谈话的强烈取向,有助于我们检验经典归因理论如何在自然发生(或自然主义)的背景中应用。

出于对法律背景的兴趣,更具体地说,是对德鲁(Drew, 1990)对一桩强奸案的法庭对话的研究的兴趣,我们曾在第二章对此作过评论。有趣的是,布朗恰好也使用了类似的情境来展现归因问题如何在真实生活情境中产生。

> 在强奸案的刑事诉讼中,辩护律师通常会尽力展示那个女人……过去有很多情人。这些信息与指控有什么样的明显关系?严格说来,没有。因为强奸是强迫性的性交,这个女人曾经有过的自愿经验的数量与此没有任何关系。然而,除非得到精心的指导,陪审员们一般不会想得这么缜密,相反,他们会使用因果演算来推断,众多的男性伴侣之间不会有太大区别(低区分度),因此这个女人有可能同意了——至少有一点点——强奸犯的行为。(Brown, 1986, p.145)

第四章
文本、描述与推论

在这个案例中,"因果演算"的作用很清楚,其他一些特征也非常重要。注意,这个案例的起点不是一个事件,也不是一个对事件的感知,而是一个话语片段,一段描述,或者是关于这个女人性生活的表述。实际上,布朗的整个设计,包括演算本身,开始于言语任务(主体—行为—情境的表述),而不是其他归因研究采用的感知到的事件。我们说过,这一理论是关于事件如何被感知的,但是可操作的归因研究开始于言语描述。其次,主要辩护律师将不得不"尽力展示那个女人的滥交。换句话说,无论这一滥交的说法具有什么样的归因暗示和案件相关性,它并不是引起人们注意或考虑的这个世界的事实或特征。这是一个有争议的描述,一个必须通过互动过程才能建立的事实,涉及加工过程"。正如我们在德鲁的例子中看到,正是通过引入相互冲突的描述("坐在我们这一桌""大家都去那儿"),所谓的受害者才能反驳有争议的归因暗示。第三,请注意,律师引入的这个不检点的话题通过情境置入开启了归因工作。滥交本身与强奸并没有关系,是这个特定的强奸指控和反指控话题的背景影响着陪审员可能作出的推论。

布朗的强奸案,尽管是一种真实世界案例,但仍是编造出来的,或至少是一个概括性的案例,而不是一个对真实案件的研究。另一个案例是报纸上实际刊登的归因申明。这个申明出现在导致 11 人死亡的"谁"摇滚音乐会举办的第二天。布朗对这些数据的处理与我们对有争议事件的新闻报道的分析

97

刚好相反(第三章、第五章和第六章),我们的处理中包含多种相互矛盾的归因表述。需要注意的是,布朗的目的是运用这些数据来阐述归因理论,而不是表达批判性观点。然而,这符合我们的目标,因为我们正打算讨论这一理论处理真实话语的充分性。

对布朗的目的而言,"谁"摇滚音乐会事件的用处在于,人们产生了矛盾的归因推论,正好符合归因理论的主要分类:一种是施动者原因(人群踩踏导致的死亡,可以用"谁"乐队粉丝的特点来解释);另一种是情境原因(死亡是体育馆设计、门票发放程序等因素造成的)。他的方法与话语方法的一个主要差别在于,各种事件描述要么被视为毋庸置疑的世界真实画面(发生了什么),要么被视为思想的真实反映(人们怎么看这件事)。在这里,我们对感知画面的运用(照片、反思)经过深思熟虑的设计,旨在处理文本或对话材料的同时,展示一个感知的或认知的归因元理论如何成立。布朗(Brown,1986,p.131)引用了下面的新闻报道,然后问道:"什么样的人会把一个复杂事件的原因说成这样?"

> 昨晚,有11个人在一个摇滚音乐会上被踩踏致死。当时8 000名观众在近乎零度的天气里,在辛辛那提的里弗福朗特体育馆外等了几个小时,最终"失去理智"冲向大门。这场由"谁"乐队举办的音乐会,持续了3小时,有18 000

第四章
文本、描述与推论

名粉丝在内场观看，完全不知道外面发生的一名幸存者所称的"噩梦"。(Brown，1986，p.131)

报纸报道同样被视作需要被解释的"复杂事件"。但是很显然，即使它的语气相对客观（很多报纸并不这么克制），我们在这里看到的仍不是一个事件，而是一段描述。实际上，这是无数个可能的描述之一（Heritage，1984；Schegloff，1972），是一个提供了各种表达方式和立场的描述。人们被踩踏致死（而不是说被挤撞后受伤而死），他们是"音乐会听众"而不是摇滚乐粉丝，或任何其他可能的类型的描述（参看 Jayyusi，1984；Potter & Whetherell，1987；Sacks，1979）。那"近乎零度的天气"不仅被描述或建构出来，而且被包含和安置在文本中，暗示了一个可能的解释。"失去理智"的描述和"冲向"也同样包含归因暗示，前者被加上引号，说明了它的报道性质，而后者是作者自己的声音，是一个直接的事实描述。另一个出自亲历现场的"幸存者"的叙述给了这篇报道一种真实性。问题是，不管事件多复杂，我们分析的起点不是它，而是一段描述性话语。这是一段话语建构，已充满原因表述和归因考虑。同样，归因演算显然与多少问题可以被暗示和推算有关，我们必须突出对感知元假设的质疑。这个感知元假设认为，人们从一个事实中立的输入开始，然后机械地推算出它的原因。

正如我们已提到的，归因理论的一种重要考虑是将外在的或情境的原因与内在于行为主体的原因区分开来。布朗对"谁"摇滚音乐会提出了下面的观点：

> 内在于行为主体的原因包括酒精、药物和暴力倾向等。外在原因……包括行为发生的时间、地点等情境中的一切，如寒冷的天气、五个小时的等待、座位的安置、现场警察的数量、体育馆的入场方式等。（Brown, 1986, p.133）

我们必须注意到，这种区分依赖于事件描述。主体—行为—情境的三要素关系并不是简单的"发生了什么"，也不是一个稳定的、一旦形成就不会改变的目击者对事件的感知。相反，这是一个对"发生了什么"的假设，其中的不同元素和人可能被划分为主题或情境。拥挤的人群可能作为主体出现，他们的行为可以作为主体来解释，也可以作为引起个人行为的情境原因，因角色而定（行动主体或警察）。描述的灵活性带来了不同的原因假设。并不是说任何一个假设都是准确的，是唯一的真相或事件本身，也不是说这是说话者的单一、潜在的认知表征。相反，说话者和作者可以按话语组织的任何活动顺序——叙述、解释、指责、调停等来建构和组织不同版本的故事。

此外，描述的灵活性可以延伸到内在和外在的原因上。以酒精、毒品和暴力倾向为例，它们可以是合理的内在原因，也可

第四章
文本、描述与推论

以是外在原因,取决于它们在话语中的部署。在一个指责和推卸责任的话语里,酒精和药物的作用可能是一个外在的、情境性的原因,可以用来与一个人的意图和倾向性作比较:"是的,你知道我的意思(.)就像那个案子,我说我撞了那辆车(.)如果我不是喝醉了,我是绝对不会这么做的。"(数据来自 Taylor,1990) 酒精的影响经常被用来作为暴力行为的原因,如在殴打妻子的案件中(Critchlow,1983)。我们认为,对内在或外在原因的定性,是一种用于责备或开脱、辩解或指责等系列行为的话语组织功能。意图,而不是原因的"所在",才是可操作的标准〔对海德(Heider,1958)、琼斯和戴维斯(Jones & Davis,1965),以及一些其他的归因理论家而言正是如此〕。即使是稳定的人格倾向,如在上述案例中被用来与酒精的影响作对比,也可被"外化"而用于减轻责任,就像以精神不正常作为辩护理由的案件。但是,在普通情境中,个性特质也可被建构成被迫的倾向,压倒行动主体的良好意愿。我们将在第六章讨论角色和个性特征的归因功能。

最根本的一点是,内在和外在原因不是作为事件的单一特征出现,不是被感知解读或自动推断出来的。它们是有条件的建构,其特点和操作是话语的,依赖于他们所属的系列行为的意义(责备、辩解等)。我们不可能理性地以一种脱离语境的方式列出内在和外在的原因列表。

布朗让我们注意到,不同的人("谁"乐队成员、市长、新闻界的信件等)对辛辛那提的事件作出了不同解释,并且展示了怎样用"因果演算"来分析这些不同的解释。这类做法本可用来强调故事的建构特征。例如,波尔纳(Pollner,1987)在其有关交通法庭上的故事分裂现象的著名研究中就是这么做的。然而,布朗保留了一个感知元理论。这是一个单一事件,其真相与迪安的证词一样,被视为一种显而易见的一致认同的结果,是可以被了解的(见第二章):"主要相关原因**最后发现是**内在的……但外在的原因(体育馆的因素)**最终被认为**是没有预先安排好进场入座的问题。"(Brown,1986,p.140,强调部分为笔者所加)

专栏 4-1　这仅仅是语言行为主义?

强调通过对录音和书面记录的分析来研究行为,从公开可获得的社会行为意义层面理解心理概念,时不时发誓要反对认知主义的方法(例如,Edwards & Middketon, 1986a; Potter & Wetherell, 1987),不就是语言行为主义吗?

过去30年,心理学基本上是在宰杀行为主义这条巨龙和追捧取而代之的认知主义。人们或许很容易将对认知主义的批判理解成一种复古倾向。尽管如此,将话语心理学和行为主义相提并论实在是差之千里。

第一,强调研究可用的互动录音而不是"脑壳之下"的输入和过程的推论并非源于实证主义对行为的观察,也不是为了用"奥卡姆剃刀"修剪出实在论的结果,相反,这是一个有理论基础的,把焦点转向通过语言实施的社会行为的重新定位。这样的焦点并不排除对心理或认知的关注,而是正如我们在

第四章 文本、描述与推论

(续)

本书中用不同方式阐述的那样,主要从语言在互动中的功能这一角度去理解语言。

第二,我们可以考虑用人类学和语言学在"本位"与"客位"上的差异来比较行为主义与话语心理学的差异。行为主义大体上是一种"主位"方式,它试图将参与者的心理和社会互动的普通语言替换为能反映潜在原因过程的所谓客观的、科学的语言。与之相反的是,话语心理学是一种"客位"方式,它从参与者安置在互动实践中的自己的概念和理解入手。例如,分析者不断地参照参与者的理解来检查自身对互动中发生的事情的理解(Heritage,1988;Wootton,1989)。关键的是,这是一个研究行动的方法,而不是一个研究行为的方法。

第三,尽管两种方法都强调功能,但行为主义的概念完全不同。功能在行为主义中是基于原因的,需要各种"法则"和"奖励"的关系来"操作"等,而在话语心理学里,它们是从修辞和常规的角度来理解的。修辞和结果没有因果关系,既可以很有效,也可以被反驳。有多少事实建构方法,就有多少精心设计的具有针对性的事实破坏方法。常规关系并不决定结果,它们只保证出乎意料的结果会引起质疑。虽然不存在一个答案必须对应一个问题的规定,但是给不出答案就会面临可靠性的问题。

重要的是,布朗的整体归因分析之所以能成功,是因为他预设存在一种关于摇滚音乐会上发生的事的正确说法:"**能说明问题的**事实是拥堵事件发生在这个聚集了各种音乐爱好者的体育馆(主体的高度一致性),但'谁'乐队的粉丝在其他场馆集会时

(体育馆的高区分度)并没有发生这种情况"(Brown,1984,p.141,强调部分为笔者所加)。这是一种只有站在"事后诸葛亮"的优势角度才能得出的结论。我们在本书里展开的研究显示,在这种辩论的过程中,事实和推论没有清晰分界。相反,事实和推论都经过争论和修辞的建构。布朗将整个问题建构成侦探小说,其中各种解释就像一系列假设、蛛丝马迹和掩人耳目的事物,观众和参与者为之快乐和呐喊,直到事实最终水落石出,因果关系的事实得以建立。但这本质上是一个辉格史(Whig history),运用当下的特权来重新解析过去。

布朗的归因理论表述方式将我们带回法律主题:他作为"具有科学家直觉的普通人"也可以成为"具有律师直觉的普通人"。不过,律师当然不喜欢科学家为追求真理和客观性而展开的公开争论(不管该不该如此)。律师是有偏向的,必须为原告或被告负责,参与争论、建构和削弱故事版本,分担责任和减轻影响。然而,我们必须再次强调,我们不打算让普通人律师来替代那个普通人科学家的隐喻。我们的目的刚好相反。科学家、律师和普通人都是生产故事、解释、论点与描述的人,都会以一种特定于情境、行动取向的方式生产故事。所有人的谈话都可以用来进行话语研究(参看 Atkinson & Drew, 1979; Gilbert & Mulkay, 1984),而且如果有一种话语可以放在首位,有助于我们理解其他话语,那就是一般的、普通的对话。在话语心理学里,真知不是通过对特定人群(科学家、律师、心理学家)的展现

第四章
文本、描述与推论

而获得的,而是正好相反。

我们不是说归因演算与任何日常事件的理解毫无关系。实际上,它对展现归因推理的抽象逻辑有着很重要的作用。我们的观点是,日常归因的研究不可避免地要研究日常话语。一旦我们认真对待话语研究,关于归因推理的感知或认知元理论,就会像文本记忆的认知心理学那样失去解释力。归因演算看起来好像与日常解释显著相关,其关系就好比正式运算与民间数学、正式逻辑学与日常推论和修辞、认知计划与情境化行为,或正式语言学和言语行为理论与普通谈话。这些抽象的形式与普通行为的相关性不在于它们描述了人们思考和谈话的方式。它们的应用不是激发性的,而是规范性的。他们提供一个包含各类原则的抽象模型,参与者可以根据这些原则彼此负责。因此,它们与日常思维和行为的关系是一个实证问题,可以通过话语心理学来揭示。但是,我们一旦开始研究情境化的话语,理性思维的抽象模型就会失去解释价值,因为我们发现故事版本、解释和推论是建构的、暗含和根植在谈话中的。我们是在社会行动的完成中,而不是在潜在认知表征中,发现话语的有序性。

第五章
作为归因的描述

在第四章，我们探讨了在文本记忆和归因研究过程中将语言概念化的一些方法。我们提出了一系列批评，其核心观点是这些研究未能体现将语言看成对话和话语实践的先进理论。在认知主义或感知主义模型中，归因者从一些场景中接收输入，辨别梳理信息的规律，进而依据这些规律推算原因。相比而言，在我们提出的话语模型中，人们通过话语建构各种故事版本，在此基础上作出关于动机和原因的特定推论。

话语模型并不将一些场景的现实作为既定事实，也不探究对此进行的心理操作。相反，话语模型认为，在自然话语中，这两件事是交织在一起的：因果关系的建构与故事版本的产出相辅相成。人们描述，进而归因。当强奸案证人将律师所说的"和你坐在一起"重述成"他坐在我们这一桌"（第二章）时，这既是一个描述也是一个归因。主体的归因问题和责任恰恰是通过不同描述的建构完成的。近期，归因理论的很多缺陷可以归结为对自然话语情境下的"描述"理论化的失败。

第五章
作为归因的描述

需要注意的是,我们并不是说人们不会直接作出归因表述,"这是你的错"之类的话并非罕见的言语行为。然而,即使在这种情况下,我们也认为,明确的指责很少独立于周边的谈话,这些谈话提供各种故事以使得这样的指责可信且合理。实际上,我们认为这类直白的批评恰恰为后续的描述争论提供了机会,因为参与者往往需要创造一个情境来表现自己的道德立场。

话语模型将归因和记忆(故事创造)从人类生理计算机的心理流程中提取出来,放入谈话和写作中。这引发了基础分析的重新定向。我们不再试图建构认定的潜在推论过程,这需要采用社会心理学和认知心理学的一般研究技巧;我们现在关注的是将归因作为情境化的行为来分析,包括描述如何被创造出来,以及它们如何为归因提供基础。在这个意义上,这是一个反认知主义的立场,因为其焦点纯粹是社会行为而不是认知输入。然而,从另一层意义上看,它又保留了对认知现象的关注,只是将这些现象作为话语中有争议的问题来处理,而不是作为分析者自己解释的依据。因此,我们不将记忆看作心理储存系统中的信息组块和过程,相反,我们将它作为参与者需要界定和解决的问题来检验,如迪安是在回忆还是在编造?

话语心理学理论取向的改变将引发分析取向的调整。事实上,这一点极为重要,因为话语分析有时被看成一种方法,可以探查感知—认知模型中产生的问题。经过前四章的讨论,由这个原因引发的困惑应该容易消除了。

在本章，我们将进一步阐述归因的话语方法。我们将采用与第三章中新闻发布会事件相关的材料，将重点放在涉及共识和确证的概念上。这么做的原因在于，依据感知模型的说法，共识信息是归因推论者用作依据进行因果关系判断的三种主要信息之一。我们的目标是展现这些与共识有关的文本如何为归因推论提供依据，以及如何处理各种问题的责任解释。这将显示出，当这些信息被视为单纯的描述或共识的真实记录时，作为认知归因机制发挥功能的中立立场可能产生的误导。在此之前，我们需要进一步阐述描述和事实性话语的性质。

话语和事实建构

一旦我们开始将描述作为归因的平台来考虑，我们需要回答两个基本但相互关联的问题。第一个问题是，描述如何被创造得看上去完全是个描述，而不是声明、推断或谎言。人们作描述的说法是很有道理的。第二个问题是，描述如何被用于完成一系列活动，例如，指出因果关系、为说话者的行为作解释、解答听话者关心的问题。从话语分析的视角看，这些都是建构和功能的问题。大家即将看到，心理学家基本上从未触及整个研究领域中最核心的问题——事实性的叙述如何被组装起来，它们被用来做什么。

建构问题关注的是创造一个看上去真实、无懈可击、独立于

第五章
作为归因的描述

说话者的特定故事版本会用到什么样的技巧和过程。实际上，这关系到故事"身临其境"的效果如何被建构出来，以及这种"身临其境"如何通过一种可能存在威胁的互动过程被控制。反过来看，即建构一个报道时如何避免报道看起来像刻意设计出来以维护说话者的利益。为了强调这一特征，事实建构的技巧有时被称为"外化工具"。

一系列话语分析研究显示，有两个要素最为显著：确证和利益或动机（例如，Potter & Edwards, 1990; Potter & Wetherell, 1988; Smith, 1978; Wooffitt, 1991, 1992; Woolgar, 1980, 1988a）。简单而言，这些要素取决于一个共同的假设：相互独立的多位证人的证词一般不像单一证人的证词那样容易被怀疑为伪造；承担重大个人风险的人可能编造故事来支持自己的诉求。人们常常运用这两个要素中的一个或全部来支持或外化一个事件的描述话语。此外，修辞学视角提醒我们，在质疑故事版本时，这些特征也是一个焦点。一方面，这些要素恰恰可能成为驳斥者试图推翻的目标；另一方面，在此基础上可以建立一个不同的故事版本，展现出更高一级的客观性或更强有力的确证性。

在第三章中，我们已探讨用一个层级式模型来展现这一过程。拉图尔（Latour, 1987）在其有关科学和技术领域事实建构的研究中提出了这样的观点：相比于在事实与非事实之间作出明确划分，更有价值的做法是探究事实声明是如何逐渐被标准化的。这可以通过一个连续体来理解——我认为 X，我知道 X，

X 是个事实,X……(见图 5-1)。在这个连续体的一端,事实声明在很大程度上取决于说话者的心理过程和愿望,而在这个连续体的另一端,它们成了一个不需要阐述的共识,成为共有的假设。拉图尔认为,整个修辞资源就像电池一样被用来转动齿轮,让这些声明在这一层级系统中上下移动。因此,有关事实声明的确证和外化的第一个问题可以被理解为这个渐进性标准化过程的一个阶段。

[……]
X
X 是一个事实
我知道 X
我申明 X
我相信 X
我假设 X
我认为 X
我猜 X
X 是可能的

图 5-1 模块化的层级系统(参看 Latour & Woolgar, 1986)

功能问题关注的是某一特定版本的创造如何服务于一项活动。也就是说,事实描述可以用来做什么?实际上,这种表述问题的方式往往简化了事情的过程,因为这样的描述很少服务于一个单一的统一行动,而是同时解决一系列问题。例如,再看一下第二章曾讨论的德鲁(Drew,1984)对报告和邀请的研究的

第五章
作为归因的描述

节选,其中,E 正在回应一个朋友提出的购物邀请:

E： ……我还要连续两天把<u>脚</u>放在<u>枕</u>头上,<u>你</u>知道,
　　　⌈还有-.嗯……
N：　⌊是吗?
E： 不过,亲爱的,会好的,我确定,
N： 哦,我<u>肯</u>定你的脚会<u>好</u>：的,
E： 是的,
N： <u>哦</u>::真：可恶。我⌈想我们可以⌉
E：　　　　　　　　　　⌊我<u>想</u>买　　⌋一些小拖鞋,

不过,呃,(Drew, 1984, p.138)

E： ... and I had to have my <u>foot</u> up on a <u>p</u>illow for
two days, <u>you</u> know ⌈and -. hhhmhh
N：　　　　　　　　　　 ⌊Yah?
E： But honey it's gonna be alright I'm sure,
N： <u>Oh</u> I'm <u>sure</u> it's gonna be al<u>ri</u>：ght,
E： Yeuh,
N： <u>Oh</u>:：do：ggone. I
　　　　　　　　⌈thought maybe we could⌉
E：　　　　　　 ⌊I'd <u>like</u> to get　　　　⌋

some little slippers but uh,

153

在这段话的开头，E 提供了一个报告或描述。然而，作为对话者，我们知道这不是一个抽象、中立的观察。这个报告包含在一个"邀请顺序"里（Drew，1984）：N 邀请 E 去购物；然后，在这个情境下，E 的报告完成了一次拒绝，尽管买"小拖鞋"的可能性仍颇具诱惑力。然而，这次拒绝并不是明确表达出来的，它通过一个报告被提出来，即可以从 E "不能"去购物的情况中推断出来。也就是说，E 对事情状态的报告给 N 提供了一个归因，即 E 不去购物是因为她不能，她受伤了。注意，这里对 E 而言的内在因素（她的伤）被用来外化她拒绝 N 邀请的责任。

正如我们前面提到的，拒绝或排斥的产出并不是最重要的，重要的是它如何通过话语完成。在这个案例中，它处理了 E 与 N 的关系。"不能"的说法是一个谁也不能责怪的理由，因为这不是任何人的错，这既不是故意，也不是本意。实际上，E 强调了相反的愿望：她想去购物。报告提出了一个非故意的原因（受伤），（委婉地）完成了拒绝邀请的行为，而且同时确保这一行为不会影响 E 与 N 之间良好关系的维系。

此刻有必要阐明我们的观点。我们认同归因理论家称作一致性、独特性和稳定性的这些因素是参与者在完成不同归因任务时所关注的。在德鲁的研究节选中，E 在为情境归因提供材料。我们与归因理论的不同之处在于如何理解这些因素的作用。我们不认为这些事情是以感知为基础的中立信息，可以被用来在认知机器中进行自动处理，我们将它们看作常规因素，可

第五章
作为归因的描述

以在对话互动过程中被重新调整和重新建构。我们将在本章继续展示,这些信息不能决定归因的结果,它们是人们在进行修辞选择和开展诸如问责等一系列活动时使用的资源。

作为修辞建构的共识

我们会将重点放在对传统归因理论和话语方法都十分关键的材料上。我们原本可以选择任意对归因的感知模型最为重要的基本信息类型,但我们还是选择了能以某种方式引发或展现共识的材料。正如我们指出的,话语的传统研究已显示出这样的材料在事实话语的建构中具有重要作用。然而,它们在归因研究中同样重要。

我们已在第四章简要概括了凯利或麦克阿瑟的归因研究传统方法:推论者依据三种不同类型的信息进行心理计算得出归因结论。这三种信息包含:有关独特性的信息(某人在其他情境中的行为会一样吗),有关稳定性的信息(某人在这个情境中的行为与以前一样吗),有关一致性的信息(其他人在这个情境中的行为与某人一样吗)。这一观点认为,推论者将"外来信息"放入一个类似统计软件的心理程序就能得出归因结论。例如,他们可以推断某人的行为是由情境中的一些特点引起的,或者来源于此人的内在因素。在这一理论中,所有这些形式的信息都至关重要,尽管有些研究者认为,一致性对归因推论者而言格外重要(Hilton et al., 1988)。

对归因理论概念的批评已十分广泛（见 Buss，1978；Gergen，1982；Harré，1981；Locke & Pennington，1982；Sabini & Silver，1980）。然而，我们的目的与此不同。我们采纳比利希（Billig，1982，1987）提出的观点，认同归因领域中修辞的重要性。我们将运用话语模型展示归因在自然环境中是一个更为丰富和复杂的参与者活动，我们区分事实和推论的方式与归因理论采用的方式也全然不同。首先，我们对"共识"进行重新定义。它不是关于事件的可感知到的信息，而是可能存在争议的、可以被完成的一种建构，其设计目的是完成手头的话语"任务"。

我们在此必须解释一下通过话语达成或引出共识的两个主要方法，二者都是支持故事版本事实性的重要手段。第一个是声明可靠证人的相互认同。例如，某个交通事故的证人说司机开车超速不完全可信，但如果大多数或所有目击证人都这么说，便更有说服力。第二个达成共识的方法是处理第一个方法可能引起的问题。目击证人说法一致可能是他们看到了相同的场景，但也有可能是他们一起编造了一个故事，或者只是因为相互有过沟通，从而产生了一个一致却有缺陷的理解。因此，这时就有必要证明证人未曾彼此交流或者相互独立。他们的故事可以被视为未曾受到接触污染。因此，第二个证明共识的方法强调的是持有一致观点的人的独立性。

在人类学方法论术语中，二者都是建构事实性的方法。这

第五章
作为归因的描述

并不是说它们有认识论的缺陷——显然，它们在科学和法律机构中处于核心地位。然而，这指出的是，一致性和独立性是建构出来的社会产物，而且可以被用来发挥不同的作用（参看 Molotch & Boden, 1985）。此外，一致性和独立性还可以成为修辞争议的焦点，而可以作为故事的事实性证据来展示的共识也可能被视作合谋和虚构的文件。

明确的共识：有目共睹

我们先检验一下共识如何被建构起来成为一个案子的证据，然后再展示一下它如何被认作共谋的产物而遭驳斥。财政大臣与 10 名记者之间产生的记者发布会争议的特征之一是，记者们的一致说法被用来证明其报道的准确性和事实性。下面的三个选段建立起一致性，为真实性提供了证明。

A. J. 贝斯先生（A. J. Beith，特威德河畔的贝里克）：大臣，作为曾经的记者，到底是用了什么方法一次性让如此多记者误解了他的意图？（《英国议会记实录》，11 月 7 日，p.23）

戴维·温尼克先生（David Winnick，沃尔索尔，北部）：既然所有周日报纸的报道都基本一样，大臣是说每一个参加新闻发布会的记者——幸好他还未否认有过新闻发布会——都误会了他说的话？（《英国议会记实录》，11 月 7

日,p.26)

　　记者们看似不约而同地理解错了。这么多记者真的都犯了这么多错误吗?似乎令人生疑。(《卫报》,11月8日)

正如我们在第四章里看到的,在归因研究中,这些节选中的事实建构可以用实验者建构的语段来替代,如下文所示。

　　莎莉去超市时买了些东西。几乎所有人去超市时都买了些东西。(Hilton & Slugoski,1986,p.78)

在这个归因实验情境中,被试如果不将这些表述看成既成事实就无法完成任务,作出恰当推论。莎莉不是一个真实的人物,编写这一语段的人也没有与阅读这一语段的人进行过对话。此外,语段阅读者与描述的事情没有任何关系。他或她既不是莎莉的朋友,也不是她的敌人,莎莉的行为在他们的道德框架中不占一席之地。莎莉买不买东西对研究被试的世界没有任何意义,也不可能引起不满。谢格罗夫(Schegloff,1988b)通过一个女孩没能买到"冰激凌三明治"带给朋友的故事探究了指责和叙述的话语模型的细节,这样的探究并没有让阅读这一语段的研究被试参加。总的来说,肖明(Semin,1980)强调,归因主要由一些摩擦或问题引起,但这种语境在莎莉的这个小故事以及很多相似研究采用的故事中并不存在。

第五章
作为归因的描述

大量归因研究采用的类似莎莉故事的材料具有一种抽象的事不关己的特征，与上文中的节选片段截然不同。那些片段多以讽刺或问题——修辞问题的形式呈现。而且，它们是对话式的，在呈现事实时有着内在的修辞结构，因此有关劳森大臣是否诚实的推论不可避免地符合说话者的期望。此外，因为这些片段摘选于真实话语的语境，我们可以在事件发生的情境中分析它们是如何建构起来的。我们看到的是，莎莉的小故事采用的是给定事实（由实验研究者给定）的归因认识论假设，然后（在事件的主体身上）作出原因推论。关键是，这一认识论嵌在方法之中，而不是通过对人们如何思考的实证研究被发现。

让我们将我们的"小故事"放入语境中来看。在顺序上，我们的节选片段发生在劳森表示记者们理解错误之后（见表3-1）。也就是说，他质疑了报道的事实性。基于多名目击者可证明事实的观点，这些说法的修辞功能可以作如下理解：可以想象，有些记者可能产生了误解，但不可能所有记者都这样。如果好几个观察者都报告了同样的事情，我们就容易将这个事情当作事实来对待。因此，记者报道的一致性被作为质疑大臣的主要理由。

故事版本一致性的建立是节选段落中众多修辞任务的一种，我们可以理解其中流露出的细节。也就是说，这些段落并没有明确声明其一致性，而是为读者提供了一种修辞诉求，让他们自己建构起一致性。例如，这些片段通过强调相同报道的范围之大和无一例外,着重打造一致性的质量或充分性。

一致性的范围大是通过描述"如此之多"的记者来完成的,强调了记者的数量不同寻常或显著地多。在随后一个节选片段中,这个效果在"通讯员"数量与"错误"程度的比较中得到了加强:"这么多记者真的都犯了这么多错误吗?"(《卫报》,11月8日)第二个选段的描述强调了"无一例外"——"所有记者",这个说法反复出现,"所有周日报纸的记者"。也就是说,报纸的报道与记者的报道区分了开来,似乎提供了两种一致性,可以相互证明。这一手段通过将现有材料加倍充分利用,表现出一致性的一致性。下面的节选段落展示了相似的一致性的重申,但具有更明显的修辞形式。

(1)→ 劳森先生为10名记者举行了一场新闻发布会。10名记者全都形成了一个印象:他暗示要取消所有老年人的普遍福利。

(2)→ 10名记者全都在周日报纸上发表了同样的报道,当时并没有受到财政部的质疑。

(3)→ 但是,第二天,劳森大臣本人告诉下议院,这10名记者在胡编乱造。(《太阳报》,11月9日)

在这个选段中,一致性不仅通过重申加强了效果,而且其重复性的格式,使得前两个部分成为一个三段列表——一种被认为

第五章
作为归因的描述

在政治言语(Atkinson, 1984; Grady & Potter, 1985; Heritage & Greatbatch, 1986)、法庭对话(Drew, 1990)以及日常生活会话中(Jefferson, 1990)十分重要的修辞结构。它在乔治·华莱士(George Wallace)州长的就职演说中表现得十分明显。

华莱士：(1) → ……我要说种族隔离↑在目前

(0.2)

(2) →种族隔离在↑将来

(0.2)

(3) →……种族隔离永↓远

观众：欢呼——[磁带编辑者剪切](Atkinson, 1984, p.60)

Wallace: (1) → ... and I say segregation ↑ now

(0.2)

(2) → segregation to ↑ morrow

(0.2)

(3) → ... and segregation fore ↓ ver.

Audience: Hoora — [tape-editor's cut]

在第六章,我们还将看到这样的修辞结构出现在电视访谈中。

在下一段节选段落中,观察者的数量以不同的、直截了当的方式得到强调："政府的说法好像是一个个不可能发生的故事的叠加：起先是 10 名记者都成了集体幻觉（mass-delusion）的受害者；然后……"（《观察家报》，11 月 13 日）劳森所说的记者们弄错了的说法被重新转述成"他们都成了集体幻觉的受害者"。这一描述的有效性体现在两个方面。第一，它指出劳森的说法非常站不住脚。这一描述暗含着幻觉的、催眠的和非理性的意义。这样的描述使劳森的说法显得苍白无力且绝无可能。实际上，劳森的说法已被描绘成"不可能发生的故事"。第二，"集体"这个词经常用于描述一大群人（人们会想到大众传媒、大众社会、群众，等等），一个比 10 名记者更大的群体，因此这个描述有效地增加了人们感知到的观察者的数量。

在这些选段中，记者的说法被建构成共识。观察者一致认同的"简单事实"使得劳森的批评令人怀疑。然而，共识并不是真相的指标，在我们的数据中，它也并不被作为真相来对待。

我们采用的分析策略之一是辨识和探究不同版本故事的可变性。正如我们在上文阐述的，这种可变性可被用作分析的杠杆，因为它能反映行为或故事版本的修辞取向。这种方法在分析报刊文章之类的材料上特别有价值，在对话分析者可用的有序信息十分有限的情况下尤为如此。

在我们分析的材料中，劳森和记者的故事都有变化。当然，劳森本人说法的变化是被推定的，这正是整个争论的焦点：他是否因为这个打算实施的政策受到批评而改变了说法？然而，记者自身的叙述中也可以找到可变性。

> **专栏 5-1　关于新闻发布会的不同版本**
>
>
>
> （选自《卫报》的漫画，1988 年 11 月 14 日或 15 日）
>
> 这正是幽默与严肃行为的象征性区分，使得社会行为主体能运用幽默来处理严肃问题。(Mulkay, 1988, p.1)

从共识到共谋

我们可以先看看劳森对事情的叙述，然后检验一下它们与上文摘选的片段有哪些不同。显然，如果报纸的说法成功驳斥了劳森的辩解，无论是对其个人，还是对他作为政府官员而言，其诚实将遭到质疑。他在议会辩论中作出了自己的解释。

下面摘选的片段来自《英国议会记事录》。从时间上看,它发生在周日报纸发表首篇报道,以及多名政治家在报纸上发表批评言论之后;在议会辩论内部,这一讲话出现在阿兰·比思(Alan Beith)就故事一致性对劳森提出批评之后。

> **劳森先生:** 我想说,我要作的唯一声明——我必须告知议会的唯一的改变——就是今天我已经告知议会的内容。这就是我在周五透露给特定记者的内容。
>
> 他们误解了我说的话。——
>
> [笑]
>
> 没有
>
> [打断]
>
> **议长先生:** 肃静。这些笑声和干扰很浪费时间。很多成员要就这件事提问。
>
> **劳森先生:** ——这是记者们胡编乱造(farrago of invention)的内容,根本没有必要把这事提出来讨论。
>
> (《英国议会记事录》,11月7日,p.24)
>
> (议长是议会主席,负责组织议员轮流发言,控制发言秩序等。)

劳森竭力维护新闻发布会的说法,因而这段讲话特别有趣。

第五章
作为归因的描述

在辩论过程中,劳森多次否认他有过推行收入调查的意图,还声称自己是打算给养老金领取者额外的福利。他在这段话的开头重申了这一点,并指出他向记者透露的是这个额外福利政策。

然后他说记者误解了他的意思。这话引发某个报道所称的"一阵嘈杂的表示怀疑的哄笑"(《卫报》,11月8日),继而,劳森完全被打断,议长不得不出面维持秩序。这时,劳森用了另一些词汇来形容记者的报道,这回不再是"误解"这一温和的指责,而是说整个故事是"胡编乱造"(farrago),是一锅"乱炖","令人困惑的拼凑"。

我们可以通过一种叫作"习语表达"的分析方法来理解这一过程,这个分析方法由德鲁和霍尔特(Drew & Holt, 1989)提出。德鲁和霍尔特认为,习语表达——习惯用语或谚语——常常出现在对话的关键时刻。例如,听话者不附和或不支持说话者抱怨的内容。下面的选段展示了这一特点。

艾琳(Ilene):·嗯,我们查看了所有报纸,莫斯公司说他们是通过邮局寄送的,但我们没:有通过邮局收到任何莫斯公司的东西。

(0.3)

艾琳: 不管怎样。(.)呃:你知道你不能(.)说就像 ⌈嗯
雪莉(Shirley): ⌊好吧

(.)

艾琳： 白费功：夫。(Drew & Holt, 1989, p.508)

Ilene： ·hhh We've checked now on all the papers'e has an' Moss'n Comp'ny said they were sent through the post we have had n: nothing from Moss'n Comp'ny through the post.
(0.3)
Ilene： Anyway. (.) Tha:t's th- uh you know you can't (.) argue ih it's like(.)uh:⌈m
Shirley： ⌊Well
(.)
Ilene： banging yer head against a brick wa:ll

艾琳对这家公司的抱怨并没有得到雪莉的支持，很明显，雪莉没有在关键时刻表现出艾琳期待的同意或支持。此外，她的"好吧"表明她有可能作出一些"不受欢迎的反馈"，即一种反对或者不附和的行为(Levinson, 1983)。就在这个时候，艾琳说了一句习语。这句话起到了什么作用？德鲁和霍尔特认为，由于这样的表达在很大程度上是比喻性或程式化的，因而具备了一种很难用事实或信息来质疑的坚固性。也就是说，它们尤其适用于说话者的说法没有得到积极回应的不妙处境。

回到我们手头的材料，劳森的处境显然不妙。在将近15

第五章
作为归因的描述

分钟的时间里,他已经被问及很多咄咄逼人的问题,而且回答时多次被打断。在表达对媒体的不满之后,他遭到更激烈的抗议。得到高度不认同的回应之后,劳森用了一个习语说记者"胡编乱造"。

这个表达具有耐人寻味的复杂含义。《兰登书屋英语词典》(*Random House Dictionary of the English Language*)对这个习语的解释是:"一种包含恐惧、害怕、希望和愿望的复杂状态。"这个短语,以及"胡编乱造"这个词本身,都有一种模糊的意味,在严格意义上,也不能说是劳森之言。然而,即使大多数听众无法定义或回忆这个习语,它仍然具有德鲁和霍尔特所说的习语的夸张作用。这的确令人难以反驳。此外,在这个语境中,"纯属想象的胡编乱造"使得听众推断出某些怀疑,听起来不同寻常的臆造可能正在编织。从这个方面看,上文摘选的《观察家报》中出现的"集体幻觉"一词与"胡编乱造"异曲同工。

对那些在场的,可能已经熟悉这个表达的来源的人而言(我们当然不是说字典的定义或多或少给参与者提供了预设的意义),这对劳森也是有利的。《牛津英语词典》(*Oxford English Dictionary*)引用了坎宁〔Canning, 1927,《诗作》(*Poetical Works*)〕的句子:"我们再也不要听这种混杂着懦弱、狡猾和言不由衷的胡编乱造了。"这句话为理解记者的行为提供了合适的贬损框架。此外,"胡编乱造"这个词如果被解释为"一种包含恐惧、害怕、希望和愿望的复杂状态",那么用来形容记者,就展现出一个不知所云的群体,被驱使着编造一个口径一致的故事。"胡编乱造"伴随的心理状态是疑惑、不确定、主观愿望等——胡编乱造的不可能是事实。

尽管上述劳森关于"胡编乱造"的讲话为指责记者合谋提供了基础,但直到后来议会辩论时,他才明确表达出来:

> **劳森先生：** 我很感激我可敬的朋友。实际上,这个报道,正如我说过的——出现在周日报纸上的报道和我实际说的话没有任何关系。我对他们(记者)说的是,我们绝对,完全致力于维持——
>
> **克莱尔·肖特女士**（Clare Short,伯明翰,莱迪伍德）：他们有速记笔记。
>
> **劳森先生：** 哦,对。他们有速记笔记而且他们知道,他们知道他们在背后做了手脚,他们觉得手头的材料构不成一个好故事,所以他们编造了一个。他们知道我说了什么,但……
>
> (《英国议会记事录》,11月7日,p.26)

这个选段中,劳森重申了记者报道的错误。这次,他使用了强烈的措辞,指出媒体报道与他在新闻发布会上说的"没有任何关系"。这里,劳森解释了故事与"事实"之间所谓的区别。这个解释就是事实不足以成为一个好故事,因此记者们合谋编造了

第五章
作为归因的描述

一个更好的故事。这个合谋解释了一致性的由来。大家的故事都一样不是因为事实如此,而是因为记者们共同编造了一个故事,一起使用,动机是他们需要一个好故事,因为真实的故事对新闻报道来说还不够吸引人。

我们可以看到,劳森采用了我们在本章开头提到的事实叙述的两大要素:利益和风险。劳森揭示这个报道是记者利益的产物,以此来驳斥记者的说法。这样的论点很难被反驳,因为任何辩驳之词都可被看作为同样的利益而制造出来的事物。因此,面对曼迪·赖斯-戴维斯(Mandy Rice-Davis)的著名法庭质问:"他一定会那么说,是不是?"这时的辩驳总会很无力。

这一选段进一步展示出话语工具的修辞特征。它们本身并不代表真相或谬误,它们是用来发挥修辞功能的,用来支持一种说法或者驳论(Billig et al., 1988)。因此,当共识被用来作为真理的依据,便也为共谋的指控提供了基础,正如选段中劳森所做的那样。

专栏 5-2 "他们一定会那么说,是不是?"

"他们一定会那么说,是不是?"这一表达源于曼迪·赖斯-戴维斯在1963年一桩臭名昭著的案件中的证词,这桩有关嫖妓和间谍活动的案件涉及包括英国国防大臣约翰·普罗富莫(John Profumo)在内的多名声名显赫的公众人物。这一案件后来被拍成电影《丑闻》,其中包含以下发生在交叉质询中的对话。

(续)

> **律师：** 你有没有意识到阿斯特（Astor）大臣否认他和你有不正当关系？
> (.8)
> **曼迪·赖斯-戴维斯：** 好吧，他一定会那么说，是不是？
> **陪审团等：** ［长时间大笑］

没有任何具体的描述或解释，律师的质问被轻而易举地挡回去了。鲁珀特·默多克（Rupert Murdoch）在宣布两个电视台合并后遭到英国工党批评时也用了这样的表达。当被问到工党的（批评）态度时，他说："好吧，他们一定会那么说，是不是？"［《周日独立新闻》（Independent on Sunday），1990年11月4日］这样说有效地把批评建构成一个群体表达批评的动机的产物而不是被批评的这个语境的特征。

总体上，这样的表达展示出参与者如何通过建构自身话语的事实性和对抗另一种说法来处理利益相关问题。赖斯-戴维斯借此对大臣的说法表示了嘲讽——表达了对其字面意思的不认同——把它描述成利益权衡的产物而不是真正的事实。

让我们对这个表述的建构特征作一些详细分析。首先，注意"会"（would）这个词的功能，它并不是仅仅记录说过的话（他们确实说过），以及仅仅表述出在场的人已经知道的事实，而是指出这样的说法具策略性并出于某种动机。而且，用"会"这个词指代过去还可以暗示频率和常规性："天热时我们会去海滩或游泳池。"这些特征都赋予这句话讽刺的力量。需要注意的第二点是紧跟其后的反问句：是不是？这不仅重申了"会"的核心功能，还引出一个互动语境并暗示大家都会

第五章
作为归因的描述

(续)

赞同。也就是说,这表现出说话者的自信,也表示他说的是常识,从而能引导观众将这个有争议的说法当作他们已了解的一种显而易见的事实来看待。有趣的是,这样的反问句是伯恩斯坦(Bernstein, 1971, p.62)描述的工人阶级言语特征之一,是一种基于语境和朴实的"内部语码"的"同情传递"。我们并不完全认同伯恩斯坦的理论,但在赖斯-戴维斯的案例中,确实存在一种一个"普通的工人阶级女孩"使用朴实的语言成功化解老谋深算的律师的计谋和贵族成员的抵赖的意味。

最后,这个表达如今已成为这一案件的标签,而且出现了很多变式。它用来指代一种某人的说法会因其利益取向而遭到削弱的处境。下面这段对话的背景是海湾战争期间,萨达姆·侯赛因(Saddam Hussein)就盟军的一次主要反击在伊拉克巴格达电台发表讲话,他提到盟军的坦克被摧毁,压制力量被击退。BBC采访记者布赖恩·雷德黑德(Brian Redhead)和军事专家、将军安东尼·法拉赫·霍克利爵士(Sir Anthony Farrah Hockley)就此谈话进行了讨论,克里斯·刘易斯(Chris Lewis)是另一名广播电台记者。

> **雷德黑德:** 你怎么看这个谈话?我们听到克里斯·刘易斯早些时候做了报道并称之为"可笑之举"。
>
> **将军:** 嗯,让人想起曼迪·赖斯-戴维斯——他会那么说的,是不是?
>
> **雷德黑德:** 什么?〔大笑〕
>
> **将军:** 〔大笑〕
>
> **雷德黑德:** 不是指克里斯·刘易斯!
>
> 〔BBC广播4,《新闻调频》(News FM),1991年2月24日〕

118

(续)

> 这个例子不仅展示了言论的利益取向,而且表现出这一技巧的灵活性,很容易让人误以为其中的利益归因是针对刘易斯而不是萨达姆,因而引起大笑。它还展现了这个说法的文化属性,这是一个"话里有话"的利益归因策略,不仅是因为引用的这个表达通俗易懂,更因为这个表达的典故人尽皆知。

我们的讨论到目前为止都侧重劳森和记者关于媒体报道一致性的性质与意义的说法的变化性。我们已经展示出共识既可以用于支持,也可以用于削弱一个特定版本的事件叙述。然而,我们已经看到,事情本身比这要复杂得多,在理论上要有趣得多。在第三章里,我们展示了《卫报》一会儿运用一致性来证明报纸报道的真实性(见上文摘选),一会儿以此来怀疑记者的共谋(第三章)。这明显自相矛盾。但是,如果考虑到他们对大臣和整个游说新闻体制不满的语用背景也就可以理解了。

总体上,我们随后对这些选段的修辞组织进行了分析,通过它们的话语背景进行解读,揭示出这些事实的说法并不仅仅是给定的事实,也不是推论的毋庸置疑的基础,而是参与者自己建构或拆除的,这个修辞过程和推论过程不可分割。此外,这不仅仅是分析者注意到的一个话语特征。参与者自己也是这么看待事实叙述的,他们在反驳时会引出利益的因素来削弱一致性的主张。

为了进一步展示这些话语建构的趣味和可分析的复杂性,

第五章
作为归因的描述

我们现在将转向另一个批评层面——共识和共谋的争论：相同的说法是否由独立的个体提供。再一次，我们的目的是在真实话语中揭示被归因理论家看作"共识"的复杂的建构机制和修辞组织。

确证：独立证人的共识

当一系列不同的说法被用以相互印证，声明它们的彼此独立性就有了修辞价值。这一观点在法庭上特别重要，因为证人之间可能相互串通。实际上，这就是证人必须待在法庭外面的部分原因，这样可以防止他们的证词受其他证人的影响。采用独立证词而不是集体证词是否具有客观的、可测量的依据(Stephenson et al.，1983)并不是我们在这里要讨论的问题。我们要探讨的是争议中的参与者如何运用这个观点来完成他们的常识性推理。在法庭上，劳森说记者们如何"背地里编造出"相似的故事时就利用了他们的彼此依赖性这一突破点：如果共识是通过共谋形成的而不是从彼此独立的来源获得的，就可以得出不同的推论。共识于是成为合谋的标志。

劳森新闻发布会一周后，周日报纸提出了一个质疑劳森并说服别人相信它们的新理由。这个理由就是，一名电视新闻编辑获得的新信息提供了独立的确证。这一声明的优势在于，它与记者们报纸上的报道一致——符合一致性要求——但它是通过独立渠道获得的。这一独立报道对报纸的价值在于，它可以用来反驳劳森对它们合谋的指责。而且,这一信息确实就是这么被利用的。例如,下面的一段节选就展示了这一独立的电视报道如何质疑劳森所说的错误报道。

> 昨天独立电视新闻——11月5日,周六晚8点55分的新闻概要中出现了一则相似的报道——其依据是记者与财政官员的另一次谈话的内容。直到现在,人们一直以为独立新闻电视的报道是基于上周日的报纸的早期报道。
>
> 根据迈克尔·布朗森(Michael Brunson)——独立电视新闻的政治编辑的说法,他没有参加那次新闻发布会,但通过独立的渠道得到了同样的结论。到目前为止,大臣一直认为收入调查说法的唯一来源是参加新闻发布会的记者们故意而为的错误报道。
>
> 布朗森先生昨天说,他上周日和财政部通过话,已经得到"一定数量的信息"并"产生更为强烈的印象,圣诞节补助可能被取消"。(《观察家报》,11月13日)

这一段文字的修辞有效性与我们从《英国议会记事录》和《卫报》上节选出来的利用一致性来证明真实性的段落相似。它通过进一步提供一致性证据来证明记者们的原有报道的一致性,但这一次的证据是独立于记者游说团的。同样的论点以一种更完整的形式出现在另一份报纸的头版上:"独立电视新闻说这一报道

第五章
作为归因的描述

是以独立的方式获得与确证的,它没有参加新闻发布会,而且新闻稿的撰写是在上一期周日报纸报道的首次发布之前。"(《周日泰晤士报》,11月13日)在这两个节选段落中,独立性被用来证明媒体报道的真实性。但是,借助话语分析的一种基本启发法,我们可以从材料中发现不同的说法。实际上,我们不需要非常仔细地阅读就能发现其中的差别。在《观察家报》的节选中,布朗森说他去了财政部,"已经获取了一定数量的信息"。这一情况的具体阐述如下。

> 上周六午饭后不久,迈克尔·布朗森……读到了一则后来成为这周新闻焦点的故事。
>
> 罗宾·库克(Robin Cook),工党的社会安全发言人,告诉他财政部在老人福利这方面将有一些动作。库克是受到了前一天11点在唐宁街11号参加劳森新闻发布会的游说记者团中一名记者的提醒。
>
> 布朗森没有参加新闻发布会。但他自己的财政部联络人很快证实了库克所说的游说记者团成员被告知的事。布朗森知道他可以在周日晚间8点55分的要闻节目中播个好故事了。(《周日泰晤士报》,11月13日)

这段文字与合谋的独立性模型的格格不入体现在两个方面。第一,它指出电视编辑的信息来源最初是一名参加了新闻发布会的记者,而这一信息的渠道是一位反对党发言人,他曾经在随后一周的报纸上强烈抨击劳森。这在证明信息的独立性上显然没有前面的选段里暗示的那样有力。布朗森并不是无意间去财政部时碰巧发现了与记者们的报道相一致的信息——就像我们无意间成为抢劫案目击者那样——在这段描述中,他是带着一个已有的、具有敌意的故事去财政部的,这就可能影响他对财政部发言人所作的任何声明。第二,文中提到电视编辑需要一个头条新闻,刚好呼应了劳森所说的记者们误读事实的动机。在这个选段里,独立电视新闻的编辑可以被认为是受到游说记者团的直接影响,带着模糊事实的动机,同报纸记者一样编造了一条"足够好的新闻"。

我们怎么理解这个现象?为什么关于报纸的独立性的故事会有这样的可变性?我们当然不是说最后一个版本应该被视为真相。相反,我们认为这些自相矛盾的故事的出现恰好证明了描述的情境语用特征。用独立性来确证自己的说法显然受到语用力量的驱使,为的是削弱劳森对记者合谋编造故事的指责。但为什么报纸上会刊登这段对自己不利的详细描述呢?我们认为有两种可能性。

一个线索是,整个周末,几家报纸对这次有争议的新闻发布会以及事后发生的故事进行了详细的实时跟踪报道。这样的叙述可以被看作先前结论的一种"实证依据"(Gilbert & Mulkay, 1984; Mulkay & Gilbert, 1983)。也就是说,他们呈现的结论

第五章
作为归因的描述

好像是出于一种中立的、可及的事件记录。工党政治家与电视新闻编辑的瓜葛是这个记录不可分割的部分,因为它解释了他们为什么与这一事件相关联。实际上,新闻报道采用的叙事形式要求他们对此事提供细节以保持报道的风格一致性(参看 Gergen, 1988; Gergen & Gergen, 1987; Jackson, 1988)。

这些细节的另一个深层次特征是它们包含大量附加信息。例如:

> 劳森先生坐在角落的一张扶手椅上,从旁边的窗户可以望见唐宁街11号的花园。新闻秘书约翰·吉夫先生站在门边。我们其他人,大腿上放着笔记本,围着劳森先生坐在椅子或沙发上。这是11月4日,周五上午10点15分……(《观察家报》,11月13日)

正如第二章和第三章所述,这类叙事性描述凭借暗示直观感知或最近的视觉记忆的语言,营造出一种具有画面感的生动、可信的世界(Barthes, 1974; Rimon-Kenan, 1983)。实际上,具有讽刺意味的是,正是人们熟知的文学和虚构小说的写作技巧,被用在这里为可信度提供修辞证明。阿特金森(Atkinson, 1990)在一项比较研究中成功地阐释了这一点,他在研究中比较了小说和社会人类学著作的开头段落,展示了像这样充满细节的描述是如何被运用的。

这一极具画面感的介绍（语体手段修辞学家称之为"栩栩如生的描述"）为有关新闻发布会的说法提供了背景证据。实际上，当相同的声明——劳森对事件的描述是有问题的——得到不同角度的证明，我们能够画出一些可能存在的冲突。不同说法之间的明显矛盾是由两种不同的证据形式引发的：独立证人和叙事性的实证描述，二者彼此矛盾。当我们把这两段描述去情境化并把它们放在对立面上时，矛盾就显现了。在事情发生的语境中，它们是彼此区分并可以感受到的，每一个描述都经过精心策划以强化媒体的说法，即他们的报道不是编造的（独立的），而且这一报道属于一种值得相信的、富于画面感的、充满细节的体验式叙述（因此是一种可信的记忆）。

这些充满细节的叙述性描述展现了一种无法摆脱的描述性话语的社会—语用性质。人们可能认为，事实描述的细节越详细，对场面和情境的刻画越有画面感，时间顺序的排列越精密，不留任何共谋编造的明显痕迹，留给语用功能来建构真相的空间就越小。但是，越来越多的"事实"的提供只能进一步证明说话者作为真相提供者或准确记忆者的身份，结果可能导致故事中更有实质内容的部分被掩盖在大量的"真实"细节中。而且，有人会说把虚构的故事创建成一个可信的世界是小说家的艺术。总而言之，这再一次表明，共识是一种通过修辞组织起来的参与者的观点，必须从自然情境中的建构的角度来理解。在这些分析中,我们发现,以一种中立的、由感知获得的"信息"为认知推论的基础的观点站不住脚。

日常谈话中的归因管理

我们已在本章花费大量篇幅讨论从政治争议中选取的材料。从某种意义上说,这有别于面对面互动的日常生活现实,中间还可能贯穿着政治会议和新闻报道的特殊复杂性。然而,尽管这些材料毫无疑问有其特殊性,但我们并不打算过多强调这个案例。原因之一在于,这个话语是设计了给对政治感兴趣的报纸读者和电视观众看的。不管这一形式的话语有什么样的特殊性,还是要依赖读者看得懂的暗示、提示、否认和抗议。此外,读者参加的党派和工作单位等方面具有很大的复杂性,他们的兴趣在很多方面是以一种相对模糊的形式展现的。要与各种背景和能力的不知名观众和读者交谈需要一定程度的明确性,而这种明确性在熟悉的人之间不一定需要(Kreckel,1981),或者当说话者与听众在真实的互动中同处一个背景时也不一定需要(Edwards & Mercer,1987)。

无论怎样,还是很有必要探讨一下,我们重点讨论的问题可以如何化用到其他情境中,以及,更有趣的是,展示它们如何在互动中被控制。我们将借助波梅兰茨(Pomerantz,1984c)的研究向读者展示这类研究的风味。波梅兰茨(Pomerantz,1984c)的研究目的是探究参与者如何在互动过程中试图引发一个特定的回应。例如,他们如何引出一个帮助或邀请。尽管我们关注的内容不一样,但借助他的研究可以很好地理解我们的观点。

　　让我们来看一段互动,其中一名护士正在尝试说服另一名护士接收一位动脉瘤破裂的病人。波梅兰茨注意到我们需要理解护士的文化才能理解这个节选片段,也就是说,病人的情况对护士的工作质量而言很关键。一般而言,病人的病情越重,护士的工作压力越大,而且病人的永久性损伤可能意味着护理的唯一结果就是病人死亡。在这个语境中,A 试图说服 B 接收一位病人。

15　**B**:那么,嗯,她还算年轻？才

16　　 50 多岁？

17　**A**:<u>是的</u>

18　**B**:哦,真惨。

19　**B**:没成功。

20　　(1.0)

21　**A**:那是,嗯——

22　**B**:我说的是手术。

23　**A**:我没——

24　**B**:她就是那个——我听说——

25　　她儿媳妇告诉我——她当时是不是正在

26 ⎡在山谷俱乐部打高尔夫?
27 A：⎣是,就是——就是她
28 B：——然后动脉瘤破了。
29 A：是
30 B：——很突然。
31 A：嗯,嗯
32 B：他们开始以为她被高尔夫球(1.0)
33   或者拍子砸了一下,但不是。
34 A：⎡嗯哼
35 B：⎣是——动脉瘤破裂,嗯——他们
36   不想要 M 医院的 L 医生。他们就把她送到 UCLA 来了。
37 A：是的。嗯哼。
38 B：这——这让她的伤成永久性的了
39   我想。
40 A：显然。嗯,医生还是很乐观的。(Pomerantz, 1984c, p.154, pp.156 - 157)

15 B: And uh isn't she quite a young woman? Only in her
16   fifties?
17 A: <u>Yes</u>, uh huh

18 **B:** Oh, how sad.
19 **B:** And that went wrong.
20 (1.0)
21 **A:** Well, uh-
22 **B:** That surgery, I mean.
23 **A:** I don't-
24 **B:** Isn't she the one who- I think I heard about it-
25   the daughter in law told me- Wasn't she playing
26   golf ⌈at the Valley Club?
27 **A:**   ⌊Yes, that's the- That's the one
28 **B:** -and had an aneurysm.
29 **A:** Yes
30 **B:** -suddenly.
31 **A:** Mm hm
32 **B:** They thought at first she was hit with a golf (1.0)
33   ball or bat or something, but it wasn't that.
34 **A:** ⌈Uh huh
35 **B:** ⌊It was a-a ruptured aneurysm, and uh – th-they
36   didn't want Dr. L. at M. They took her down to
        UCLA.
37 **A:** Yes. Uh huh.
38 **B:** And it- and it left her quite permanently

第五章
作为归因的描述

39　damaged I suppose.

40　**A**：Apparently. Uh he is still hopeful.

我们将从这一段里提取出四个与我们在迪安和劳森的材料中讨论的记忆和归因相关的问题。前两个问题与事实和修辞的关系有关，后两个问题与对话展示的不同层面的责任解释有关。

需要强调的第一点是，事实报道的存在本身就是参与者最切近的修辞考虑的标志。正如波梅兰茨(Pomerantz, 1984b, p.159)所言："人们对事件有不同的故事版本和/或不同的利益诉求时，往往会给出自身观点依据的事实。"简单而言，在没有东西可争论的时候，是不需要建构事实的。事实建构并不是修辞的对立面，而是修辞的一个特征。我在记者对新闻发布会的报道里清楚地看到这一点：是在劳森质疑他们的说法之后，记者们才开始提供生动的、充满细节的事实描述，如上文中节选段落所示，同样，迪安对其与尼克松谈话的事实描述也是如此。

需要强调的第二点是我们在分析迪安和劳森材料时反复强调的，也就是，故事版本被建构起来发挥修辞功能。在这个案例中，护士 B(她想拒绝接收这个病人)在建构很多细节来强调这个病人的不利条件。例如，她表述了病人的年轻(第 15—16行)、病人伤势的永久性(第 38—39 行)。护士 A 表达了不同的观点，她强调病人预后乐观，以此来否定 B 的说法。这不是一个认知上抽象的事件，也不是一个对现成的事件理解或记忆的表述,相反,这是一种提出要求和(暗中)拒绝的活动序列的一部分。

第三点和第四点聚焦责任解释问题。首先,我们注意到这是一个建构出来展现事件参与者聚焦责任解释的故事。这个故事涉及责任归结的问题,例如,它把病人伤情的严重性归咎于她的家属,因为他们延误了治疗(第36、38—39行)。然而,随着这个层面上的责任解释在故事中发展出来,它不可避免地与更深层面的责任解释联系在一起(这就是第四点)。这与说话者本身的责任解释有关。关于病人家属延误治疗及其对伤情的影响的故事为护士B提供了依据,以便拒绝接收这个病人。在责备病人家属的过程中,她的故事建构了伤势的严重性,为她拒绝接收这个病人提供了基础。也就是说,她对故事中责任解释的处理是她为拒绝接收这个病人,用以建构自身责任解释的方式。

谈话中的参与者(讲述者)的责任解释与谈话参与者的责任解释之间的密切关系在第四章描述的那些归因研究中被忽略了。归因研究者将注意放在人们对责任和过错的辨认上,没有考虑这样的辨认如果在谈话中展示会不可避免地与过错和责任追究问题相关联。简言之,过往研究缺失的是对归因谈话完成的归因任务的理解。这将是下一章的内容。

第六章

世界建构与自我建构

至此,我们已经揭示话语方法的优点在于它认为描述的导向是行动和责任解释的,同时也指出未能从理论上说明行动与责任解释之间的关系给心理学研究造成的一些困难。我们重新分析了记忆研究中的一些问题,分析了这些说法是以什么方式在什么时间建构起来的,也重新处理了与归因理论相关的难题,分析了通过故事版本的管理来归结责任和协商对错的道德问题。我们认为,话语研究并非理解个人内在生活的一种通道,无论是认知过程、动机还是其他心理活动,心理问题是在话语自身中建构和组织的。

话语模型的特征之一是打破了心理学的传统学科边界。对所发生事件的叙述(话语记忆)的语境化建构被理解为与指责和责任(因果归因)的问题有关,而且是不可避免的相关。我们并不会因为这一方法更具实用性或更符合逻辑(尽管这些是话语方法的显著优点)而打算重新绘制心理学的地图。我们的意思是,话语的参与者并不尊重这些传统的边界。

把这些心理学领域连接起来后,我们从非专业话语组织不同说法的方式中得到启发。我们将在本章拓展这一观点,并向大家展示同样的问题也与自我和人格问题相关。这已经不是一个新鲜话题,但我们更倾向于将自我和人格视为对以往事件的归因叙述的核心特征。实际上,尽管所谓的特征归因一直是传统归因理论的一个关注焦点(例如,Jones & Davis, 1965),通常与缘起归因(见 Howard & Allen, 1989)有明显区别,但在这里,我们应该看到,有关自我和身份的故事被建构成事实并嵌入人们的实践活动与互动中。我们将展示这些问题与事件的事实性故事建构(记忆),以及我们传统上所理解的归因——发生了什么和为什么——有着内在关联。我们在第二章和第三章对此作了专门的分析,指出对行动主体(迪安和劳森)的人格或性格的话语建构被用来解释他们事件报道中的"错误"。在这一章,我们将对此作更深入的探讨,比较"角色"描述与"特质"描述在完成不同的归因叙述方面有怎样的差异和修辞功能。

身份的事实性话语和文本

在心理学领域,"自我"理解的重新概念化开始已久。其中有一个重要观点来自符号学和后结构主义视角(例如,Barthes, 1974; Henriques et al., 1984; Hollway, 1989; Sampson, 1983, 1988),另外一个理论来自语言哲学、民族方法论和对话分

第六章
世界建构与自我建构

析理论指导下的话语分析方法（例如，Coulter，1979，1989；Davies & Harré，1990；Halkowski，1990；Harré，1983；Widdicomb & Wooffitt，1992）。这两种理论，尽管采取的方式不同，但都已把视线从传统的现实主义观点上移开，不再将自我话语看成对内在实体或多或少的描述，而开始考虑特定形式的自我话语在什么活动中才可能产生，一个主体如何在说话或写作的特定场合中被建构起来（Gergen & Davis，1985；Potter & Wetherell，1987；Shotter & Gergen，1989；Wetherell，1986）。

从当前的目标出发，我们将努力提取出一个主题：心理学研究（人格特质和人本主义的自我）和社会学研究（角色）中人的核心模式可以被理解为叙事特征（Potter et al.，1984；Wetherell，1986；Wetherell & Potter，1989）。换句话说，它们可以被理解为人格建构的不同方式，在话语上可以为不同的叙述或不同的解释工作提供可能性。

以特质理论为例。人在特质理论中被理解为"诚实的灵魂"（Trilling，1974），他们仅仅是各种特质的总和，他们和自身的性格特点是一体的，没有可以区分的身份。在文学建构中，他们就好像理想的配角，提供一个稳定的反衬，促进主角通过一种人类心理学上的痛苦或自我发现来展现与自己角色的疏离或者发展自己的潜能。也就是说，小说中叙述出来的角色是建构稳定而复杂并能产生特定效应的故事的源泉。

叙述出来的人物在很大程度上似乎为人们在日常话语中建

构自己的社会世界提供了一系列可能性。例如,在一项对1981年新西兰抗议南非跳羚队来访游行中警察暴力行为的研究中,韦瑟雷尔和波特分析了调停过程中的人物叙述方式(Potter & Wetherell, 1987; Wetherell & Potter, 1989)。这一研究发现,特定特质或性格描述可以使警察的行为看起来是人类在类似情境中的自然、普遍的特征,使外界批评显得不合理;此外,角色描述可以用来划分制定政策的高级警官(这些政策催生暴力)与那些执行命令的基层警官之间的区别,这同样削弱了对警察的批评,把矛头转向他们的上司和政治家。

总体上,描述人的具体语言是一种行为资源。它们与特定的人格理论、类型或精神观念,如动机等现实性问题无关,我们可以研究它们在话语中的使用(Coulter, 1989)。我们可以探究自我与他人的特定话语建构如何被用来稳固和营造事实性表象,特别是那些他们自己参与组织的当前活动描述。

免责的动机

在本章,我们将通过1989年10月26日英国大臣劳森辞职的材料来阐述对自我话语的理解。我们选择这份材料的理由总体上与第三章导言部分所说的一样,需要补充的是,大多数读者对这一事件的行动主体撒切尔和劳森比较熟悉。更重要的是,这份材料提供了一个探究不同版本故事处理过程的平台,在这个平台上,我们能看到动机和事件的建构可以作为互动结果来

第六章
世界建构与自我建构

研究。到目前为止,我们一直侧重于报纸的报道,这类报道必然具备修辞组织的特性,而且能彼此参照,但并不具有对话交流中的轮转(turn-by-turn)逻辑。议会辩论包含这一元素,但受到"说话者必须扣住重点"这一规则的制约。有关更具互动性的材料的研究让我们看到,故事在一系列轮流发言中铺展和彼此削弱的过程。

本章我们将进一步阐释话语心理学的分析方法,特别是这一方法对真实互动顺序细节的关注。正如我们在前言中所述,心理学一直以来都将抽象概括作为研究基础:从行为具体特征中概括出一般的规则或过程。这当然与基于自然研究的心理学传统模式,以及广泛采用的费舍统计学方法及其产生的因果关系的假设密切相关。话语心理学的关键特征在于,它以话语的具体过程分析为基础,目的是从其已达成的目标角度解释每一个过程。我们探究的是修辞建构的细节。由此产生的概括,诸如描述和推论的行动导向、修辞组织、责任解释等(在第七章中有更系统的阐述)都与这一细节密切相关。

具体而言,我们关注的焦点是大臣辞职动机的建构,当然,这不能与其他一系列因素完全割裂开来。我们应该审视有关动机的不同版本的说法,以及与动机相关的其他说法,并分析不同版本的故事是如何被固化成事实的,以及这些不同版本的故事分别服务于什么目的。

辞职前,劳森已在这个职位上工作了6年,是战后英国大臣中在职时间最长的。尽管一些报纸曾经报道劳森没有担任首相的野心(这是顺理成章的晋升),他将来准备出任伦敦城里一个高薪金融职位(最终他的确这么做了),但在人们看来,这位大臣的辞职还是有点出人意料,而且令执政的保守党,特别是首相玛格丽特·撒切尔十分难堪。随着辞职事件的逐渐明朗,一个重要问题浮出了水面:首相的私人顾问,阿兰·沃尔特斯爵士(Sir Alan Walters),一位在众多场合声称自己在重大经济政策问题上为首相出谋划策的人,与劳森大臣关系不和(见专栏6-1)。大臣在他的辞职信,以及辞职后的第一次议会演讲中提到了沃尔特斯的所作所为。

专栏 6-1 谁是布莱恩·沃顿和艾伦·沃尔特斯爵士

布莱恩·沃顿

　　布莱恩·沃顿(Brian Walden)是一位极具魅力的人。但是如果把他放进演播室,与那些游移不定、闪烁其词、不了解或不熟悉真相的政治家坐在一起,那他就是一头老虎。除了唐宁街10号的住户,没有一个人能在沃顿面前蒙混过关。当我们的领导走进来面对他时,都会以礼相待。当然,有些人偶尔会很恼火,有些人索性避而不见。

　　沃顿,前工党议员,一向很注意保持自身立场的中立。

　　……在访谈中,如果他发现对面的人明显不打算回答问题,就会想出法子旁敲侧击!"我们可以用曲线球来试试吗?"沃顿说,他是个板球爱好者。"我们可以假装不在意,然后趁其没有防备攻破他的防线吗?总归有办法做到的。"

(续)

……他的收入足以支撑撒切尔夫人和半个内阁。
["沃顿……你电视上的老虎",《电视时代》(*TV Times*),1990年9月29日—1990年10月5日]

艾伦·沃尔特斯爵士

沃尔特斯一贯不引人注意,这使得他的固执己见十分出人意料。和撒切尔夫人一样,他从不轻言放弃。他的棱角并没有在唐宁街的10年沉浮中被磨掉。一开始,他有一种天真的魅力,但在长期担任幕僚的虚荣心中,这份魅力也衰减了。

令人震惊的是,那篇对政府造成重击的文章充满了自负和自我意识的匮乏。(《每日电讯报》,1989年10月27日)

"天真而傲慢"看上去是个自相矛盾的说法,但粘在艾伦·沃尔特斯爵士身上就像醉汉的胳膊。

他和撒切尔夫人一直惺惺相惜,直到昨晚(沃尔特斯紧随劳森之后也辞职了)。他是不折不扣的"自己人",她最得意的武士……她钦佩他简单明了的经济观点,从不模棱两可、故弄玄虚,总是令她听得两眼放光。

本周,尼尔·金诺克(Neil Kinnock)对他的外貌描写颇为贴切,他就像一个"刚刚接受圣职的特拉普派修士"。

一个天真得令人不安的人。[《独立日报》(*Daily Telegraph*),1989年10月27日]

[大臣]的继任者……庆幸自己再也不用对付这个位高权重的家伙了。(《卫报》,1989年11月6日)

在最后一个分析中,任何有关自我的社会心理学形象……都不可避免地取决于日常生活中我们用来理解自己和他人行为的语言实践。(Potter & Wetherell, 1987, p.95)

132　　辞职发生在星期四,首相已经准备在周日给英国电视首席访谈节目主持人沃顿50分钟时间作访谈(见专栏6-1)。在这次访谈中,话题焦点是辞职事件(而且特别讨论了沃尔特斯的角色问题)及其产生的影响,它与政府经济问题处理的关系,以及首相具有争议的内阁(政府内部核心成员)管理方式。这次对撒切尔夫人的访谈为我们提供了一个平台来探究事实性话语,特别是有关人以及动机一类的"内在状态"的事实性话语如何在互动中得到处理。

在分析这些材料之前,最后还有一点需要说明。尽管我们在这里处理的是两个个体的谈话记录,但我们并不认为这些谈话是撒切尔和沃顿的独特创造。不同于后结构主义和解构主义所认为的谈话的形式寄生于既有的意义理解形式而弱化个人作用的观点,我们的观点更为实际,撒切尔的回答和沃顿的提问毫无疑问不是由一个人创造出来的。众所周知,政治访谈中发表的言论是预先准备好的,法庭上更是如此。然而,我们关注的是这些言论作为社会互动的组成部分如何建构和发挥作用,换言之,这些言论为何以这样的形式出现是另一类研究关心的问题。

我们将从分析首相访谈中最初的对话入手,其中包含沃顿在有效对话顺序前后的访谈结构设置,他向首相提的第一个问题以及首相对这个问题的回答(说话者名字后面的数字代表访谈开始后的说话顺序。)

第六章
世界建构与自我建构

有效对话顺序前

沃顿 1: 奈杰尔·劳森大臣的突然辞职使首相陷入其执政以来最严重的政治危机(.)这还使她面临一个全方位的经济危机(.)她能否处理这些政治和经济问题(.)首相今天来到了现场,就在我旁边。

Walden 1: Nigel Lawson's shock resignation from the Chancellorship has plunged the Prime Minister (.) into the most serious political crisis of her career (.) it has also confronted her with a full-scale economic crisis (.) can she resolve (.) her political and economic prob↑lems (.) the Prime Minister is with me here today

有效对话顺序

沃顿 1: 首相,很多人,包括很多你的支持者认为你对奈杰尔·劳森的辞职负有责任(.)呃,这是他写的(.2)亲爱的玛格丽特,经济政策的实施要想成功(.)只有在首相和财政大臣之间达成全面共识并有目共睹(.)的条件下才有可能(.)最近发生的一些事证明(.)只要艾伦·沃尔特斯仍然担任你的私人经济顾问(.)这一根本条件没法得到满足。我很遗憾地认为,出于对政府最大利益的考虑,我必须辞职(.)以免导致更多无谓的纷扰(.4)首相(.2)现在你如何回↑::应(.)这样的指责(.)可能对你自身和你的政府而言都至关重要,所以我想问(.)你是否对奈杰尔·劳森的辞职负有责任(.)。

Walden 1: Prime Ministe: r many people including many of your own supporters <u>b</u>lame you for theresignation of Nigel Lawson from the Chancellorship and he blames you (.) .hh er this is what he wrote (.2) dear Margaret, the successful conduct of economic policy is <u>p</u>ossible (.) only if there is and is <u>seen</u> to be (.) full agreement between the Prime Minister and the Chancellor of the Exchequer (.) .hh recent events have confirmed (.) that this <u>essential</u> requirement <u>cannot</u> be satisfied (.) so long as Alan Walters remains your personal economic adviser (.) I have therefore re<u>gret</u>fully concluded that it is in the best interests of the government for me to resign my <u>o</u>ffice (.) without further ado (.4) <u>n</u>ow Prime Minister (.2) how you res↑po:: nd (.) to this claim of <u>b</u>lame (.) may be of <u>crucial</u> significance for you personally and to your government so I put it to you (.) are you to blame for Nigel Lawson's resignation (.)

撒切尔 1: 嗯,我们一起共事的六年中<u>非常</u>和睦(.)对英国而言也<u>十分</u>有益(.),我想结果非常清楚(.)嗯,对我而言,大臣的地位是<u>不可撼动</u>的。我<u>一</u>向支持他而且非常清楚地表达过(.)<u>顾问</u>是提建议的(.)<u>大臣</u>是作决定的(.)这就是我们做事的方式(.)而且我们做得<u>非常</u>成功。嗯,我努力劝说大臣不要辞职(.2)但他心意已决(.)最后我只好接受了他的辞呈,任命了其他人。

Thatcher 1：well we have done <u>very</u> well together (.) for the last six years and <u>very</u> well for Britain (.) and I think the results are clear to see (.) .hh to me the Chancellor's position was <u>unassailable</u> (.) I <u>always</u> supported him and said quite clearly (.) ad<u>vis</u>ers are there to advise (.) <u>min</u>isters are there to decide (.) and that was the way we did business (.) and we did it <u>very</u> successfully .hh I tried very hard to dissuade the Chancellor from going (.2) .hh but he had made up his mind (.) .h and in the end I had to accept his resignation and appoint someone else.

找到辞职的责任人

让我们先看一下沃顿朗读的辞职信。这是一封典型的辞职信,信中对辞职作出解释,即表达辞职的原因或动机。信中表达的辞职原因是首相与大臣之间的关系因经济顾问沃尔特斯而出现了问题,然而,这些问题不仅仅涉及心理或人际关系,还对经济政策有直接的结构性影响。也就是说,劳森的辞职信具有角色施动者的叙事特征。这一角色的动机不同于人本主义的自我或个人特质,不是心理层面的,而是嵌在角色的要求中。大臣有责任制定有效的经济政策并支持政府。如果不能履行这些职责,这个角色就无法扮演,辞职就是可以理解的,而且要付诸行动。

我们在第五章提到,在理解事实性话语时,最好在头脑中保留两个基本问题:一个是建构(这个说法是怎样建构成看似有事实性,而且与作者本身无关的),另一个是功能(这一特定说法所要达到的目的是什么)。让我们从第二部分开始。正如我们指出的,大臣使用的角色话语提供了一种解释,说明什么是具有破坏性的,会导致政局不稳的潜在行为。然而,并不是任一行为解释都能在大臣所处的道德或政治舞台上发挥作用。

例如,为了一个薪资更高的工作辞职也许可以理解,但很难获得称许。同样,凭借一个"个人"心理上的理由,将他的行为建构成出于发展个人潜力需要(厌倦、新的挑战、练习新技能)的特征叙述,而无视对自己所承担的职务和国家责任也很难自圆其说。说出于某种冲突或个性与职业不匹配同样不可取。大臣将自己建构成一个服从角色的故事人物,提供了一个负责任的动机,他的行为因此被看作"正确的事",恰当而正确(而不是小气、不值得、可以避免或太过草率)。

其中的艺术所在,是劳森提供了一个事件的故事版本来支

第六章
世界建构与自我建构

持其服从角色的理由,而且使得这个理由看上去是个事实而且是"外在的",独立于他本人及其意愿与考虑。这一话语中至少有三个元素催生了这一效果。

第一,角色话语本身并不足以提供动机解释,但归因话语可以。它将相关动机置于大臣以外的情境特征中——信里所说的辞职动机并不让人觉得劳森在编造事实或夸大其词;实际上,这使他的行为看起来是无私的。这个效果在我们熟悉的辞职信结构使用中得到了强化——"我很遗憾地认为,为了政府的利益我必须辞职"。他自己的个人意愿(或利益)与工作职责形成了反差,个人的动机和角色的动机被放在对立的立场上,产生了修辞的功效。实际上,他的故事版本不仅看上去与己无关,甚至是与其利益相违背的。我们看到的,正如我们在迪安的材料和劳森在新闻发布会有争议的材料中看到的,风险、利益或动机对事实的建构至关重要。故事的讲述方式可以把它们建构成与说话者无关,或者更理想的是,与说话者的利益相反,又或者与说话者的利益有冲突,就像劳森辞职信中的那样。

第二种外化工具可以在这封辞职信运用的描述性语言风格中看到。

沃顿 1: 经济政策的实施要想成功(.)只有<u>在首相和财政大臣之间达成全面共识并有目共睹</u>(.)的条件下才有

可能(.)最近发生的一些事证明(.)只要艾伦·沃尔特斯仍然担任你的私人经济顾问(.)这一根本条件没法得到满足。

辞职信的第一部分（如沃顿所读）在形式上是非个人化的。这个世界存在着一种法则式的关系，而"最近发生的一些事""证明"了这一事实，不需要任何人来解释、掌控或命令。这种"实证主义"的话语形式常常出现在科学家的学术演讲和研究论文中，这类文本通常采用一致的术语、语法风格、隐喻和比喻手法（Gilbert & Mulkay，1984；McKinlay & Potter，1987；Myers，1990）。这一形式的话语的典型做法，与大臣辞职信中采用的方式相似，即把数据描述成独立于科学家的行为，其功能是"确证"和"得出结论"。

出现在这封信中的第三种外化工具是我们所说的"论证修辞"（参看 Antaki & Leudar，1990；Potter & Wetherell，1988）。事件被建构成近乎三段论的形式，如果有且只有 p，就会发生 q，没有 p 就不可能发生 q。这一论点的真实性或有效性在抽象层面上偏离了我们的主题——我们关注的问题不在这一层面。正是这种形式的建构，仅仅因为其论证形式，就起到了修辞的效果。为结论提供支持的是非个人行为的逻辑，而不是人的动机推论（参看 McCloskey，1985；Potter et al.，1991；Rorty，1980）。

还有一个值得注意的特征助推了这一效果的产生。一种被

第六章
世界建构与自我建构

波梅兰茨(Pomerantz，1986)称为"极端案例建构"的方法强化了劳森的推论。政策只有在达成全面共识的根本条件下才能成功。通过运用各个维度上的极端条件，大臣的观点听上去斩钉截铁，不容置疑。再从修辞角度看，我们可以认为大臣的观点排除了不那么极端的表达所可能产生的其他机会，如"政策通常会在达成基本共识的有利条件下成功"。

总体上，我们认为辞职信可以被解读成为大臣的辞职提供了责任解释，并通过多种方式证明了其事实性。我们注意到有一些策略助推了这一效果的产生。在此需要强调的是，我们对责任解释和证据的分析侧重于话语建构和功能导向。我们并不是要分析这些过程的"成功"或"效果"。实际上，如果从修辞的角度看，这些看似谨慎、能引起认同的"成功"或"效果"是有问题的。

在这一点上，我们对话语心理学的分析方法作一个概括性评价可能会对大家有所帮助。到目前为止，我们将大臣的辞职信作为一个独立的文件进行了讨论。然而，我们说过，这仅仅是一个复杂争议的一部分。话语分析方法的好处在于，将焦点放在复杂问题的一个元素上——在这个案例中是大臣的动机——借此探究这一点是如何以不同的方式在不同的文本中建构起来的。我们已经在其他地方讨论过研究不同版本说法的总体价值(Potter & Mulkay，1985；Potter & Wetherell，1987；Wetherell & Potter，1988)。在处理这份材料时，它体现出两个最主要的优势。

首先，针对不同版本说法的记录驳斥了记忆和归因研究中常见的简单的现实主义解释。记忆和归因研究认为话语结构依据其描述的事件和行为的特点而形成。尽管贯穿本书始终的话语模型提供了良好而充分的理论依据来反对这样的观点，但这种不同版本说法的案例仍能特别形象、完整地揭示问题所在。

其次，也是在当前文本中更有用的一点，即不同版本的比较可以帮助我们看到它们的修辞组织。这些版本往往不是根据事件和行为本身而设计的，更重要的是它们与不同故事版本之间的关系，以及它们贬低或挫败对手的版本的能力（Billig，1988a）。因此，到目前为止，我们在分析辞职信时，部分地考虑了潜在的责任解释问题，这在任何这类行为中都会出现。着重分析这封信的意义在于，从某一方面看，这是一系列事件中最早出现的文件。不过，我们更需要关注的是，大臣的辞职信如何在这个充满不同说法的争议中被设计出来。考虑到访谈中用以设计这封辞职信的特定方法，这一点非常重要。

提出和驳回指责

访谈者对这封信的处理有两个值得一提的非常典型的特征，而且彼此之间还有一些矛盾。第一，他使用了劳森的信作为"立足点"（参看 Goffman，1981；Levinson，1988；见专栏 2-1）。也就是说，尽管沃顿是戈夫曼所称的信件的"生命赋予

第六章
世界建构与自我建构

者"(他读出信的内容),但他并不想被理解为信件的创作者或是其观点的源头。通过这种方式,访谈者符合了电视采访的中立要求(Clayman,1988,1992;Heritage et al.,1988)——他是一个代为发声的人,而不是利益相关的一方。

第二,尽管采访者沃顿运用了直接的方式表现自己的中立,但他仍然给这封信加上了一层很强烈的注释。尽管信件本身没有公开且明确地指责首相,沃顿仍然毫不含糊地在读这封信之前和之后表达了指责的意思。而且,他朗读的部分只是信中为指责撒切尔提供依据的部分,省略了信件中截然不同的结尾部分。

> 我极为感谢您给我机会为政府效劳,特别是在过去六年半中担任大臣的职位。我为我们共同取得的成就而自豪。离职后作为后座议员,我一定继续支持政府。(《每日电讯报》,1989年10月27日)

这里,我们可以看到沃顿致力于双重任务,一方面表现出中立,另一方面一直在寻找和提出可能引发冲突的观点。他把首相的第一次发言设计成一种对指责的回应,但这个指责并不是来源于他自己。

首相的回应中也包含一系列元素,它们以不同的方式处理指责。她建构了一个强调以往长期且良好的关系的说法,因此,尽管她没有否定当前的争议(这在讨论一个有争议的,被说成其执政以来最大危机的辞职事件时是非常难做到的),但她把争议放到了次要的位置上。她把自己的心理特征建构为,希望他留下而不是希望他离开;驳斥了可能引发的原因推测:她希望大臣辞职所以致使他辞职,或者大臣的离开是因为她不重视他的建议。

尽管存在这种耐人寻味的复杂性,但对我们而言最有趣的是,首相也使用了角色话语,说"顾问是提建议的,大臣是作决定的",以此来暗示大臣辞职的动机。这是一个在此次争议中非常重要的说法:首相至少在六个不同的场合重复过这句话,而且她在议会辩论中也使用了这一说法,两次都是在辞职信公开以后立刻出现的,后来在至少五个不同的场合又出现过。

第三,我们从建构和功能的角度来分析。我们先来看功能。首先,这与大臣的说法形成了反差。在大臣的表述中,事件主体的行为就其角色或类别而言完全恰当,他的辞职是角色要求的。在这种情况下,首相的发言要去除,至少要弱化大臣所说的角色为本的辞职动机。其次,首相的发言里含有应激反应性元素(Garfinkel, 1967; Heritage, 1984)。通过对大臣的说法进行回击,撒切尔夫人含蓄地指出他的说法在一定程度上误解或违背了不证自明的道理。她通过声明不是 X,暗指大臣认为是 X。因此,首相反应性地将劳森的辞职描述成违背了常识或绝对真理的行为。

第六章
世界建构与自我建构

这里还有另一个相关元素。首相可以被看作陷入一个修辞困境中(参看 Billig et al., 1988)。在这样的争议中针对大臣的指责(这是访谈者的说法)为自己辩护，必须小心组织驳斥指责的语言。因为大臣与首相本人的关系非常亲密，首相任命他担任大臣并在自己任期的大部分时间里都支持他。对大臣判断或能力的批评很容易转变成对首相判断力的批评。首相强调彼此之间长期且成功的关系可以视为其致力于处理这一问题的手段。

此外，值得注意的是，首相没有明确指出大臣辞职的动机，也没有直接用自己的说法取代大臣的说法。然而，通过系统削弱大臣的说法，首相至少指出除大臣明确提出的理由外，还可能存在别的，不那么冠冕堂皇的原因。还有一点或许也值得注意，那就是，大臣当时还没有在议会中就辞职作出发言，而且他将在下一周接受同一节目的采访。也就是说，首相很清楚大臣有两次绝好的机会对她作出的任何强烈且明确的指责进行毁灭性反击。

在事实建构方面，首相在访谈开始时作出的回应与我们本章至此所讨论的相当不同。有一个方法是从修辞角度来分析事实建构。作为论点的一部分，事实的建构越有效，观点就越难驳斥或削弱。我们已经在第五章看到特定类型细节的引入会使得观点不堪一击，例如，为反驳某个观点而提供受利益驱使和涉嫌共谋的细节。倒过来看，这就意味着含糊的说法在有些情况下反倒难以驳斥。实际上，这就是德鲁和霍尔特(Drew & Holt, 1989)有关习语的观点。这样的表述特别经得住挑战是因为它们具有比喻性或程式化的特征。

"顾问是提建议的，大臣是作决定的。"这样的表述与习语相似，具有抽象的、格言式的特征。对于这句话如何在这个具有争议的事件中被应用并没有准确的指向，因此不会引起针对它的使用不当的指责。它的现在时态可以被理解为一个正确做法的声明或者一个通用的准则，让人不知从哪里下手来提出批评。此外，这句话实际上是同义反复，作为"大臣"这类在职官员，"作决定"是常见的行为类型，而"提建议"是划归"顾问"类别的行为(参看Jayyusi, 1984; Potter & Halliday, 1990)。

建构一个更值得批评的动机

在结束这一段的分析之前，还有一个特点需要说明。我们已经简要地说过，"我努力劝说大臣不要离职，但他心意已决。最后我只好接受了他的辞呈，任命了其他人"，这段话表明了首相对大臣的积极态度。然而，还有一个有趣的元素。首相已经弱化了大臣辞职动机的角色解释，这对他"心意已决"的性质提出了新的疑问：他辞职的真正动机是什么？撒切尔言语中表现出她竭力劝说了很久，如果这样的劝说都不奏效，那么可能就存在另一种"心理"动机。人们通常认为不听劝的人往往"教条主义""感情用事"或"心胸狭隘"。我们不是说这段对话表达了一

第六章
世界建构与自我建构

种很强的心理学解释,但至少这段话符合这一意图,从修辞上透露了这种可能性。

首相在后面的访谈中所说的话比这一段要强烈得多:

撒切尔6:不知什么缘故,奈杰尔去意已定。

撒切尔12:很显然他<u>已经</u>下定了决心。我已经<u>无力</u>劝说他(.4)很显然,呃,这只是(.)一个我必须接受的生活现实。

Thatcher 6: somehow Nigel had made up his mind that he was going.

Thatcher 12: it was quite clear that he <u>had</u> made up his mind • hh and there was <u>nothing</u> I could do to dissuade him (.4) quite clear (.2) er it was that was just (.) a fact of life and I had to accept it.

这里,"不知什么缘故"暗示了大臣的决定有不便为外人道的原因,一些私人的甚至有些牵强的原因,而不是理性的、可以解释的理由。实际上,大臣为自己的离职提供了详细具体且经过深思熟虑的理由,而首相对大臣决定离职没有明确描述,二者之间形成了鲜明对比,这一效果被放大了。

第二段给人一种印象,即大臣的决定建立在一项预先就有的承诺上,是劝说所不能撼动的。而且,尽管原因不便明说,但从大臣的行为上看这是很明显的("很显然",客观存在)。在此重申一下,我们不想过度解读这些段落。我们的意图是指出撒切尔夫人的话语中有些元素,尽管不强烈或不明显,但还是把注意转到了大臣的心理上。此外,这是她可以指责大臣但又不引起人们对其判断力产生怀疑的地方,如果批评的是大臣的政策或能力就不可避免地会引火烧身。

我们可以看到,在议会论辩中发表了演讲和接受了沃顿的采访后,针对劳森的指责越来越明显。下面一个段落摘选自劳森—沃顿访谈两天后的常规"首相问答时间",首相撒切尔在此回答反对党领袖(金诺克先生)的提问。金诺克指出,首相说不知道解雇她的经济顾问(艾伦·沃尔特斯)能否阻止大臣辞职是在撒谎。

金诺克先生: 当首相被问及大臣为何辞职时,她为什么不说实话?

首相: 如果我尊敬的朋友因政策原因想要辞职,我应该表示理解。政策是大臣关心的事。我完全不能理解在"大臣"这个要职上工作六年的人会因为人格问题辞职-[被打断]

议长先生: 肃静。

首相: 因人格问题辞职,而且如此突然和匆忙。……

我努力劝说我尊敬的朋友不要离开,但很显然他已经下定决心,而且当天就走了。(《英国议会记事录》,1989年10月31日,pp.831-832)

这段对话中同样有一些微妙的元素。其中最主要的一点是,比起之前的访谈,撒切尔此时的言语中指责的意味明显多了。当然,"人格"可以用来指代很多事情。然而,在这个语境中,它是针对大臣说自己是因为沃尔特斯顾问这一不稳定因素,出于职责考虑而辞职的说法,言下之意是他可能与沃尔特斯在人格方面合不来,或者他认为沃尔特斯对他的职位和信誉构成了威胁,因此大臣要求解雇沃尔特斯是出于私人的、非原则性的动机。我们可以注意一下,这一分析是在撒切尔提出"人格"这个词后,反对党席位上立即爆发的喧闹声中进行的。和前面一样,撒切尔话语中的含糊其词和缺乏细节仍可以被看作设计出来制造修辞效果。暗示相比于明确的声明,更不容易遭到驳斥。

自我取决于世界

到目前为止,我们已经讨论了一些如何通过建构自我的故事来进行特定解释的方法。具体而言,我们分析了劳森如何在角色叙事中完成自己的解释,并在紧急事件语境中被拉来扯去。从归因角度说,这将其辞职的原因排除在了心理范畴之外,更笼统地说，是在他所能控制的范畴之外；如果他要正确履行自己的职责，唯一的选择就是辞职。与此同时，我们也分析了撒切尔的叙述建构方式。她最初采取的是一种含蓄的、闪烁其词的方式，在劳森公开宣布辞职之后，她的话语越来越明确和坚定。撒切尔不同的说法削弱了劳森的"情境化"说法，将辞职的原因归结为人际关系矛盾和职业竞争的"小题大做"。当然，在这里，修辞的力量不仅将责任推到劳森身上，更是将责任从撒切尔自己身上推开了。

维特根斯坦的语言哲学和民族方法论的新进展中有一个重要启示，即这类动机谈话中并不存在简单的内在参照，而是复杂语言游戏中的一项具有行动性声明意味的言语行为。米尔斯的著名格言"人们对自己行为给出的各种理由，本身并非没有理由"（Mills，1940，p.904），形象地表达了这一点。动机的支持或归因本身就是一个道德领域的行为。一个必然的推论是，单一的"第一人称"公开声明很难在这样的动机谈话中令人信服，它的逻辑取决于它在整个语言游戏中所处的位置。

从我们的例子看，不论是劳森所说的基于角色的动机，还是撒切尔所说的基于人格动力的动机，都不足以说服一个心存疑虑的听众。特别是，这些说话者需要以事件描述的形式对事件发生的情境进行叙述，这样一来，这些具体的心理归因才有可能合理并具有说服力。实际上，在劳森想来，建立起一个稳定的有说服力的说法对他自己和撒切尔都很有必要，他们都要为他的

第六章
世界建构与自我建构

行为背景提供一个可信的说法。简言之,要想建构他的心理状态,他们每个人都必须先建构一个他的世界。

尽管听起来简单,但这是一个怎么强调也不过分的观点,因为这是我们在心理学感知—认知传统研究中发现的很多问题的核心。它的作用正在于,打破原有的话语分类,对于有些话语,主要是看这些话语与假定存在的现实的关系,对于另一些归因的、坦白的或发现的话语,主要是看它们是否揭示了自我、动机和认知。问题是,在自然话语中,前一类话语可能以特定的方式被提出和设计,纯粹是为了得出关于其生活和认知的推论。而且,我们将要给大家展示的,反过来也是一样:不同世界的建立也可能取决于心理和动机的公开描述。

有关劳森辞职的争议主要通过事实建构或事件描述完成,都关系着对劳森的心理状态的推论(他的动机、意图、不妥协、理解)。让我们将注意投向撒切尔—沃顿访谈,来看看这一过程是如何完成的。我们已经看到,与劳森辞职动机相关的一个关键问题是,它是大臣与首相之间因沃尔特斯顾问而产生的明显矛盾所引起的经济和政治危机的原则问题,还是一个不那么重要的"个人"动机?

两种说法的可信度取决于辞职的实际情况——缺少对这些情况的中立记录;实际上,这样的记录是否存在还是个问题。因此,这里就产生了一个最关键的问题:发生了什么?实际情况是什么?在撒切尔—沃顿访谈中,我们可以看到各方都制造出暗含劳森动机推论的时间和情况描述，对于原因的解释，双方各执一词。下面的节选段落紧跟在撒切尔—沃顿访谈节目开头部分之后。

沃顿2： 让我们↑看一下他是怎么说：的，你看(.)他：在这里(.)声明(.)＞经济政策的实施要想成功(.)只有在首相和财政大臣之间达成全面共识并<u>有目共睹</u>的条件下才有可能＜・他说的是对的，是吗？

撒切尔2： 是・嗯。我赞同，他在财政部供职的六：年是成功的(.)非常成功，在他的领导下(.)英国的经济有了<u>长</u>足的进步・(.)我们一直合作，这些都是↑事实(沃顿：但是-)没有人会无视这一点，我们的合作是<u>极</u>为成功的。

沃顿3： 但是，首相，你没有说(.)极为成功可能存在也可能不存在(.)你没有说你与大臣之间意见完全一致，对↑吗？

撒切尔3： ・我说的是我<u>完</u>全支持大臣(.)当然，我们对问题会有讨论＞我们在内阁讨论，我们在经济委员会讨论。我们和<u>很</u>多顾问一起讨论＜财政部不是只有一个顾问，而是有很多顾问。我们有<u>很</u>多顾问，我们认真<u>推</u>敲一项政策，实施一项政策，在那个政策上，我们意见<u>完</u>全一致。(沃顿：撒-)完全一致，政策得到推行，政策的推行<u>非常</u>成功，成功很<u>重</u>要。

第六章
世界建构与自我建构

Walden 2: • tch let's ↑ look though at what he sa: ys you see (.) he: is making. the (.) claim (.) here (.) that (.) > successful conduct of economic policy is possible only if there is <u>seen</u> to be full agreement between the Prime Minister and the Chancellor of the Exchequer < • hh now he's right about that isn't he

Thatcher 2: yes • hh and I am right about the successful six ye: ars he's had in the Treasury (.) <u>very</u> successful the economy of Britain has made <u>g</u>reat strides under his Chancellorship • h (.) and we have worked together those are the ↑ facts (W: But y-) and no one can get round them • hh it has been ex<u>treme</u>ly successful

Walden 3: but you are not claiming Prime Minister (.) it may or may not have been extremely successful (.) but you are not claiming that there <u>was</u> seen to be full agreement between yourself and the Chancellor are ↑ you

Thatcher 3: • hhh I am claiming that I <u>fully</u> backed and supported the Chancellor (.) of course we discuss things > we discuss things in Cabinet we discuss things in the economic committee .hh we discuss things with <u>many</u> advisers < there is not only one adviser there are many advisers in the Treasury • hh we have <u>many</u>

211

advisers and we <u>hamm</u>ered out a policy and on that policy and on that policy we were <u>tot</u>ally agreed（W：Tch- ）totally and it was implemented and it was implemented <u>very</u> successfully and the success <u>matt</u>ers

沃顿开始了我们所说的回应追索（Pomerantz，1984c），他将撒切尔在第一轮中对责任问题的回答看作不充分回应。在第二轮回答中，撒切尔先象征性地简要表示她与大臣之间的一致性，继而重申经济上的成功的说法。再一次，沃顿继续追索责任问题，而这一次，他的问话似乎给撒切尔摆出两个选择：要么同意她与劳森之间观点不完全一致，要么否定。这样的话，撒切尔的说法就会直接与劳森辞职信中的核心观点矛盾，造成自我否定。

尽管看上去撒切尔处在一个进退维谷的境地，无论哪个选择都对她不利，但在第三轮发言中，她干脆利落地处理了这个问题。她既没有同意，也没有否定，她提出了一个说法来回应这个问题，但重新加工了它。她从讨论的角度提出了对意见不一致的新解释。讨论就可能涉及意见不一，这不是一种针锋相对，而是一种建设性的、合作性的过程。

如果这是一个基本的重新措辞，把"意见不一"换成"讨论"，这个例子就与德鲁庭审案例中的"和你坐在一起"替换成"坐在我们这桌"（见第二章）没什么区别了。然而，这里包含更多的修辞成分。首先，与劳森的争论不仅被界定成"讨论"而不是根本

第六章
世界建构与自我建构

分歧,而且它们还在一种详细的阐述中得到发挥。

当然,我们对问题会有讨论
(1) → ＞我们在内阁讨论
(2) →　我们在经济委员会讨论
(3) →　我们和很多顾问一起讨论＜

正如我们在第五章所述,这样的列举在劝说性话语中有一系列修辞作用。这里,这些列举似乎在暗示讨论始终存在于各类场合,具有常规性,没有什么不恰当的。而且,尽管撒切尔从来没这么说,这些列举也对"意见不一"的说法提出了一种可能的解释:这么多讨论,这么多不同的话题,很容易被误解为意见不一。

第二个值得一提的特征是,撒切尔强调了顾问的数量。

财政部不是只有一个顾问
而是有很多顾问
我们有很多顾问

这一反差用来降低沃尔特斯的分量,他只是众多顾问中的一个(对这类"数量化修辞"的阐述详见 Potter et al., 1991)。这进而削弱了劳森将辞职原因外化的说法。沃尔特斯被建构成一个不那么突出的因素(使用归因理论的术语,见第四章),因而不可能成为这次辞职事件的情境性原因。因此,我们被推回到劳森的心理上(主体归因)去寻求解释。但是,对一致性而言(见第五章),这里的独特性并不是仅仅被感知的世界的特征,而是事件在话语中的修辞建构和组织。

另一个值得关注的方面是撒切尔在回应中使用了一种词语形式来描述政策过程,以应对沃顿在上一轮讲话中制造的两难困境:

  撒切尔 3: 我们认真<u>推敲</u>一项政策

       在那个政策上

       在那个政策上我们意见<u>完全一致</u>

  沃顿 3: 撒-

  撒切尔 3: 完全一致

"认真推敲"一项政策很可能会引发争论,而且是激烈的争论。这意味着艰苦的协商过程和可能产生的争议。不过,这一过程的结果是一项大家都认同的政策。因此,这一说法允许不同意见存在,实际上,在政策制定的过程中,不同意见甚至是必要的,而且撒切尔这一说法的最终结果是大家取得了一致。请注意,"认真推敲"这个词是一个惯用俗语,因此不容易受到批判性的解构。因此,撒切尔在任何地方都没有明确表示对沃顿和劳森说法的认同或不认同,而是另辟蹊径,从他们的话语的一系列特征入手进行叙述,暗示一切都是常规工作,政府的运作过程中没有根本性的问题。这自然削弱了劳森基于角色的动机解释,其说法的基础正是他与撒切尔之间不可调和的矛盾。

(话语中的)世界是修辞建构的

我们已经展示心理现象(如信念和动机)的描述依赖于对世界的描述,我们可以开始看看这些说法的争议,尤其是这些争议中的细枝末节,是如何在社会和心理推论中作为论据发挥作用的。对表面上看起来是描述性话语的推论功能的探究促使我们回到描述性语言的细节、具体词句和顺序排列上。

下面的交流发生在访谈三分之一处,在此之前,撒切尔质疑了沃顿的观点——沃尔特斯撰写的颇具争议的文章或许导致大臣的辞职:"这件小事不可能导致这次辞职。"她建议不再讨论辞职本身,将注意放到更宽泛的经济问题上。沃顿回应道:

沃顿8: ＞嗯,首相,我当然想要问你这方面的问题,但让我们回过来谈谈艾伦·沃尔特斯教授＜你看,不仅仅是(.)最近发表的这篇他十八个月前写的文章(.2)大家都知道(.)而且你一定也知道(.)呃,艾伦·沃尔特斯教授在城里很活跃(.)他参加了不少午宴,他一直向记者们透露(.)自己对事情的看法,而且他一直表现出与劳↑森的不一致(.)劳森不会对一篇以前的文↓章耿耿于怀(.)他反对的是艾伦·沃尔特斯

话语心理学
Discursive Psychology

的所有行为(.)现在,会不会是这个情况?

撒切尔8： 很多在民事服务部门高层任职的人去城里吃午饭(.)他们必须保持联络,特别是经济部↑门的人,这根本不是什么新鲜事,但是,布莱↑恩,我不想卷入这些闲言碎语(.2)我有一个非常能干的顾问(.2)·奈杰尔也有非常能干的顾问,他们一起合作(.)艾伦和他的顾问们(.)我不打算牵扯进去(.2)有很多重要得多的事情要考虑(.)经济一直以来极为成功(.)我们创造了比以往更多的财富(.)比以往的影响面更宽(.)人们的生活水平,以及英国在海外的声誉都达到了前所未有的水平(.)这些都是独一无二的成就,我不打算纠缠于闲言碎语(.)我更关心的是继续把工作做好(.)和做我该做的事。

Walden 8： > well I want to ask you about that of course Prime Minister but let's come back to Professor Alan Walters< you see it isn't just (.) this article that he wrote eighteen months ago and that got recent publicity (.2) it's very well known (.) and you must know it (.) er that Professor Alan Walters has been going round the City (.) he's been attending lunches he's been giving journalists (.) his views on matters and he's been expressing disagreements with Law↑son (.) Lawson wouldn't just have ob<u>j</u>ected about an ancient art↓icle (.) what he objected to is the <u>whole</u> <u>basis</u> of Alan Walters' activities () now <u>isn't</u> <u>that</u> the <u>case</u>

Thalcher 8: • hhh many people in departments at the top of Civil Service departments <u>go</u> <u>out</u> and have lunches in the city (.) they have to keep in contact particularly if they are in <u>economic</u> depart↑ments that is <u>not</u> <u>unknown</u> <u>at all</u> but Bri↑an I am not going to get involved in this titte tattle (.2) I have had a very competent adviser (.2) • hh Nigel also had very competent advisers they worked together (.) Alan and his advisers (.) I am not going to get involved in this (.2) there are far bigger things to consider (.) the economy has been run extremely successfully (.) we have created more wealth than ever before (.) and spread it more widely than ever before (.) a standard of living that people have never <u>had</u> before and a reputation of Britain overseas (.) that is second to none <u>these</u> are the achievements and I am not concerned with the tittle tattle (.) I am concerned with getting on with the job (.) and that I shall do

这一段交流中有很多复杂的东西。让我们先看看沃顿的发言。这一次,他首先针对撒切尔要改换话题的建议作出拒绝,想要把讨论带回沃尔特斯和他的行为上。针对撒切尔对那篇文章的淡化(一件具体的小事),沃顿建构了一个相反的言论,指出沃尔特斯其他行为的实际重要性。这一反差(A/B)是修辞建构的,重点部分由一个三分列举的程式(F)构成。

(A) → 不仅仅是(.)最近发表的这篇他十八个月前写的文章

(.2)

(B) → 大家都知道(.)而且你一定也知道(.)呃

(F) → 艾伦·沃尔特斯教授在城里很活跃(.)

(1) → 他参加了不少午宴

(2) → 他一直向<u>记者们透露</u>(.)自己对事情的<u>看法</u>

(3) → 而且他一直表现出与劳↑森的不一致

沃顿在这里首先采用"大家都知道"这样一个暗含共识的术语作为开场来建构第二部分的反差。这一招很有效,因为它援引了广大的知情者,但没有透露具体的人,避免了可能带来的驳斥。紧接着的公式——"艾伦·沃尔特斯教授在城里很活跃"——暗示沃尔特斯一直在开展系统性的政治活动,这个印象通过下面列举出来的三项具体活动得到强化。这些为证明沃尔特斯是导致大臣辞职的关键而合理的原因提供了依据。我们可以看到,

第六章
世界建构与自我建构

沃顿仍然在追索撒切尔对他一开始提出的劳森辞职的责任归结的反应。

正如波梅兰茨(Pomerantz，1984c)提出的，追索一个回应可能是企图建立一个"共同基础"。这里，沃顿的说法可以被理解为企图建立一个认为沃尔特斯确实有问题的共同基础。这一轮发言最后又提出了另一个反差，即撒切尔所说的这篇特定文章与沃尔特斯整个行为之间的反差。这一次，这一反差是通过极端案例公式来强调的(A/B)，即"很久以前的"和"所有"(参看Pomerantz，1986)。

(A) → 劳森不会对一篇很久以前的文章↓耿耿于怀(.)

(B) → 他反对的是艾伦·沃尔特斯的所有行为

在这一点上，撒切尔面对的是一个解释了劳森辞职原因的基础，因此有可能将责任转移到她身上。这一说法可能给她造成了很大的论辩难度，因为她回答之前明显长长地吸了口气。接下来，我们将把目光投向撒切尔回答的两个特征，来结束本章对这次访谈的修辞建构的讨论。

撒切尔采用的第一个方法与她在之前第三轮讲话中使用的类似。她通过一种"照本宣科似的"形式建构了一个常规社交活动的说法(Schank & Abelson, 1977)。这里面可能含有一些潜在问题,但提出了对劳森动机的不同推论。具体而言,她选择了其中的一个行为——在城里吃饭——并赋予它一种例行公事的色彩:一个普遍且完全可以接受的行为,也是政府工作的必要部分。

> 很多在民事服务部门高层任职的人<u>去城里吃午饭</u>(.)他们必须保持联络,特别是<u>经济部</u>↑门的人,这<u>根本不是什么新鲜事</u>。

这一段的建构与法庭中被告的辩护词很相似。阿特金森和德鲁(Atkinson & Drew,1979)曾经指出,在法庭上,被告会反复处理两个问题:一方面,他们要提出责任解释来驳斥或削弱对方律师提出的指控;另一方面,他们要尽可能避免自己的说法之间存在矛盾,以及与控方律师说法之间存在矛盾。这里,撒切尔的说法既弱化了指责,又借助一种重新阐述的形式保持了沃顿的说法。她没有否定沃尔特斯在城里吃饭的说法,相反,她建构了对这一活动的不同理解:他不是在开展系统化的政治活动来反对劳森的经济观点,而是认真地履行其在经济部门的职责。角色建构再一次发挥了作用。

我们在此援引"脚本"理论又一次展示了话语心理学与认知心理学的差别。脚本再现是社会认知理论(Abelson,1976;Eiser,1986)和记忆研究(Bower et al.,1979;Cohen,1989;Schank,1982)中的突出特征。然而,我们不是将对沃尔特斯行

第六章
世界建构与自我建构

为的"脚本"描述视作撒切尔的内在心理表征,而是将它看作特定于情境的产物,一种用话语建构事件的方式,其目的是在一个涉及责任和指责的一连串过程中发挥归因作用。

此外,还要注意脚本结构与归因理论的关系,它们建构出一致性。政府顾问符合规定的常规行为由此成为一致性的行为,它们是这类主体普遍的行为,因此不需要从行为主体的内部对其作出特殊解释。这一段的几个用语细节("很多人""他们必须……""根本不是新鲜事")展现了常规脚本、共识建构与归因责任解释之间的关系。这不仅仅是常规,而且"根本不是新鲜事"的说法准确地反击并重新阐述了沃顿之前所说的"大家都知道"的关于沃尔特斯的见闻。"大家都知道"的沃尔特斯的行为(沃顿)实际上"根本不是新鲜事"(撒切尔),而是政府顾问符合角色期望的行为,是在履行自己的职责。

此外,这种对沃尔特斯的一致性建构(主要针对他"在城里很活跃"的解释)也是劳森所作的进一步建构的一部分。在劳森的说法里,沃尔特斯是导致他辞职的情境因素。在撒切尔的话语中,沃尔特斯的行为具有高度"普遍性",因此对劳森而言不具有"独特性"。这里重要的一点是,在归因理论中被当作事件或感知的去语境化表征的语句表达,可以被看作语境中的灵活、可建构的说法。沃尔特斯的行为及其与劳森的关系,既不是既有的存在,也不是他们用语言表达强加于人的。相反,语言将这些行为建构成基于修辞的一系列话语和反驳话语、特质和角色、过失和清白。

撒切尔的这段讲话与阿特金森和德鲁的材料在另一个方面也很相似,我们再看一下细节是如何处理的。他们注意到,被告经常会选择指控的一部分来为自己辩护,那些比较弱的,或者自己理由较充分的部分。在这里,我们看到撒切尔将焦点放在沃顿所说的沃尔特斯在城里很活跃的话题上,而忽略了说沃尔特斯与记者交流和公开表达不同意见的部分。

撒切尔回应的另一个特征在法庭上不怎么典型,却是政治和日常争论中十分常见的。这涉及在论辩中转换层面:不直接回应,回应被包裹在一种委婉的论点中,或者只针对某些特征作回应;说话者"超越了具体层面"(Simons,1989b;参看 Billig,1989a;Edwards,1989)。我们可以从下面的例子看到,撒切尔称沃顿对沃尔特斯的描述为"闲言碎语"(tittle tattle)。

[……]
布莱↑恩,我不想卷入这些闲言碎语
[……]
我不打算纠缠于闲言碎语(.)我更关心的是继续把工作做好(.)和做我该做的事

撒切尔第一次提到"闲言碎语"[《简明牛津词典》(*Concise*

第六章
世界建构与自我建构

Oxford Dictionary)的定义是"传言"],她停止争论事情的细节,试图削弱整个案例的合理性。将沃顿的描述称为"闲言碎语"发挥了好几个作用。这是一个消极的评价,暗指这个故事不可信,但并未直截了当地说;传言常常被认为是不好的,但并不一定是假的,只是怀疑而已。这使得对方很难直接反驳。此外,我们曾反复说过,这是一个带有习语性质的说法,因此具有一种修辞优势。最后,它为撒切尔提供了充分的理由来转换话题,把焦点放到她的经济建树上。

在撒切尔最后一段话与之前想要建立一个共同基础但又重新解释的做法之间有一个有趣的矛盾。如果我们将这里的任务看成一个语用任务,这一矛盾就很容易理解。撒切尔对问题中隐含的批评的回应旨在抵消它们的指责性。阿特金森和德鲁(Atkinson & Drew, 1979)对法庭互动的研究也记录了类似的情况。

这毫无疑问标志着沃顿在几轮谈话中一直追索的特定争议的结束。然而,这为事实性叙事的修辞建构增加了错综复杂的味道。随着几轮谈话对责任问题的追索,几个不同版本的事实汇集起来。它们的重要性并不体现在其总体准确性上,而是在于它们在现场驳论的适应性(也许是旁听者的感知充分性),以及它们对劳森辞职动机的暗示。动机这个话题本身特别重要是因为它在目前的互动中暗含着对首相自身责任的追究。如果撒切尔能成功地指出沃顿从维护劳森的角度不依不饶地纠缠于

"闲言碎语",无视更重要的事情,访谈者沃顿的能力和中立性就会受到威胁。

角色、脸面和话语心理学

我们讨论话语心理学时,在好几个场合都遇到同样的反应,说我们使用新名词来指代心理学领域早已存在的理论视角,如自我表征或印象管理。这种说法的依据看似概括了一些普遍共有的特征。例如,二者都侧重两个人之间的互动过程,二者都强调人类行为的变化性;自我表征研究反复揭示人们根据不同社会情境中的紧急需要来调整自己的行为(Baumeister, 1982)。而且,话语心理学中强调的责任解释与戈夫曼(E. Goffman)如出一辙,戈夫曼毫无疑问是自我表征研究领域最著名的学者。

实际上,这里存在着一些复杂性,因为自我表征的理解方式在不同领域差异很大。在社会认知研究中(Tetlock & Manstead, 1985),作为符号互动主义理论的一部分时(Hewitt, 1979),作为戈夫曼社会生活理解概念系统的一部分时(Goffman, 1971),以及在侧重语言学的研究中,如布朗和莱文森(Brown & Levinson, 1987)对文化中普遍的礼貌观念的研究中,自我表征的含义不尽相同。我们无意梳理不同领域理论的共性和分歧,我们只想着重讲两个问题。

第一,脸面维护或者印象管理被理解成一个普遍性的行为

第六章
世界建构与自我建构

动机时,很容易成为一个完全空洞的概念。例如,我们可以理解一个记者在法庭上采用一种微妙的话语技巧来建构一个指控以作为她的自我表征;但这不能解释事件过程中的细节,在它解答问题的同时还会产生同样多的问题。第二,也是更重要的一点,我们不打算将自我表征作为人们如何行动的一个确定的版本或理论来使用,我们可以借助角色和脚本的概念来做同样的事情。也就是说,我们可以研究参与者自己采用这个概念的方式,以及他们借此在互动中完成的各种任务。

我们可以通过劳森辞职的另外一段材料来展示这一点。下面的节选段落来自劳森辞职几天后有关经济的议会辩论。一位工党后座议员借此机会批评了劳森和政府的政策。

艾伦: 一直有传言说,前财政大臣辞职是首相或者艾伦·沃尔特斯爵士的行为造成的。我并不这么认为。前财政大臣辞职的时候已经读过下一年的财政经济预报。一方面,这是作为掌握经济政策的大臣需要读的;另一方面,这可能使他成为他人政策的替罪羊。为秋季报告准备的财政部预报已经做好可以给大臣看了。不需要什么水晶球——他读了报表,然后想脱离困境。这份预报中的很大部分可能在夏天就已经完成:他需要的只是一个制造借口的机会——沃尔特斯——然后全身而退时尽可能保持政治荣誉。

这段节选的精彩之处在于，它通过一个复杂的自我表征，完成了对劳森和政府经济政策的指责。它将政府的经济政策界定为一个很可能毁掉劳森名誉的大灾难。因此，劳森想出一些理由来辞职，而且表面上看起来是出于原则问题而不是个人利益。实际上，这里存在着两层自我表征，因为劳森不仅让自己表现为出于原则问题辞职，而且撒切尔表征的事件中似乎主管经济的是劳森，但实际上是她。从语用角度看，这个表现与真实动机的双层划分使得说话者可以指责劳森自私自利，欺上瞒下，同时也可以指责撒切尔对大家认定的经济困境负有责任。这里的主要观点是，自我表征与角色的概念一样，具有相当大的灵活性，因为它区分了行为与动机，无论行为如何，潜在的不同动机和策略可以被描述出来。当事实与其表象不一致时，任何故事都是可能的(Potter，1987)。

这个例子再次点明了本章的主题——关于世界、关于心理和自我的说法以一种复杂的方式彼此依存。说话者对劳森动机的建构是他对经济问题建构的一部分，经济问题一定是严重到了一定程度，以至于劳森竭力想要摆脱责任。同样，这样描述经济问题可以为劳森的辞职提供合理的解释。印象管理特征在这里不是作为分析者的解释策略使用的，而是作为参与者的类别，一种对劳森所作所为及其原因的建构，用以削弱劳森和撒切尔两人在此次事件中的说辞。

这一章还展示了处理两个基本问题时考虑事实性话语的重

第六章
世界建构与自我建构

要性。一方面,对特定行为的归因(这里是指责和逃避责任)是建构出来的。争论持续的时间越长,有关事实和背景的"报道"越多。这是我们意料之中的,因为波梅兰茨曾指出,给一项声明提供依据就意味着有争议而不是和谐。提供证据是一个基于情景的现象,在需要的时候才出现,并根据情况进行建构。此外,正如我们在第四章所述,对这些相关问题的事实报道的建构正是传统心理学研究所忽略的特征(Edwards & Potter, 1992b)。另一方面,建构起来的事实话语看起来是事实性的,能经得起修辞的挑战。在本章和前面各章,我们展示了可以用来建构故事的"确实存在性"(out-there-ness)的不同种类的材料,或者用拉图尔(Latour, 1987)的话说,通过一系列修饰将一个说法推来挡去。

第七章
话语心理学

到目前为止，心理学领域进行的很多话语导向的研究和理论都是围绕着现有的理论概念、视角或分析手段的评价而组织起来的。这样的做法有很大的益处，可以体现出这类研究与心理学所关心的问题之间的关系，以免这类工作被边缘化成仅仅与语言学或社会学等学科相关的研究。然而，这样做的一个副作用是，它导致话语研究过分局限于心理学的传统学科范畴。实际上，话语研究的理论延续性并不总是很清晰，有时候，它仅仅被理解为一种用来处理传统研究问题的不同分析策略，采用这种策略的大多是那些特别重视20世纪70年代对传统心理学方法的批评的学者（例如，Armisteadm，1974；Brenner et al.，1985；Gergen，1978；Harré，1979）。

本书中，我们也将传统心理学视角的记忆和归因研究作为我们的起点。记忆和归因研究总体上是认知心理学和社会心理学视角的代表。然而，我们关心的是通过探讨这些视角的局限性，开发出一种与之不同的一贯的话语取向的方法，一种我们称

第七章
话语心理学

之为"话语心理学"的新视角,来表明一个事实——这是一个心理学领域的可行的视角,而不仅仅是一种实证研究分析模型。

在最后这一章,我们将着重概括话语心理学有别于传统记忆和归因概念的特征。这不是对话语心理学的完整阐释。例如,本章不包含我们在其他地方详细阐述的一些理论和批评问题(Billig,1991;Billig et al.,1988;Wetherell et al.,1987;Wetherell & Potter,1992)。总而言之,这一章旨在把本书中以及其他论著中讨论过的重要主题和概念整合起来,并梳理出它们之间的关系。为了强调话语心理学日益凸显的连贯性,我们已将此命名为"话语行动模型"(discursive action model,DAM),但读者们需要注意的是,这不是心理学普遍意义上的模型,而是可以理解为一个概念图式(见专栏7-1),用于捕捉参与者话语行为中我们认为重要的一些特征,并展现它们之间的关系。这些特征并不是独立的,尽管有些可以成为研究的焦点。

话语行动模型包含行动、事实与利益、责任解释三个部分,每个部分包含三个要素。我们先将这些基本要素粗略地列举出来,然后再结合前几章以及其他话语取向的研究中使用过的案例详细阐述其中的一些细节。

话语行动模型
行动
1. 焦点在行动(action)上,而不是认知上。

2. 记忆和归因在操作层面上是报告(和说法、描述、表述、故事版本等),以及在此基础上可能产生的推论。

3. 报告行为是特定于系列活动情境的,如那些涉及拒绝邀请、指责和辩护的行为。

事实与利益

4. 存在一个涉及风险或利益(interest)的困境,处理方式是通过报告来进行归因。

5. 因此,通过各种话语技巧将报告建构/表现成事实(fact)。

6. 报告是修辞组织起来的,目的是削弱其他说法。

责任解释

7. 报告要处理所报道事件中的动因和责任解释(accountability)问题。

8. 报告要处理当前说话者的行为的责任解释,包括报告行为本身包含的责任解释。

9. 上述两者关注的对象往往是相关的,例如,7 可能是 8 的铺垫,8 也可能是 7 的铺垫。

专栏 7-1　话语行动模型

德里克(Derek)：可恶！(DAM)
乔纳森(Jonathan)：怎么了?
德里克：不是,我在说话语行动模型。大家会说这不是一个

（续）

像样的模型。我的意思是，它没法告诉你事情是怎么运行的，它不够具体。

乔纳森： 你是说这不是一个心理过程模型？你是这个意思，对吗？

德里克： 啊，是啊。但是为什么这么命名呢？这会让大家都不痛快。认知主义者会反对，因为它不能揭示具体的心理过程，甚至一系列行为。话语和建构主义者也不会喜欢这个模型，因为他们不喜欢任何模型，而且他们觉得我们把这个叫作模型，太有失水准了。

乔纳森： 好吧，也许我们可以说这是一个更高水平上的模型。不是一个过程模型，不管是什么，它由一系列高阶原理构成，引导着心理学家关注日常报告和解释的重要特征，这可能给一系列低阶的、实际场合下更具体的研究模型提供一个基础。

德里克： 它不是很具体，是不是？

乔纳森： 为什么我们一定要很具体？

德里克： 这是我们修辞的问题，我们想要说服谁，避免得罪谁。我们可以只把它叫作"给话语研究的一系列原则和建议……"

乔纳森： 缩写成"SOPARFDE"？

德里克： 嗯，这不如"DAM"好记。"DAM"是一个很好的"TLA"。

乔纳森： 什么是"TLA"……哦，对。三个单词的缩略语（Three Letter Acronym）。

德里克： 如果我们把这个会引起反对的情况看作优点会怎么样？它会把大家的注意引到认知和修辞问题上来，引到对话语和行为的不同解释上来。

(续)

> **乔纳森：** 这还差不多。而且不管怎么样，它不仅仅是研究建议，对不对？它的确在努力探究参与者而不是分析者正在做的事。
>
> **德里克：** 我们可能有点异想天开，但我们可以说它的文本形式本身，也就是这个所谓的模型，这个上口的缩略名称，也在提醒我们注意建构性和描述的修辞，以及任何解释性话语都具有的论辩特征。
>
> **乔纳森：** "DAM"这个三字缩略语。
>
> **德里克：** "QED"（证明完毕）。

行动

话语行动模型是一个行动模型，不是一个认知模型。它不同于认知心理学和社会心理学以感知和认知为基础的方式。正如我们在第一章所说，传统的记忆和归因是从感知衍生出来的认知现象。也就是说，它们是作为心理变量、心理表征和心理过程来理解的。话语心理学总体上关注的是个人或群体的行为：交流、互动、争论，以及这些行为在不同情境中的组织。

这种重新定位体现在理论和操作两个层面上。从理论角度讲，它的设计是用来减轻认知主义中一些简化的、个人化的趋势，转而采用一种更功能化的、自然主义的方法来处理传统问题。因此，这个起点是对记忆究竟是什么的好奇。记忆在日常环境中究竟是什么，以及日常生活中责任归结的性质和角色是

第七章
话语心理学

什么？这一理论上的重新定位会引出一个完全不同的现象分析理论基础。用这种方式研究自然的互动迫使研究者直面话语：通过谈话、文本和各种形式的书面表达完成的行动。在话语中，记忆和回顾可以被理解成为"发生了什么"提供报告，表达说法，组织故事，描述和分析。同理，归因也可被理解为这些报告提供的关于因果关系的明确表达和结论，或者是从这些话语组织中可以得到的结论。

在日常生活中，这些话语行为并不是孤立产生的，而是作为一系列行动的一部分。通常，这些系列行为涉及个人之间或群体之间的问题，如指责、责任、奖励、赞美、邀请等。我们认为，这些系列行为恰恰是人类生活的主要内容。这也正是个人话语行为构成这些系列活动的意义所在。因此，话语心理学的一个核心研究对象就是作为系列行动组成部分的话语行动。

本书各章阐述的各种分析展示了这一视角的改变。以我们对奈塞尔所做的迪安的记忆研究的再分析为例，我们没有沿用奈塞尔的生态认知主义，将迪安的证词作为渠道来了解那个允许他准确记忆的认知过程的特点，相反，我们把迪安的证词，以及椭圆形办公室发生的事情的各种版本的报告，作为发生在涉及指责、责任和责任推卸的更大行动系列中的部分话语行动来看待。也就是说，我们通过分析它们如何在当时的系列行动中发挥作用——用词选择、表达风格等——努力探究迪安的报告的性质的意义，当然，最重要的是，赢得"同情"他的检查者的支持和消除"敌视"他的检查者的指责,从而减轻自身罪责。

其他话语研究也提出了类似的论点,开始重新分析认知主义的概念,并以置于话语和修辞背景中的行动分析取而代之。这类研究中最突出的,主要集中于对态度和信念的观念研究(Billig, 1987, 1991; Potter & Wetherell, 1987, 1988; Smith, 1987),分类和图式化(Billig, 1985, 1987; Condor, 1988; Edwards, 1991; Potter & Wetherell, 1987; Widdicomb & Wooffitt, 1990, 1992),社会再表征(Billig, 1988b, 1992b; Litton & Potter, 1985; McKinlay et al., 1992; Potter & Litton, 1985; Potter & Wetherell, 1987),对话记忆(Edwards & Middleton, 1986a, 1986b, 1987, 1988; Goodwin, 1987),以及儿童的概念学习(Edwards & Mercer, 1987; Walkerdine, 1988)。总体上,这些研究的内在一致性和成果为侧重行动的话语研究提供了非常坚实的基础。

当然,我们知道记忆与归因的认知心理学也认同,人们在报告事件或在谈话中归结原因时,不只是简单地呈现他们对事件或原因的真实表征。问题在于,我们怎么处理这样的情况。在认知方法中,大家认识到人们可能撒谎、扭曲或错误解读他们真正认为或了解的,这正是实验设计要排除或控制的干扰部分,或者这些部分被当作变量来研究其影响。此外,我们可以说,无论人们说什么,他们一定有一些潜在的认知机制来处理各种版本的说法和推论。话语行动模型不是设计来否认各种认知组织的,而是对特定潜在认知机制传统定义的主要假设和过程提出了疑问。

主要的问题是对语言的处理,语言被剔除了语境,接受了一定的净化,通过语言可以看见稳定的、潜在的对事件的表征。由此产生的疑问是:真实的、潜在的知识和推理是根据什么确立的?话语心理学认为,如果现在的心理结构是被要求的,那么它们一定是那些允许人们在谈话中完成所有这些社会行动,完成所有这些特定于情境和场合的故事创造、修辞和责任解释的结构,而不是指人们抽象地"真实思考"的内容(Edwards,1992b)。对情境化话语的研究重新界定和定位了语言与理解之间的关系,认为作为表征(无论是认知的还是现实的表征)的语言从属于作为行动的语言。

事实与利益

一个被记忆和归因研究清除殆尽的日常生活的普遍特征是参与者的风险或利益的核心地位。我们在第六章中强调过,提出动机解释或人们说话模式的不是我们这些理论家。对风险或利益的关注是话语的内容和组织的特征之一。人们将彼此,更多时候将不同的群体,看作有欲望和动机、隶属于特定机构的、怀有偏见的实体,他们在自己的报告和归因推论中表现出对这些方面的关心。任何人在报告曾经发生的事情的时候,或者在组织一大段讲话想要把责任归咎于某个人或某一类人时,他们也承担着被别人反驳的风险,以及存在利害关系的后果。赖斯-戴维斯的反诘("他一定会那么说,是不是?"——见专栏5-2)就暗藏着这样的考虑。因为他们的话语展现出这些问题,所以参与者应该被视为处于一种具有风险或利害关系的两难境地:如何创造出一个说法来维护自己的利益而又不被驳斥是从个人利益角度出发的。

这个困境可以通过各种方法来处理。然而,我们在本书中详细阐述的方法是分析这些困境如何通过不同版本的报告得到处理。也就是说,人们可以通过提供一个表面上看起来没有利益偏向的事实性报告让他人领会其中的结果或暗示,从而直接或间接地完成归因行为,如指责。就在这一点上,我们把传统上割裂开的记忆和归因研究汇集到了一起。因为完成报告(记忆)成为完成责任归结、责任推脱和其他责任相关问题(归因)的主要途径。这把我们的注意引向记忆的不同特征,从核心能力到认知心理学,这同时暗示大量的归因研究过分注重呈现无利害关系的明确责任,忽略了一个具有重要意义的社会活动层面。

尽管本书的分析思路的主线聚焦于一系列的政治话语,但我们认为法庭也能为研究记忆和归因话语提供丰富的资源;法庭上的论辩归根结底是通过建构发生了什么的报告来确立有责和无责。在话语行动模型中,我们可以看到这样的谈话是出于归因问题来组织的,通常借助报告或解释。例如,沃森(Watson,1983)曾经展示,从群体类别角度描述主人公(白人、非裔姐妹等)包含了间接的归因和动机功能。虽然没有明显偏离真相或准确性,它运用描述类别建立起一种杀人是代表整个群体的利益的解释,因而减轻了行动主体的个人责任,使之有别于一个纯粹出于个人动机的谋杀。沃克(Wowk,1984)的研究发现了更不易察觉的间接的归因。他分析了一个谋杀者对其受害者在受到攻击前的行为和话语的描述,其中暗示了相关的群体类别(一个妓女过来侮辱了他),企图通过暗指受害者自己挑衅、滋事和并非没有过错来开脱杀人的罪责。它通过把行动主体融合到杀人犯和受害者的社会互动中来展开解释(参看Drew,1990;Wooffitt,1990)。

另一个采用间接工具进行责任归结的例子是我们在第六章讨论的,即通过角色和特征讨论,基于角色的行为或者符合特定个性类型的行为是在话语中作为归因解释组织起来的。在一项对激烈的政治抗议的分析中,韦瑟雷尔和波特(Whetherell & Potter,1989)发现警察暴力的借口和责任推脱是通过使用个性与角色话语建构起来的。

> 我认为警察的行为是对的,他们只是人。如果他们挥舞警棍不小心打破了某个人的头,我相信这只是一种人的行为。
>
> ……从某种意义上说,他们没有什么选择……他们得完成他们的任务……很多人忘记了这一点。(Whetherell &

Potter, 1989, pp.213 - 215)

在第一个例子中,警察的行为被建构为自然的、只是人的行为,因此是可以谅解的——任何人在这种情况下都有可能这么做。在第二个例子中,这是一种可以用来推卸责任的角色行为:他们不是一般的个体,而是警察,在合法地执行命令(另见Halkowski,1990)。这种群体成员类别的建构,无论是普遍性的(只是人),还是具体的角色描述(完成他们的任务),都是完成重要归因任务的间接手段。在这些案例中,正如我们在其他材料中讨论的(第五章和第六章),一种新的归因一致性解释被建构出来,用于减轻对所描述行为的责任。不仅这些行为被描述成由不同主体实施或可能实施的行为,其中还包含着对特定角色的这些行为常规化的解释,从而强化了"一致性"效应,减轻了个体行为主体的责任。

运用报告进行推论的特点之一在于,只要报告被当作事实得到接受,或者具有一种很难反驳或削弱的修辞组织,就可以成功地处理利害关系困境。实际上,从分析角度看,被接受和难以反驳常常是一回事。本书的主题之一是揭示在事实报告被当作简单描述来看待,并通过与某些中立的、单一的现实之间的对比来区分对错时,有多少重要的东西被忽略了。我们认为它们是社会性的成就:事实性报告的事实性通过各种话语工具被建构出来。但从传统归因角度看,事实报告被建构成外在于行为主

第七章
话语心理学

体的"外部"世界特征的表征,而不是行为主体自己的欲望或忧虑的反应。

事实性报告的研究本身在社会研究中就是一个重要的领域,本书只是将其作为一个主题进行了讨论。然而,将这一研究的主要发现稍作简要概括还是很有用的。下面我们将列举我们探究过的事实建构的主要技巧,顺序基本按照它们在本书出现的先后次序排列。

类别赋予(category entitlement)。很多时候,特定报告的真实性是通过对说话者的类别赋予来证明的,属于特定类别——官方的或非官方的——的人被认为具有特定的知识或者特定的认识论技能(Jayyusi,1984;参看 Sacks,1972a,1974,1979)。例如,灰狗汽车站的保安队长会被看作紧急事件处理的信息枢纽,是因为人们相信他知道什么时候出现了骚乱,而"非官方"的报警者则可能受到质疑,被追问他们是怎么知道的(Whalen & Zimmerman,1990)。这一工具在本书的案例分析中多次出现,类别身份并不是别人给予的,而常常是说话者自己建构的。在第二章,迪安强调自己的记忆力好,是在努力赋予自己"记忆超群者"的称号,而第三章和第五章里的报纸记者被不同程度地定义为在记录事实方面有特殊技能的人("10 名训练有素的速记记者")或可能歪曲事实的利益相关人士("所以二流御用文人的笔记本上只有一些潦草的概括……")。

生动描述(vivid description)。在语境细节和事件上非常丰富的生动描述可以用来制造一种感知再体验的印象，同时可能暗指说话者有一种特殊的观察技能（参看 Tannen，1989）。这可以用来包装一些具有争议的或有问题的事件。我们在第二章迪安的报告中看到："你知道在总统书桌旁边有两张椅子……海德尔曼先生坐在左边的椅子上……"在第五章中，我们看到一名记者的描述："劳森先生坐在角落的一张扶手椅上，从旁边的窗户可以望见唐宁街 11 号的花园。新闻秘书约翰·吉夫先生站在门口。"有些所谓的"直接引用"，看上去好像是逐字逐句的回忆（第二章），也能起到同样的作用（参看 Wooffitt，1992）。

叙事（narrative）。这与技巧和生动描述密切相关，但这里包含人们期待的或需要的事件发生的特定叙事顺序，因此报告的合理性可以得到加强。除了增强报告的合理性，叙事还能建构一种推诿的语境（Bogen & Lynch，1989；本书第二章）。这是一种解释的形式，文学领域的研究者对这个制造特定真实性效应的工具进行了深入研究（如，Barthes，1974；Rimon-Kenan，1983），不过在社会科学领域将其作为验证工具的研究还不多（仍可见 Atkinson，1990；Gergen，1988；Jackson，1988）。在第五章，我们探讨了记者们为证明他们在新闻发布会上的说法而提供的一些叙事。在第六章，关于劳森辞职动机的不同说法中，有一部分也是通过叙事建构起来的。叙事提供了一个将记忆与归因，或将事件描述与原因归结融合起来的有用的话语机会，在这些叙事中，事件一般会根据其原因、意图和合理性的顺序关系得到重新组织（参看 Edwards & Middleton，1986a）。

系统性模糊（systematic vagueness）。这是一个与生动描述和叙事相反的修辞策略。它表明丰富细节可以作为证据，但也可能引发驳论。含糊笼统的说法有可能成为理解的障碍，却同时为具体的推论提供了必要的基础。在第六章，撒切尔对大臣和顾问角色的程式性描述就是一个例子；同样，劳森（第五章）指责记者的报道是"胡编乱造"，这一习语式的表达（另见 Drew & Holt，1989；Edwards & Potter，1992a）也是如此。

实证主义解释（empirical accounting）。这是一种话语风格或技能，在科学谈话和书面交流中最为常见。它关注现象本身，因此要么完全删除观察者，要么将观察者视为被动的接受者。在这样的话语中，事实被强加于人类行动主体，行动主体完全是次要角色（Gilbert & Mulkay，1984；McKinlay & Potter，1987；Mulkay，1985），有点类似于感知者"捡起了"环境提供的某些"信息"（Gibson，1966）。日常实证主义解释的特征出现在记者的详细叙事中（第五章）和劳森的辞职信里（第六章）。

论证的修辞（rhetoric of argument）。以一种逻辑的、三段论的形式或其他著名的论证类型来建构声明，能使其看起来外化于发言者或作者。这种形式除了具有大家公认的有效性，还可以被视为强化理性色彩的一系列修辞。劳森的辞职信就是采用这种形式建构的。这种类型的工具在话语涉及特定归因推论（如责任追究）时格外重要，因为它们表现出这些推论是事件或行为本身驱使的,而不是说话者本人的意愿(见 Billig,1987;Potter & Wetherell,1988;Wetherell & Potter,1992)。

极端案例表述(extreme case formulations)。波梅兰茨(Pomerantz,1986)研究了如何通过基于判断层面的极端情况来优化"极端案例表述"在报告或故事建构中的有效性。如果用"每个人都有枪"这样的极端表述来描述某一居民区的情况,就使得"说话者自己有枪"成了一个完全符合常态的事情。这种建构故事元素的方法十分常见——可以说,人们总是在用这个方法。它们频繁地出现在前几章我们所讨论的例子中,但我们没有特别标注。这种方法也经常与其他方法结合使用。例如,在劳森的辞职信里和"每个人都有枪"这个例子里都能看到极端案例表述和一致性解释是被结合起来使用的。

共识与共谋(consensus and corroboration)。在第五章,我们详细阐述了用于证明事实性的一个主要手段就是将其描述成一个众多目击者都同意的故事,或者多名独立观察者都认同的说法(另见 Potter & Edwards,1990)。史密斯(Smith,1978)有关精神疾病原因解释的经典研究发现,解释的有效性一定程度上取决于多名独立证人对病程起点的一致认同。有时候,一致性和常规性是混合使用的,如劳森说"任何财政大臣都可能处在完全相同的处境",就是结合了在职官员这一类别的人的行为的适当性(常规性)和所有在职官员都会认同(一致性)的用法,而二者又都包含在一个极端案例表述中。

第七章
话语心理学

列举和对比(lists and contrasts)。政治演讲的研究发现，列举和对比具有很好的修辞效应(Atkinson，1984；Heritage & Greatbatch，1986)。然而，杰斐逊(Jefferson，1990)强调了列举，特别是三分列举，在被用于建构描述时可以使其看上去全面而具代表性(另见 Drew，1990；Pinch & Clark，1986；Wooffitt，1991)。我们可以在第五章和第六章看到这类例子。在后一个例子中(页边码 144 页)，三分列举和对比结合起来使用，形成了一个"事实性"的说法来反驳一个具有威胁性，但本身的表述缺乏说服力或有问题的不同说法(另见 Eglin，1979；Mulkay，1985；Pomerantz，1988/1989；Potter，1987，1988a；Smith，1978)。在第六章，对比的使用是为了展示归因理论中所说的"独特性信息"。

正是列举暗含的这种"全面和代表性"促使我们作出下面的申明。我们列举的这九种用于建构事实性的、外在于行为主体的说法的手段并没有囊括本书讨论的材料中包含的所有方法，而且还有很多方法出现在其他研究中(Potter et al.，1991；Woolgar，1988a)。然而，这个列表展现了最主要的几种有效工具，可以让大家体会到事实性效果能通过不同方式获得。在实际操作中，这些手段并非如书中展示的那样各自分离。此外，我们用列举的方式展示这些工具和解释技巧并不是说这些方法就能保证言论被当作事实来看待。实际上，人们非常善于解构并削弱这些策略。前几章的各种分析中已展现出话语过程的顽强和创造性。还需注意的是,这些方法中的一些或多或少会引发标准化的回应。例如,我们看到生动的描述或叙事容易成为批评者的把柄,多名观察者的一致说法可能被指责为共谋。就话语行动模型而言,我们需要注意大多数工具涉及关乎说话者利益的说法和暗示,它们用来建构不含利益倾向或出于外因限制的话语,避免说话者被指责存在利益取向而遭到驳斥。

到这里,我们要引出话语行动模型在事实与利益层面的最后一个元素,即报告是通过修辞设计出来的观点。这一观点强调了有关事实建构的两个密切相关的特征。第一,它们出现在对话、争论和冲突的语境中。第二,它们被设计用来驳斥不同的说法,同时阻止(现实中或潜在的)对方将自己的说法斥责为虚假、片面或利益驱动的。这种最基本的话语形式引导着我们去研究争议各方组织起来的针锋相对的说法,这类争议常以外显的、程式化的方式出现在法庭和听证会上。

以下面的伊朗—反政府组织听证会为例,诺思(North)上校遭委员会委员尼尔兹(Nields)先生质询,询问的内容有关他在人们来查看此案文件之前所做的事。

尼尔兹: =你在他们到达之前把文件粉碎了。

诺斯: 我更愿意说,我那天粉碎了文件,和我平常其他时候做的一样,但是(0.5)可能<u>强度</u>要大一些,(.)<u>这样</u>更<u>确切</u>。(Halkowski,1990,p.570)

Nields：= And you shredded documents before they got there.

North：I would prefer to say that I shredded documents that day like I did on all other days, but (0.5) perhaps with increased intensity, (.) that is correct.

这里我们可以看到记忆和归因的问题联合出现在修辞的层面。尼尔兹和诺斯都建构了过去的故事（记忆），它们并不直接矛盾，但它们为诺斯是否有罪这个问题提供了截然不同的推论（归因）。尼尔兹的叙述非常简短，只包含文件被粉碎及其时机的事实，有效地提供了粉碎文件的唯一推论——文件里一定有诺斯不愿意调查者看到的内容。诺斯的重新叙述并未否认尼尔兹所说的具体细节，只是选择了更宽泛的、更不容易受到指控的时间框架——"那天"而不是"他们来之前"——而且提供了更多信息说明粉碎文件的事情"平常其他时候"也会发生，从而有效弱化了那一次特定的粉碎文件的行为与官员到来之间的因果关系。从归因角度看，它控制了独特性，试图通过减弱它来消除可能不利的推论。在尼尔兹和诺斯的描述中，对事情的具体细节的表述都是修辞设计出来的，但他们的做法都暗含不同的动机和责任解释。

需要强调的是，修辞设计的说法并不仅限于面对面的谈话，也不仅限于伊朗—反政府组织听证会这样的对抗性语境。社会生活中充满了各种争论和利益之争，从个人之间的小范围到结构性的大范围，都可以看到修辞导向的方式建构出来的故事。例如，比利希等人（Billig，1991；Billig et al.，1988）曾指出，态度的表达经常被心理学家和民意调查者看作个体对问题的内在个人立场的抽象表现，实际上，它是修辞组织出来的，以应对各种可能的选择。再来看一个机构性更强的层面上的例子。大量有关科学知识的社会学研究显示，很多被普遍视为准确、中立的关于自然的表征，是组织建构出来驳斥不同的理论和主张的（Collins，1985；Gilbert & Mulkay，1984；Pinch，1986；Woolgar，1988a）。这意味着科学真理的问题，相对于客观真实世界，描述的可参考性无法从其本质的修辞过程中分离出来。

责任解释

说话者报告事件时一般都要处理行为主体和责任的问题。大多数记忆研究即便涉及这些问题，也只是间接地处理，而这些问题是归因理论的核心。然而，这两类研究都不关注的细节是更深层次的责任解释问题：说话者或作者的责任解释。在自然环境中，正如民族方法论学家和其他学者详细阐述的那样，报告的作者对其报告的真实性和任何可能产生的互动后果负有责任。此外，既然报告是系列行为的一部分——我们的研究的最核心主题就是这一点——那么，它们极有可能与这些行为的责任解释有关。

第七章
话语心理学

例如,一份发挥了部分指责功能的报告必须能引发对这一行为责任解释的审核。对于指责这一行为本身,人们会审视它是否偏颇或者出于何种居心,或者通过别的所谓"事实"的故事来比对,看它是否合理。然而,这些只是破坏指责行为可信性的方式的大致类别。话语心理学的分析任务是看这种责任解释如何在特定语境中被建构和维护,以及不同类型的行为如何提出不同的责任解释问题(Watson & Sharrock,1991)。

我们在前几章的分析中已反复阐述责任解释的重要性,如"水门事件""伊朗门事件"和"撒切尔—劳森门事件"的数据,以及我们对对话的研究。例如,这在两名护士关于一个动脉瘤破裂的病人的谈话中表现得尤为突出(Pomerantz,1984c;见本书第五章)。然而,有趣的是,为数不多的一个探究开放式自然对话中归因问题并试图将对话本身看作系列行为而不是归因行动概要的心理学研究,也得出同样的观点。伯利森(Burleson,1986)分析了两名初级助教关于一名考试不及格学生的讨论,展示出说话者在探讨学生多次考试不及格的动机时一直在搜索各种归因信息(如一贯性和一致性的信息)。从潜在的认知协方差分析模型(ANOVA 模型)来看,这段谈话被视为他们对这一事件思考的对话性结果。对我们而言,有意义的是,伯利森在解释材料时,完全是从谈话主题的行为主体(学生)的责任角度出发的。被忽略的是,恰恰是话语行动模型鼓励我们关注当前说话者的责任解释:他们在建构事件的责任解释时如何处理自己的责任解释问题?下面这一部分选自教师对话的笔录。

> **唐**(Don):她——你知道,我给了小测验——复习材料。期中考试之前的测验卷她都有,期中考试里有些考题就是从小测验里直接挑选出来的,与小测验一模一样。
>
> **鲍勃**(Bob):你的确复习了这些小测验,对吧?
>
> **唐**:哦,是,我的确复习了。但那些与小测验里一模一样的题目,她还是做错了。
>
> **唐**:[停顿]我简直不知道怎么帮助她。我简直——我知道退选课程的时间已经过了,我只是想——
>
> **鲍勃**:——她自己知道考试不及格吗?
>
> **唐**:不知道。
>
> **鲍勃**:哦……你可真倒霉,伙计。你打算怎么对她说?
>
> **唐**:我就直接说"你又不及格了。没别的法子了。我打算让你退出这门课"。我不知道该怎么办。(Burleson, 1986, p.82)

这段内容不适合用于评估责任解释和师生关系的系统研究,要做这样的研究我们需要收集各种其他材料,如其他关于学生考试不及格的讨论和其他初级助教之间的对话。不管怎样,这段对话清楚地显示出说话者在处理自己的责任解释问题,例如,鲍勃说"你可真倒霉"(而不是"她真倒霉,考试不及格"),唐

第七章
话语心理学

说"我不知道该怎么办"。这些对话的焦点是学生不及格是否因教师（他们）教得不好，或者别人是否会以为教师（他们）未公平对待她。众所周知，这些是新手教师惯有的担忧。具体而言，唐是不是没有预先提醒学生考试日期？未能履行必需的步骤可能会被看作一个具体的责任解释问题。总而言之，这两位助教建构了一个包含归因信息的故事版本，很显然，这个故事指向的是个人原因（她考试不及格，如唐后来所说，是因为"她就是太笨了"），这样做，他们为自身免责提供了一个解释，这个说法可以用来应对可能出现的学生投诉或者来自督导的怀疑。再一次强调，我们这些观点不是针对伯利森，而是针对任何将话语作为认知渠道对待，不关注事实建构和责任解释问题的研究。

我们将责任解释分为两个层面——在事件中的责任解释和当前说话者的责任解释——我们认为，当前的心理学研究最不关注的后者，在很多情况下恰恰是最重要的。很多时候，当我们提供一个故事版本作为依据对事件、情境和人进行行为主体和责任的归因时，最关注的是那些与当前说话者的责任解释密切相关的内容。实际上，很多日常报告是报告者自己参与的事件，或至少是他们明显感兴趣的事件，因此责任解释的问题实际上就是他们自己的问题。迪安报告的白宫里发生的事情和诺斯报告的粉碎文件的事情，都是他们当时面临的谈判的一部分，目的是建构自己或他人的无辜或罪责，以及证词的真实性。劳森和记者提出不同的说法，后来又重新描述新闻发布会上发生的事情,为的是展现谁犯了错;他和撒切尔两人各自陈述导致其辞职的具体原因,为的是展现谁做得对。当然,这类责任解释问题在法庭和政治争议中已相对格式化,但是非正式的类似问题也是大多数闲谈、轶事、个人故事和争论的核心成分。

很显然,报告中行动主体和事件责任解释的建构可以用来解释当前说话者的责任。不过,这个过程反过来也成立:对自身责任问题的处理也暗含报告中人物和事件的责任解释。例如,撒切尔在电视访谈中表达了她对劳森辞职的遗憾不仅仅具有当前意义,还暗示观众应该如何理解之前发生的事情,特别是劳森辞职是出于自身的一些动机,而不是她迫使或者希望的。而且,在实际生活中,在很多情境里,一个关于过去事件的复杂报告和对当前问题的各种声明,都可以被用来解释说话者的责任。

话语行动模型的最后一个特征让我们看到立足点的重要性(Goffman,1979;Levinson,1988;见专栏2-1)。立足点强调了一个说法所依据的基础:是来源于直接经验和参与,还是基于可靠的目击者的证词,还是一个不涉及利益牵扯的争议信息的传递,等等。立足点在责任解释上有着重要作用。在报告事件的互动过程中,包括说话者和听众的归因问题在内,可以通过对所报道事件和归因问题的处理间接得到完成。反过来,建立立足点,或者个人在事件报道真实性上的责任解释,有助于证明自己在所报道事件中是举足轻重还是毫无干系(如第六章中沃顿的材料,见专栏 6-1)。

我们在写这一章的时候,一个案例浮现在脑海。1991 年 2 月,海湾战争中美军和多国部队轰炸巴格达造成贫民伤亡引发的争议沸沸扬扬。下面的记录选自一段广播节目,节目的内容与一起导致 300 人丧生的事件有关,争议的焦点是多国部队究竟是否知情,以及该承担多大责任。注意中立的立足点和指责如何通过三种不同的描述对同一实体,即惨案发生地点进行话语处理。

> 西班牙和意大利表示对多国部队的轰炸战略保留意见(.)星期三多国部队袭击了
>
> (1) → 巴格达一座建筑物。
>
> (2) → 据伊拉克人说,这是一座民用建筑。
>
> (3) → 美方说这是一个军事燃料库。
>
> 伊拉克人说他们已经从废墟中找到两百八十多具尸体。
>
> 一名意大利外交部资深官员说不能再在平民区进行轰炸(.)在给布什总统的信中,西班牙首相菲利普·冈萨雷斯先生(Phillipe Gonzales)也呼吁停止对巴格达和其他城市的轰炸。
>
> [BBC 广播 4,《今日》(Today)节目,1991 年 2 月 14 日]

此处引用的两个描述反映了对轰炸行为罪责的不同观点:攻击

军事燃料库(3)在战争中是可接受的,但袭击民用建筑(2)是不可接受的。这段广播非常清楚地展示,这里不存在抽象的道德问题,这次袭击如何定性是关系到战争是否继续的关键而迫切的问题。新闻报道者采用"建筑"一词(1),在这个敏感的语境中表现出对两种归因的中立立场,由此避免承担任何一种可能的后果。同时,我们必须指出,这样的过程在我们试图建立中立的立场时也同样存在,我们选择使用"中立"的术语,结构、地点和实体就是例证。

既然我们已经阐述了模型的主要特点,有一个总的方面需要特别强调一下。这不能作为个体心理学的基础。话语心理学关心的是心理问题和过程如何在话语行为中建构,这些行为不能还原为个体心理学有两层意思。第一,正如我们在上文很多地方强调的,即使话语是一个特定的个体说的,这个说话者并不一定掌握对其话语的独立控制权。这样的例子可以从我们对新闻报道筛选和编辑的分析中找到,电视访谈可以事先准备稿子和预先计划,在很多方面是合作性和集体性的产品。在更深层次上,后结构主义者已经对这样的独立控制权概念提出了尖锐的批判(参看 Sampson, 1988)。

第二,当行为主体或实体的心理通过对话或文本建构,其结果并不一定与构成心理学基础的某个单一的研究对象相关。我们关注的是所有种类行为主体、亚行为主体和群体的建构。动机可以被归结为某种自我亚系统(我的一部分真的对你很生气),或一个基本上标准的个体(雪莉想要一个冰激凌),又或一个更大范围的群体(几十年来库尔特人一直想要自主权,家庭不完整的孩子在寻求安全感)。出于这些原因,我们要避开某一个体为其他个体的行为负责的情况,在很多方面,这个最常见的心理学范式在研究中最受冷落。

话语行动模型和海湾战争

这里并不合适对海湾战争话语进行全面的、系统的处理:事件描述和解释的功能,有关事件的不同说法的功能,它们的归因解释和责任解释问题。不管怎样,这一材料中有一些例子可以进一步展示话语行动模型的一些原理。我们将以1991年2月26日的两个例子来进行阐述。第一个例子与萨达姆的武装部队在这个决定性的一天的行动描述有关,他们在猛烈的炮火中离开科威特向北转移,遭到多国部队的飞机和坦克的毁灭性打击。第二个例子是同一天由一名以色列政府发言人发布的声明,涉及伊拉克首领萨达姆的命运问题。

关于萨达姆部队行动的描述出现了分歧,体现在"撤退""投降"和"撤离"这些不同的术语上。

……不是撤离……就是逃跑,(他们)在全面撤退。(CNN,1991年2月26日,引自美国军方)

那些没有服从美国总统命令投降,却服从他们首领命令

撤离的士兵,死在了路上。(《观察家报》,1991年3月1日)

无论他们是投降还是撤离,萨达姆手下的士兵惨不忍睹……杀戮的密集程度不亚于广岛……一名美国飞行员称之为"火鸡射猎",一名英国军官说是"赶羊"。(《观察家报》,1991年3月3日)

对双方而言,问题不仅仅是如何描述事件,而在于这样的描述想要实现什么目的。"撤退"和"投降"被处理为人尽皆知的军事术语。"投降"意味着放下武器,结束战争。多国部队想要的是伊拉克投降。"撤退"是一个战略行动,战争仍在继续。士兵在"战火中撤退"是可以理解的,目的是重组兵力继续战斗(General Neal,CNN,2月26日)。"撤离"这个词并非明确的军事定义,但是如果说伊拉克军队在"撤离"就会引发一个问题:这是否意味着对他们进行轰炸和射击不合法?从伊拉克死伤惨重的情况看,从将其与广岛轰炸相提并论看,从将其比作"火鸡射猎"和"赶羊"的描述看,多国部队的军事行动的理由显得格外重要(在此必须再次注意这里的谨慎立场:记者们支持了一个可能会引起争议的与广岛的比较,以及口不择言的参与者的描述)。发起和赢得战争与各方对其进行的描述密不可分。因为伊拉克军队是在"撤退",所以多国部队就可以合法地对其进行打击。

此外,我们必须再次强调一下,我们的文本是与记者们的文本站在同一立场的——它需要建立一个更为"中立"的描述立场

第七章
话语心理学

来完成其描述修辞(甚至在心中有数的情况下,进一步强化这一修辞)。我们前面描述过伊拉克部队"离开科威特向北转移",避免直接使用"撤退"和"撤离"这样可能产生争议的说法。但是描述不可能脱离语境、脱离行动。我们自己对"萨达姆·侯赛因的部队"和"伊拉克军队"的描述提供了进行集体动机和解释的归因基础。话语行动模型提到我们面前的问题之一就是反身性(见专栏7-2):如果描述产品是一个行为导向的修辞过程,那社会科学的文本是什么呢?心理学家的事实性话语又是什么呢?

"撤离"这个词,尽管不是一个准确的军事术语(据多国部队所说),但在这个语境中使用还是非常准确的(我们暂且不论英语—阿拉伯语的翻译问题)。首先,它恰到好处地完成了军事上所需的含糊性,暗示既不是投降也不是继续战斗,没有清楚地标明敌人的军事反应。其次,它可以说是采用了联合国决议中的术语,这一决议正是多国部队采取军事行动的依据或理由。

……上周一(1991年2月25日)……巴格达广播电台突然插播一条消息,宣布"我们的武装部队已得到命令,有秩序地**撤离**到8月1日以前的位置……以行动遵循第660号决议"。(《观察家报》,1991年3月1日,强调部分为笔者所加)

通过使用"撤离"这一术语,伊拉克政府可以有效地申明

173

他们是根据法律要求采取的行动,因此抵制了诸如"投降"或"撤退"包含的意思,削弱了多国部队继续轰炸和袭击其部队的合理性,在不必承认失败的同时,保留了未来的各种可能性。

在另一个战争谈话的片段中,CNN 国际新闻播放了一段对以色列发言人的简要访谈,这位发言人评价了战争可能的后果,特别提到萨达姆的命运。萨达姆的失败并不意味着他的政治权利的丧失,可能产生相反的效果:"……对很多伊拉克人、阿拉伯人而言,**世界的这个部分是我们生活的地方**,他会成为一个英雄。"(CNN,2 月 26 日,强调部分为笔者所加)这个粗体字部分是我们希望大家注意的地方。以色列质疑消灭萨达姆的必要性,而且强调仅仅靠武力征服,萨达姆还没有被消灭。实际上,萨达姆的政治地位还可能因此得到强化,很可能给世界和平带来威胁。但是这里也出现了一个两难困境:这是一个客观的政治分析吗?还是仅仅反映了以色列的利益?哪一个会有被驳斥的风险?对地区的描述——"世界的这个部分"化解并中和了民族主义的意味,如果换一个说法,如"在以色列"就不妥了。在这个语境中,也不需要特别说明以色列离伊拉克近,离美国远(采访者是一名美国记者)。此外,整个粗体字部分的表达有效消解了有关利益的危险的修辞暗示。说话者的身份不是一个对政治感兴趣的以色列公民,而是一个在这个区域生活的人,因此通晓当地的情况,具有某些专门的知识(参看 Drew,1978)。利益被赋予客观性,与民族一样,政府发言人的身份也因此被地理事实取代——中东地区的一员——这些判断被建构成一致性的观点(进一步被客观化)。

当然,这里还存在另一个复杂问题。这个看起来有点别扭的说法"我们居住在世界的这个部分"将大家的注意从阿拉伯人住在以色列这个具体问题上转移开,而这个问题本身会涉及以色列的界定,以及什么是占领区的问题。也就是说,在处理(描述)侵略和占领这一问题时,这个说法避免了引起人们对另一个问题的关注(一些伊拉克人、约旦人和巴勒斯坦人公开表示过的"联系")。再一次,我们看到故事版本的微妙的建构方式可以处理关于指责和责任的复杂且具有威胁性的问题。我们不是想要怀疑说话者的意图——我们的目的是让大家看到分析各种描述如何完成不同的暗示是可能的。

专栏 7-2　反身性

乔纳森: 我们要处理这个问题,是不是?

德里克: 什么,现在?

乔纳森: 剩下的空间不多了。如果我们再不抓紧,这个内容最后就只能出现在参考文献里了。

德里克: 我们可以让马尔科姆(阿什莫尔)来做,或者玛吉(韦瑟雷尔)。

　　　　(两人大笑)。

(续)

乔纳森： 马尔科姆可能会去城里写我们的反身性争议，然后写出一个阿什莫尔的一章。玛吉会过分专注于政治主题，她和米克（比利希）可能都会认为我们对托里党过于手软。不管怎么说，这是<u>我们的</u>活。

德里克： 我只是在开玩笑。我想我们需要展示我们自己的描述性话语是如何组织起来产生各种效果的。然后说明一点，这些修辞过程无处不在。

乔纳森： 我们要强调建构这一点——所有这些都是组合在一起精心制作的，带点儿艺术性。

德里克： 我想我们可以做一个多重语音的东西。你知道，那种常见的，略有点儿造作的假对话，就像麦克和伍尔格的书里写的那样（Mulkay, 1985; Woolgar, 1988b）。

乔纳森： 对。但我们把那个放到最后，别让大家反感，特别是那些从来没有参与过任何相关争议的心理学家——他们可能会认为这是从火星上来的。

德里克： 好吧，我不想……

乔纳森： （打断）还有，我不知道那些假对话。我知道它们用来展现精心修改过的最后文本背后的非正式协商，用来强调描述是选自修辞语境的。我知道它们提醒读者科学文本是一种特定的文学体裁，而且可能非常呆板、不自然。

德里克： （忍住了一个哈欠）是的。

乔纳森： 就像，好吧，我说得够多了。还有，假对话可以用来形成很多非正式的假身份——你知道——

德里克： 假装的。

乔纳森： ——我说的正好相反。玩笑式的，用名字，比如米

(续)

> 克、麦克、玛吉、马尔科姆和……还有很多。而且，每个人发言的时候讲得太长，简直可以写成迷你文章了——你最后只能从后门塞一点儿正文进来。
>
> **德里克：** 不过，这确实有点意思。
>
> **乔纳森：** 什么？
>
> **德里克：** 所有这一切。它都能展示出来。即使没有假的停顿和重复等这类东西。它提出反身性的问题。它展示出我们的知识产品的局限性，我们有多么依赖非正式的接触。你知道的，就像科林斯（Collins, 1985）和所有科学社会学家强调的。我们在第二章写过这些内容。
>
> **乔纳森：** 嗯，是的……
>
> **德里克：** 还有，使用像这样的对话真是相当好，因为它打破了其他文本的非对称性，其他文本都是参与者的话语被精确地作为话语展示出来——作为**话语**——通过转写、缩进等方法，而我们自己的话语就在这里，中立，透明。书里其他部分的文本比较使我们的分析看似无懈可击，充满理性。
>
> **乔纳森：** 嗯。阿特金森在他那本把民族志作为文本形式的书里将这个观点阐述得很透。但是，我们希望读者得出什么样的结论呢？我们的文本是编造的？带有控制性？别有用心？
>
> **德里克：** （大笑）所以，它与其他人的说法有什么区别？不管怎么说，这不是……
>
> **乔纳森：** 这样如何，我们希望读者看到所有话语都受制于我们所强调的某种过程。但这不应该是小看话语的理由。其中一点就是，没有比这个更好的。没有非话语的话语能产生恰当的、准确的、非行动取向的描述。
>
> **德里克：** 我喜欢这个说法，所以使用描述来实施行动是这个

> 世界上最明智的事。就我们而言，我们的文本是修辞建构的，用以驳斥认知主义的观点，但这正是我们的观点有说服力的地方。对我们的任何回应也将是修辞建构的——这是唯一正确和恰当的解释。
> **乔纳森：** 你觉得我们能成功吗？
> **德里克：** 我们怎么知道？

这些是对海湾战争话语的一些特征的碎片式浓缩评价，它们是用来展示话语行动模型如何操作而不是形成一个系统分析的基础。然而，它们还包含着话语行动模型提供的一个深层关联。有关世界的故事版本的建构和客观化，涉及对特定推论的支持和对其他推论的否定，这是意识形态研究的重要主题之一。我们在这里尚未对这个联系作详细阐述，然而海湾战争话语中有三个观点展示了我们可以进一步研究的方向。这样的研究可以向别的方向发展（Billig，1990，1991，1992a；Billig et al.，1988；Bromley，1988；Schwartz，1990；Wetherell & Potter，1992）。最终，我们希望这些未来研究将会为后结构主义有关政治和国际关系的争议提供独特的新观点（Der Derian，1989；Shapiro，1989；Walker，1990）。

话语行动模型和心理学的碎片化

我们在本书开始就指出，而且在分析对话记忆和归因的案

第七章
话语心理学

例的细节时也展示了，话语心理学是一个元理论和分析方法，需要我们对心理学研究的总体结构进行重大调整。特别是，对系列行动和参与者社会行为中的话语及其组织的强调，打通了心理学割裂的分支领域，在心理学与其他社会和人类科学学科之间建立了纽带。本章到目前为止，一直侧重运用话语行动模型对报告（记忆）和推论（归因）的具体细节进行分析。在最后一部分，我们简要概述了社会心理学和认知心理学中的其他重要概念在理论和实证上被重新加工为话语时，话语行动模型如何为话语心理学与社会心理学和认知心理学之间产生联系提供支持。我们将重点阐述三个例子：分类、人格/自我和态度。我们曾提到，所有这些概念最近都被置于话语和修辞取向的研究中接受重新检验，不过，我们的目的不是重复这些观点，而是展示这些概念能够以怎样的方式纳入话语行动模型中。

以各种分类话语的形式，类别可以从两个地方进入话语行动模型。首先，也是最重要的一点，类别化是进行推论的主要渠道（元素2）。人、时间和物体的类别具有传统意义上的特征和特性，武器可能伤害人，婴儿会啼哭，诸如此类。理想化的认知模型依赖的类别理论（如Lakoff，1987；Rosch et al.，1976）对话语中出现的各种类别材料的分析极有帮助。无论如何，与话语心理学相比，这些研究很难解释修辞和语用组织的行动序列中，特定的类别表述如何通过语境化和指向性的方式得到选择和组织（详细阐述见Edwards，1991）。

例如，报告中的类别变化可以作为一种极其简略且隐晦的工具来完成特定的原因和动机推论。波特和赖歇尔（Potter & Reicher，1987）指出，将一次暴乱/起义划归"社区关系问题"可以使人们推断这一事件的原因是人际关系和相互理解的问题，因此解决的办法是从社会政策调整层面采取政策措施，而不是把它当作警察中的种族歧视问题或少数族裔失业率过高的结构性问题来处理。同样，汉弗莱（Humphery，1969）的研究也展示了一个基于话语的类别划分，说话者收集并应用了不同的描述（性、踢、手球、通奸），旨在否认和拒绝对其行为的另一个类别划分：他是同性恋者（参看 Watson & Weinberg，1982）。

> 那不是真正的性生活。性生活是我和我太太在床上做的事。我不是通过通奸来缓解压力，——或者和一些家伙胡混——在茶室里。我很兴奋。我的一些朋友出去玩手球了。我宁愿在公园里兜兜风。（Humphreys，1969，p.119）

再次声明，我们不仅是在看说话者的认知模型，或理解这个世界或他本人。当然，很难说这样的类别划分是深层认知的潜意识的或自动化的反应。真实谈话的研究，对语言所做的事情的探究，鼓励我们用一种更积极的建构的观念来理解语言与它们描绘的对象之间的关系。

类别化还可以在事实建构领域进入话语行动模型（元素

5)。这取决于一个事实:社会类别的部分特征与人们应有的知识、经验和技能相关,科学家可能了解实验,警察了解强奸,等等。正如我们阐述过的,一个证明报告或主张合理性的重要途径是采用具有特定知识资格的社会类别,例如,"社区领导"被认为对其管辖的社区的事情比较了解,如果说报告来自社区领导,就相当于提供了一种真实性的证明(Potter & Halliday, 1990)。

在话语行动模型中,人格和自我是作为人们完成特定互动任务时依赖的话语资源被看待的,而不是可以通过研究揭示的心理变量。具体而言,角色和人格学的观念提出了一系列权利和义务,以及各种"自然"特征(Hilbert, 1981; Potter et al., 1984; Shotter & Gergen, 1988)。我们注意到,在第六章,劳森使用了角色框架为自己辞职行为的合理性作解释;在一个补充研究中,研究者发现行为既可以被建构成个体所做的非正式的事情,也可以被建构成一个国家代表所做的具有法律意义的事。最重要的是,角色和责任提供了动机模式,可以在特定场合被用来完成有倾向性的归因,提出指责或申明无辜。劳森不得不辞职,因为他不能尽责;警察的暴力并非不可理解,因为警察也是人;诺斯销毁文件并不违法,因为索取文件的行为并不符合官方程序。

最后,对自然互动中的参与者而言,态度是一个复杂且多层面的概念。因为它有可能指代心理卷入或风险,而我们认为这可以提供给参与者一种强大的资源来削弱某种说法或论点。态度还可以从我们所说的不同层面的责任解释角度来理解。试想，一位正在对一个群体或个人进行指责（表达态度）的说话者的责任解释。在这个情境中，这可以被理解为出于个人动机的行为。因此，在特定情境中，人们将话语建构成一件"客观存在"的事情来表达评价，作为这个世界的一个特征而不是自己的愿望或需求的产物。也就是说，他们将世界描述成本来就包含一些坏的特点，而且可以通过运用前面列举过的各种各样的方法来实现这一点(Potter & Wetherell, 1988)。

尽管我们认为心理学研究领域的融合是可能的，但我们并不是说话语行动模型是话语心理学的一个完整模型，也不是说这个模型已经尽善尽美。这是一个理解现象和整合研究的方式，但它还有很大的发展空间，直到有更好的，或者不一样的模型来取代它。在致力于更系统、更彻底地融合心理学研究之外，我们未来的方向将侧重事实建构的研究，情境化的心理状态描述研究，日常生活中非结构化语境下的话语行动模型研究，以及与其他社会科学领域研究的进一步整合，特别是社会人类学、社会学和政治学。

附录

转写方法与理论

本书中的一些数据摘选自报纸或其他出版物等书面文本,引用的方式在语言和标点符号上与原文一致,背景和排版样式上可能不同。其他一些摘选材料取自视频和音频磁带,采用了能提供信息量和可读性的转写方式。这些方法取自盖尔·杰斐逊(Gail Jefferson)开发的对话分析系列方法(如 Jefferson, 1985b; Sacks et al., 1974)。有关转写方法的更加广泛系统的概述可以查看阿特金森和赫里蒂奇(Atkinson & Heritage, 1984a)、巴顿和李(Button & Lee, 1987)、希恩凯恩(Schenkein, 1978)的文章。下文主要介绍本书采用的转写方式的特点。

使用符号的目的不仅仅是增加整齐的、拼写准确的转写本的准确性。绝对准确是不可能实现的,甚至录像也有局限性;言语的声音摄谱仪尽管能保证极高的准确性,却是无法破译的。对话分析转写本是言语的类别,它建立在书面文本的传统方法上,保留了正常的拼写,有时略有偏差以展现口语表达的特点。有些含糊的部分或正常标点符号的语法规范被去除了,或从互动角度被重新标注了,此外还增加了一些符号(使用了大部分键盘上都有的符号)来标注语调、发音、停顿、重复等特点。其他一些可能被传统方法去除的细节被认为是具有分析价值的,这些是随着我们对言语如何发挥社会行动功能的分析而产生的:"已发现的说话者的谈话特征倾向。"(Button & Lee,1987,p.10)

转写系统的选择显然取决于分析类型。转写方法与理论的发展是同步进行的,不会出现一个先于另一个的情况。研究者不可能开发出一个"完全"的转写系统(即使可能的话),然后用它揭示一切,也不可能出现研究者提出了一个理论或完成了对话分析,却不知道如何转写它的情况。因此,转写已经是一种分析形式(Ochs,1979),其中涉及各种决策,如是否需要或如何给停顿计时,单元如何划分,采用什么样的言语作为常态来比较和标注元音拖长、语调升降等特点。无论如何,研究者采集日常对话时最好避免过于琐碎的系统,哪怕有些时候粗俗的表达是需要保留的。我们认为,在实际操作中,既然这些系统已经非常易于运用,也在很多研究中用过,对大多数研究目的而言,可以选择已有的转写系统。

我们强调的转写的理论导向反映了本书一个重要主题。描述世界的任何版本或表征中不存在纯粹的准确,缺乏这样的准确性恰恰是世界本身的特点。同样的原理也适用于对话的转写(参看Cook,1990)。实际上,本书主要章节中引用的转写类型正体现了这一点。例如,从出版物中选取的奈塞尔对迪安的话语的转写本(第二章),与伯利森采用的转写形式(第七章)明显不同。这些差异不是偶然的。对话分析方法的使用反映了关于对话如何实施行为的分析焦点。如果谈话的呈现只是一个日常对话的书面文本,很可能与语言研究的一个方法类似,其中文本与谈话的差异是不重要的,各种故事版本和解释被处理为可窥探认知表征画面或世界描述的窗口。这并不是说修辞和话语分析必会采用杰斐逊转写系统,但是转写系统的选择或者呈现文本和谈话的任何其他方式,将不可避免地反映出分析者的理论立场。尽管如此,在一些特定的分析中,不是所有的转写特征都可以被讨论。

下面的例子是从本书的正文中截取的,用以展示本书的转写方法。重复或同时说话,言语开头就用双斜杠(//)表示,如下:

迪安: 那是——一个非常//清楚的印象。

格尔尼: 换句话说,你的——你的<u>总的意思</u>。

Dean: the impression that very //clearly came out.

Gurney: In other words, your — your <u>whole thesis</u>

还有一种标注方法,重复语句的开头和结尾可能用加长的中括号来表示,如下所示:

```
N： 哦：：真：可恶。我 ⎡想我们可以  ⎤
E：              ⎣我想买 一些⎦小拖鞋，
      不过，呃，


N： Oh：：do：ggone. I ⎡thought maybe we could⎤
E：                  ⎣I'd like to get       ⎦
      some little slippers but uh，
```

圆括号里的数字表示停顿，时间按 10 秒为基准计算。(.) 表示可以听出来的停顿，但是长度不足以计时：

现在首相(.2) 你如何回↑：：应(.) 这一指责(.) 可能是非常重要的

now Prime Minister (.2) how you res↑po：：nd (.) to this claim of blame (.) may be of crucial significance

单词发音中出现的停顿用单斜杠(/)表示：

正如我回：：想(1.0)和格班尼/法先生一起。

as I reca：：ll(1.0) with Mister Ghobanifa/r.

附录
转写方法与理论

摘选中还包含一些其他特征,包括用冒号描述前一个词发音的延长(冒号越多,延长的时间越长),下划线表示语气中有强调,箭头表示语调。标在前面的向上和向下的箭头表示升调和降调(音高),而旁边有数字的箭头不是转写特征,只是为了吸引读者对转写文本的注意:

(1) → ……我要说种族隔离↑在<u>目前</u>

  (0.2)

(2) →种族隔离在将↑<u>来</u>

  (0.2)

(3) →种族隔离永↓远

(1) → ... and I say segregation ↑ <u>now</u>

  (0.2)

(2) → segregation to ↑ <u>morrow</u>

  (0.2)

(3) → ... and segregation for e↓ver.

连字符表示突然停止:

  ……我把脚搁在<u>枕</u>头上已经两天了,你知道还有-
· 嗯——

话语心理学
Discursive Psychology

> ... and I had to have my <u>foot</u> up on a pillow for two days, <u>you</u>know and- • hhhmhh

在"嗯"(•hhhmhh)前面的圆点符号表示听得见的吸气。

小于号和大于号表示语速的变化。在下面的例子中,这一段完整的讲话是用一种与前后相比明显变慢的语速表达的:

> 他:他在这里(.)做了这样的(.)申明(.)就是(.)>经济政策的实施要想成功只有在首相和财政大臣之间达成全面共识并<u>有目共睹</u>的条件下才有可能< •嗯,现在他说的是对的,是吗?

> he: is making. the (.) claim (.) here (.) that (.) > successful conduct of economic policy is possible only if there is <u>seen</u> to be full agreement between the Prime Minister and the Chancellor of the Exchequer < • hh now he's right about that isn't he

参考文献

Abelson, R. P. (1976). The psychological status of the script. *American Psychologist*, *36*, 715–729.

Alba, J. W. & Hasher, L. (1983). Is memory schematic? *Psychological Bulletin*, 203–231.

Antaki, C. (1985). Ordinary explanation in conversation: Causal structures and their defence. *European Journal of Social Psychology*, *15*, 213–230.

Antaki, C. (1988). Explanations, communication and social cognition. In C. Antaki (ed.), *Analysing Everyday Explanation: A Casebook of Methods*. London: Sage.

Antaki, C. & Leudar, I. (1990). Claim backing and other explanatory genres in talk. *Journal of Language and Social Psychology*, *9*, 279–292.

Antaki, C. & Naji, S. (1987). Events explained in conversational 'because' statements. *British Journal of Social Psychology*, *26*, 119–126.

Armistead, N. (ed.) (1974). *Reconstructing Social Psychology*. Harmondsworth: Penguin.

Ashmore M. (1989). *The Reflexive Thesis: Wrighting Sociology of Scientific Knowledge*. Chicago: University of Chicago Press.

Ashmore, M., Mulkay, M. &. Pinch, T. (1989). *Health and Efficiency: A Sociology of Health Economics*. Milton Keynes: Open University Press.

Atkinson, J. M. (1978). *Discovering Suicide: Studies in the Social Organization of Sudden Death*. London: Macmillan.

Atkinson, J. M. (1984). *Our Masters' Voices: The Language and Body Language of Politics*. London: Methuen.

Atkinson, J. M. &. Drew, P. (1979). *Order in Court: The Organization of Verbal Interaction in Judicial Settings*. London: Macmillan.

Atkinson, J. M. &. Heritage, J. (eds.) (1984a). *Structures of Social Action: Studies in Conversation Analysis*. Cambridge: Cambridge University Press.

Atkinson, J. M. &. Heritage, J. (1984b). Introduction. In J. M. Atkinson &. J. Heritage (eds.) (1984). *Structure of Social Action: Studies in Conversation Analysis*. Cambridge: Cambridge University Press.

Atkinson, P. (1990). *The Ethnographic Imagination: The Textual Construction of Reality*. London: Routledge.

Au, T. K. (1986). A verb is worth a thousand words: The causes and consequences of interpersonal events implicit in language. *Journal of Memory and Language*, 25, 104-122.

Austin, J. L. (1962). *How to Do Things with Words*. Oxford: Clarendon Press.

Barker, R. G. (1968). *Ecological Psychology: Concepts and Methods for Studying the Environment of Human Behaviour*. Stanford, CA: Stanford University Press.

Barthes, R. (1974). *S/Z*. London: Jonathan Cape.

Barthes, R. (1977). *Images-Music-Text*. London: Fontana.

Bartlett, F. C. (1932). *Remembering: A Study in Experimental and Social Psychology*. Cambridge: Cambridge University Press.

Baumeister, R. F. (1982). A self-presentational view of social phenomena.

Psychological Bulletin, *91*, 163.

Bekerian, D. A. (1987). Review of Graesser, A. C. & Black, J. B. (eds.) (1985) *The Psychology of Questions*. Hillsdale, NJ: Lawrence Erlbaum. In *Quarterly Journal of Experimental Psychology*, *39*, 815-817.

Billig, M. (1982). *Ideology and Social Psychology*. Oxford: Blackwell.

Billig, M. (1985). Prejudice, categorization and particularization: From a perceptual to a rhetorical approach. *European Journal of Social Psychology*, *15*, 79-103.

Billig, M. (1987). *Arguing and Thinking: A Rhetorical Approach to Social Psychology*. Cambridge: Cambridge University Press.

Billig, M. (1988a). Rhetorical and historical aspects of attitudes: The case of the British monarchy. *Philosophical Psychology*, *1*, 83-104.

Billig, M. (1988b). Social representation, objectification and anchoring: A rhetorical analysis. *Social Behaviour*, *3*, 1-16.

Billig, M. (1989a). The argumentative nature of holding strong views: A case study. *European Journal of Social Psychology*, *19*, 203-223.

Billig, M. (1989b). Psychology, rhetoric and cognition. *History of the Human Sciences*, *2*, 289-307.

Billig, M. (1990). Collective memory, ideology and the British royal family. In D. Middleton & D. Edwards (eds.), *Collective Remembering*. London: Sage.

Billig, M. (1991). *Ideological and Beliefs*. London: Sage.

Billig, M. (1992a). *Talking of the Royal Family*. London: Routledge.

Billig, M. (1992b). Studying the thinking society: Social representations, rhetoric and attitudes. In G. Breakwell & D. Canter (eds.), *Empirical Approaches to Social Representations*. Oxford: Oxford University Press.

Billig, M., Condor, S., Edwards, D., Gane, M., Middleton, D. & Radley, A. (1988). *Ideological Dilemmas: A Social Psychology of Everyday Thinking*. London: Sage.

Bilmes, J. (1987). The concept of preference in conversation analysis. *Language in Society*, *17*, 161-181.

Bloor, D. (1976). *Knowledge and Social Imagery*. London: Routledge.

Bogen, D. & Lynch, M. (1989). Taking account of the hostile native: Plausible deniability and the production of conventional history in the Iran-Contra hearings. *Social Problems*, *36*, 197-224.

Bower, G. H., Black, J. B. & Turner, T. J. (1979). Scripts in text comprehension and memory. *Cognitive Psychology*, *11*, 177-220.

Bransford, J. D. (1979). *Human Cognition: Learning, Understanding and Remembering*. Belmont, CA: Wadsworth.

Bransford, J. D. & Johnson, M. K. (1972). Contextual prerequisites for understanding: Some investigations of comprehension and recall. *Journal of Verbal Learning and Verbal Behavior*, *11*, 177-220.

Bransford, J. D. & McCarrell, N. S. (1974). A sketch of a cognitive approach to comprehension: Some thoughts about understanding what it means to comprehend. In W. B. Weimar & D. S. Palermo (eds.), *Cognition and the Symbolic Processes*. Hillsdale, NJ: Lawrence Erlbaum.

Brenner, M., Brown, J. & Canter, D. (eds.) (1985). *The Research Interview: Uses and Approaches*. London: Academic Press.

Bromley, R. (1988). *Last Narratives: Popular Fictions, Politics and Recent History*. London: Routledge.

Brown, P. & Levinson, S. (1987). *Politeness: Some Universals in Language Use*. Cambridge: Cambridge University Press.

Brown, R. (1986). *Social Psychology*, 2nd edn. New York: Free Press.

Brown, R. & Fish, D. (1983). The psychological causality implicit in language. *Cognition*, *14*, 237-273.

Burleson, B. R. (1986). Attribution schemas and causal inference in natural conversation. In D. G. Ellis & W. A. Donohue (eds.), *Contemporary Issues in Language and Discourse Processes*. Hillsdale, NJ: Lawrence

Erlbaum.

Buss, A. R. (1978). Causes and reasons in attribution theory: A conceptual critique. *Journal of Personality and Social Psychology*, *36*, 1311 - 1121.

Button, G. (1990). Going up a blind alley. In P. Luff, G. N. Gilbert & D. Frohlich (eds.), *Computers and Conversation*. London: Academic Press.

Button, G. & Lee, J. R. E. (1987). *Talk and Social Organization*. Clevedon: Multilingual Matters.

Chalmers, A. (1980). *What is this Thing Called Science?* Milton Keynes: Open University Press.

Chomsky, N. A. (1959). A review of 'Verbal Behavior' by B. F. Skinner. *Language*, *35*, 26 - 58.

Clark, H. H. (1977). Bridging. In P. C. Wason & P. N. Johnson-Laird (eds.), *Thinking: Readings in Cognitive Science*. Cambridge: Cambridge University Press.

Clayman, S. E. (1988). Displaying neutrality in television news interviews. *Social Problems*, *35*, 474 - 492.

Clayman, S. E. (1992). Footing in the achievement of neutrality: The case of news interview discourse. In P. Drew & J. Heritage (eds.), *Talk at Work*. Cambridge: Cambridge University Press.

Cohen, G. (1989). *Memory in the Real World*. Sussex: Lawrence Erlbaum.

Cole, M. (1988). Cross-cultural research in the sociohistorical tradition. *Human Development*, *31*, 137 - 157.

Cole, M. (1990). *Cultural Psychology: Some General Principles and a Concrete Example*. Presented at 2nd International Congress on Activity Theory, Lahti, Finland, May 1990.

Cole, M., Hood, L. & McDermott, R. (1978). Ecological niche picking. Laboratory of Comparative Human Cognition, UCSD. Reprinted in U. Neisser (ed.) (1982). *Memory Observed: Remembering in Natural*

Contexts. Oxford: W. H. Freeman and Co.

Collins, H. M. (1981). What is TRASP? The radical programme as a methodological imperative. *Philosophy of the Social Sciences*, *11*, 215-24.

Collins, H. M. (1985). *Changing Order: Replication and Induction in Scientific Practice*. London: Sage.

Condor, S. (1988). 'Race stereotypes' and racist discourse. *Text*, *8*, 69-90.

Cook, G. (1990). Transcribing infinity: Problems of context presentation. *Journal of Pragmatics*, *14*, 1-24.

Costall, A. & Still, A. (1987). *Cognitive Psychology in Question*. Brighton: Harvester.

Coulter, J. (1979). *The Social Construction of Mind*. London: Macmillan.

Coulter, J. (1983). *Rethinking Cognitive Theory*. London: Macmillan.

Coulter, J. (1985). Two concepts of the mental. In K. Gergen & K. Davis (eds.), *The Social Construction of the Person*. New York: Springer-Verlag.

Coulter, J. (1989). *Mind in Action*. Oxford: Polity Press.

Critchlow, B. (1983). Blaming the booze: The attribution of responsibility for drunken behaviour. *Personality and Social Psychology Bulletin*, *11*, 258-274.

D'Andrade, R. G. (1981). The cultural part of cognition. *Cognitive Science*, *5*, 179-195.

Davies, B. & Harré, R. (1990). Positioning: The discursive production of selves. *Journal for the Theory of Social Behaviour*, *20*, 43-63.

Der Derian, J. (1989). Spy versus spy: The intertextual power of international intrigue. In J. Der Derian & M. Shapiro (eds.), *International/Intertextual Relations: Postmodern Readings of World Politics*. Lexington, MA: Lexington Books.

Derrida, J. (1977a). Signature event context. *Glyph*, *1*, 172-197.

Derrida, J. (1977b). Limited inc abc .... *Glyph*, *2*, 162-254.
Drew, P. (1978). Accusations: The occasioned use of religious geography in describing events. *Sociology*, *12*, 1-22.
Drew, P. (1984). Speakers' reportings in invitation sequences. In J. M. Atkinson & J. C. Heritage (eds.), *Structures of Social Action: Studies in Conversation Analysis*. Cambridge: Cambridge University Press.
Drew, P. (1985). Analyzing the use of language in courtroom interaction. In T. A. Van Dijk (ed.), *Handbook of Discourse Analysis*, vol. 3. London: Academic Press.
Drew, P. (1990). Strategies in the contest between lawyer and witness in cross-examination. In J. Levi & A. Walker (eds.), *Language in the Judicial Process*. New York: Plenum.
Drew, P. & Holt, E. (1989). Complainable matters: The use of idiomatic expressions in making complaints. *Social Problems*, *35*, 501-520.
Edwards, D. (1989). Phase transformations as discursively occasioned phenomena. *Quarterly Newsletter of the Laboratory of Comparative Human Cognition*, *11*, 95-104.
Edwards, D. (1991). Categories are for talking: On the cognitive and discursive bases of categorization. *Theory and Psychology*, *1* (4), 515-542.
Edwards, D. (1992a). Concepts, memory and the organization of pedagogic discourse: A case study. *International Journal of Educational Research*, in press.
Edwards, D. (1992b). But what do children really think? Discourse analysis and conceptual content in children's talk. In C. Pontecorvo (ed.), *Social Interaction and Knowledge Acquisition*. Florence: La Nuova Italia.
Edwards, D. & Mercer, N. M. (1987). *Common Knowledge: The Development of Understanding in the Classroom*. London: Methuen.

Edwards, D. & Mercer, N. M. (1989). Reconstructing context: The conventionalization of classroom knowledge. *Discourse Processes*, *12*, 91-104.

Edwards, D. & Middleton, D. (1986a). Joint remembering: Constructing an account of shared experience through conversational discourse. *Discourse Processes*, *9*, 423-459.

Edwards, D. & Middleton, D. (1986b). Text for memory: Joint recall with a scribe. *Human Learning*, *5*, 125-138.

Edwards, D. & Middleton, D. (1987). Conversation and remembering: Bartlett revisited. *Applied Cognitive Psychology*, (2), 77-92.

Edwards, D. & Middleton, D. (1988). Conversational remembering and family relationships: How children learn to remember. *Journal of Social and Personal Relationships*, *5*, 3-25.

Edwards, D., Middleton, D. & Potter, J. (1992). Towards a discursive psychology of remembering. *The Psychologist*, *5*, 441-446.

Edwards, D. & Potter, J. (1992a). The Chancellor's memory: Rhetoric and truth in discursive remembering. *Applied Cognitive Psychology*, *6*, 187-215.

Edwards, D. & Potter, J. (1992b). *Language and Causation: A Discursive Action Model of Attribution*. Mimeo: Loughborough University.

Eglin, P. (1979). Resolving reality junctures on telegraph avenue: A study of practical reasoning. *Canadian Journal of Sociology*, *4*, 359-377.

Eiser, J. R. (1986). *Social Psychology: Attitudes, Cognition and Social Behaviour*. Cambridge: Cambridge University Press.

Emmison, M. (1989). A conversation on trial? The case of the Ananda Marga conspiracy tapes. *Journal of Pragmatics*, *13*, 363-380.

Fiedler, K., Semin, G. R. & Bolten, S. (1989). Language use and reification of social information: Top-down and bottom-up processing in person cognition. *European Journal of Social Psychology*, *19*, 271-

295.
Fillmore, C. J. (1971). Verbs of judging: An exercise in semantic description. In C. J. Fillmore & D. T. Langendoen (eds.), *Studies in Linguistic Semantics*. New York: Holt, Rinehart and Winston.

Fiske, S. T. & Taylor, S. E. (1984). *Social Cognition*. Reading, MA: Addison-Wesley.

Forgas, J. P. (ed.)(1981). *Social Cognition: Perspectives on Everyday Understanding*. London: Academic Press.

Fowler, R. (1986). *Linguistic Criticism*. Oxford: Oxford University Press.

Gardner, H. (1985). *The Mind's New Science*. New York: Basic Books.

Garfinkel, H. (1967). *Studies in Ethnomethodology*. Englewood Cliffs, NJ: Prentice Hall.

Gergen, K. J. (1978). Experimentation in social psychology: A reappraisal. *European Journal of Social Psychology*, 8, 507-527.

Gergen, K. J. (1982). *Toward Transformation in Social Knowledge*. New York: Springer-Verlag.

Gergen, K. J. (1985). Social constructionist inquiry: Context and implications. In K. J. Gergen & K. E. Davis (eds.), *The Social Construction of the Person*. New York: Springer-Verlag.

Gergen, K. J. & Davis, K. E. (eds.)(1985). *The Social Construction of the Person*. New York: Springer-Verlag.

Gergen, K. J. & Gergen, M. (1987). Narratives of relationship. In R. Burnett, P. MeGee & D. Clarke (eds.), *Accounting for Relationships: Explanation, Representation and Knowledge*. London: Methuen.

Gergen, M. (1988). Narrative structures and social explanations. In C. Antaki (ed.), *Analysing Everyday Explanation: A Casebook of Methods*. London: Sage.

Gibson, J. J. (1966). *The Senses Considered as Perceptual Systems*. Boston: Houghton Miffin.

Gibson, J. J. (1979). *The Ecological Approach to Visual Perception.* Boston: Houghton Mifflin.

Gilbert, G. N. & Mulkay, M. (1984). *Opening Pandora's Box: A Sociological Analysis of Scientists' Discourse.* Cambridge: Cambridge University Press.

Goffman, E. (1971). *Relations in Public: Microstudies of the Public Order.* Harmondsworth: Penguin.

Goffman, E. (1979). Footing. *Semiotica*, *25*, 1 - 29. (Reprinted in Goffman, 1981.).

Goffman, E. (1981). *Forms of Talk.* Oxford: Blackwell.

Goodwin, C. (1987). Forgetfulness as an interactive resource. *Social Psychology Quarterly*, *50*, 115 - 130.

Goodwin, C. & Goodwin, M. (1987). Concurrent operations on talk: Notes on the interactive organization of assessments. *Papers in Pragmatics*, *1*, 1 - 55.

Grady, K. & Potter, J. (1985). Speaking and clapping: A comparison of Foot and Thatcher's oratory. *Language and Communication*, *5*, 173 - 183.

Graesser, A. C. & Black, J. B. (eds.) (1985). *The Psychology of Questions.* Hillsdale, NJ: Lawrence Erlbaum.

Greatbatch, D. (1986). Aspects of topical organization in news interviews: The use of agenda-shifting procedures by interviewees media. *Culture and Society*, *8*, 44 - 56.

Grice, H. P. (1975). Logic and conversation. In P. Cole & J. Morgan (eds.), *Syntax and Semantics 3: Speech Acts.* New York: Academic Press.

Gruneberg, M. M. & Morris, P. E. (eds.)(1979). *Applied Problems in Memory.* New York: Academic Press.

Gruneberg, M. M., Morris, P. E. & Sykes, R. N. (eds.) (1978). *Practical Aspects of Memory.* New York: Academic Press.

Halkowski, T. (1990). 'Role' as an interactional device. *Social Problems*, *37*, 564 – 577.

Hamlyn. W. (1990). *In and Out of the Black Box: On the Philosophy of Cognition*. Oxford: Blackwell.

Harré, R. (1979). *Social Being: A Theory for Social Psychology*. Oxford: Blackwell.

Harré, R. (1981). Expressive aspects of descriptions of others. In C. Antaki (ed.), *The Psychology of Ordinary Explanations of Social Behaviour*. London: Academic Press.

Harré, R. (1983). *Personal Being: A Theory for Individual Psychology*. Oxford: Blackwell.

Harris, J. E. & Morris, P. E. (eds.)(1984). *Everyday Memory, Actions and Absent-mindedness*. New York: Academic Press.

Hart, H. L. A. & Honore, A. M. (1985). *Causation and the Law*, 2nd edn. Oxford: Clarendon.

Harvey, J. & Weary, G. (1984). Current issues in attribution theory and research. *Annual Review of Psychology*, *35*, 427 – 459.

Harvey, J. H., Weber, A. L. & Orbuch, T. I. (1990). *Interpersonal Accounts: A Social Psychological Perspective*. Oxford: Blackwell.

Heider, F. (1944). Social perception and phenomenal causality. *Psychological Review*, *51*, 358 – 374.

Heider, F. (1958). *The Psychology of Interpersonal Relations*. New York: Wiley.

Henriques, J., Hollway, W., Irwin, C., Couze, V. & Walkerdine, V. (1984). *Changing the Subject: Psychology, Social Regulation and Subjectivity*. London: Methuen.

Heritage, J. (1984). *Garfinkel and Ethnomethodology*. Cambridge: Polity Press.

Heritage, J. (1988). Explanations as accounts: A conversation analytic perspective. In C. Antaki (ed.), *Analysing Everyday Explanation: A*

Casebook of Methods. London: Sage.

Heritage, J., Clayman, S. & Zimmerman, D. (1988). Discourse and message analysis: The micro-structure of mass media messages. In R. Hawkins, S. Pingree & J. Weimann (eds.), *Advancing Communication Science*. Beverly Hills, CA: Sage.

Heritage, J. & Greatbatch, D. (1986). Generating applause: A study of rhetoric and response in party political conferences. *American Sociological Review*, 92, 110-157.

Heritage, J. & Watson, R. (1979). Formulations as conversational objects. In G. Psathas (ed.), *Everyday Language: Studies in Ethnomethodology*. New York: Irvington.

Heritage, J. & Watson, D. R. (1980). Aspects of the properties of formulations in natural conversations: Some instances analyzed. *Semiotica*, 30, 245-262.

Hesse, M. (1974). *The Structure of Scientific Inference*. London: Macmillan.

Hewitt, J. P. (1979). *Self and Society*. Boston: Allyn and Bacon.

Hewstone, M. (ed.)(1983). *Attribution Theory: Social and Functional Extensions*. Oxford: Blackwell.

Hewstone, M. (1989). *Causal Attribution: From Cognitive Processes to Collective Beliefs*. Oxford: Blackwell.

Hilbert, R. (1981). Towards an improved understanding of 'role'. *Theory and Society*, 10, 207-226.

Hildyard, A. & Olson, D. R. (1982). On the comprehension and memory of oral versus written discourse. In D. Tannen (ed.), *Spoken and Written Language: Exploring Orality and Literacy*. Norwood, NJ: Ablex.

Hilton, D. J. (1990). Conversational processes and causal attribution. *Psychological Bulletin*, 107, 65-81.

Hilton, D. J. & Slugoski, B. R. (1986). Knowledge-based causal attribution. The abnormal conditions focus model. *Psychological Review*, *93*, 75 – 88.

Hilton, D. J., Smith, R. H. &. Alicke, M. D. (1988). Knowledge-based information acquisition. Norms and the functions of consensus information. *Journal of Personality and Social Psychology*, *55*, 530 – 540.

Hoffman, C. &. Tchir, M. A. (1990). Interpersonal verbs and dispositional adjectives. The psychology of causality embodied in language. *Journal of Personality and Social Psychology*, *58*, 765 – 778.

Hollway, W. (1989). *Subjectivity and Method in Psychology: Gender, Meaning and Science*. London. Sage.

Howard, J. A. &. Allen, C. (1989). Making meaning revealing attributions through analyses of readers' responses. *Social Psychology Quarterly*, *52* (4), 280 – 298.

Humphreys, L. (1969). *Tearoom Trade: Impersonal Sex in Public Places*. Chicago. Aldine.

Jackson, B. S. (1988). *Law, Fact and Narrative Coherence*. Merseyside. Deborah Charles.

Jayyusi, L. (1984). *Categories and the Moral Order*. London. Routledge.

Jefferson, G. (1985a). On the interactional unpackaging of gloss. *Language and Society*, *15*, 435 – 463.

Jefferson, G. (1985b). An exercise in the transcription and analysis of laughter. In T. Van Dijk (ed.), *Handbook of Discourse Analysis*, vol. 3. London. Academic Press.

Jefferson, G. (1990). List construction as a task and interactional resource. In G. Psathas (ed.), *Interactional Competence*. Washington, DC. University Press of America.

Johnson-Laird, P. N. (1988). *The Computer and the Mind: An Introduction to Cognitive Science*. London. Fontana.

Jones, E. E. &. Davis, K. E. (1965). From acts to dispositions. The attribution process in social perception. In L. Berkowitz (ed.), *Advances in Experimental Social Psychology*, vol. 2. New York: Academic Press.

Kelley, H. H. (1967). Attribution theory in social psychology. In D. Levine (ed.), *Nebraska Symposium on Motivation*. Lincoln, Neb.: University of Nebraska Press.

Kintsch, W. (1974). *The Representation of Meaning in Memory*. Hillsdale, NJ: Lawrence Erlbaum.

Kintsch, W. & Van Dijk, T. A. (1978). Toward model of text comprehension and production. *Psychological Review*, 85 (5), 363–394.

Kreckel, M. (1981). *Communicative Acts and Shared Knowledge in Natural Discourse*. London: Academic Press.

Kress, G. & Hodge, B. (1979). *Language as Ideology*. London: Routledge.

Lakoff, G. (1987). *Women, Fire and Dangerous Things: What Categories Reveal about the Mind*. Chicago: University of Chicago Press.

Latour, B. (1987). *Science in Action*. Milton Keynes: Open University Press.

Latour, B. & Woolgar, S. (1986). *Laboratory Life: The Social Construction of Scientific Facts*, 2nd edn. Princeton, NJ: Princeton University Press.

Lave, J. (1988). *Cognition in Practice Mind, Mathematics and Culture in Everyday Life*. Cambridge: Cambridge University Press.

Lave, J. (1990). The culture of acquisition and the practice of understanding. In J. W. Stigler, R. A. Shweder & G. Herdt (eds.), *Cultural Psychology*. Cambridge: Cambridge University Press.

Lawson, H. & Apignanasi, L. (1989). *Dismantling Truth: Reality in the Postmodern World*. London: Weidenfeld and Nicolson.

LCHC (Laboratory of Comparative Human Cognition). (1983). Culture and cognitive development. In W. Kessen (ed.), *Carmichael's Manual of*

Child Psychology: History, Theories and Methods. New York: Wiley.

Lehnert, W. G. (1978). *The Process of Question-Answering*. Hillsdale, NJ: Lawrence Erlbaum.

Leudar, I. & Antaki, C. (1988). Completion and dynamics in explanation seeking. In C. Antaki (ed.), *Analysing Everyday Explanation: A Casebook of Methods*. London: Sage.

Levinson, S. (1983). *Pragmatics*. Cambridge: Cambridge University Press.

Levinson, S. C. (1988). Putting linguistics on a proper footing: Explorations in Goffman's concepts of participation. In P. Drew & A. Wootton (eds.), *Erving Goffman: Studies in the Interactional Order*. Cambridge, Polity.

Linell, P. & Jonsson, L. (1989). *Suspect Stories: On Perspective Setting in an Asymmetrical Situation*. Presented at Conference on Dialogical and Contextual Dominance, Bad Homburg, 23 - 25 November 1989.

Linton, M. (1982). Transformations of memory in everyday life. In U. Neisser (ed.), *Memory Observed: Remembering in Natural Contexts*. Oxford: Freeman.

Litton, I. & Potter, J. (1985). Social representation in the ordinary explanation of a 'riot'. *European Journal of Social Psychology*, 15, 371 - 388.

Lloyd-Bostock, S. M. A. & Clifford, B. R. (eds.) (1983). *Evaluating Witness Evidence*. Chichester: Wiley.

Locke, D. & Pennington, D. (1982). Reasons and causes in attribution processes. *Journal of Personality and Social Psychology*, 42, 212 -223.

Loftus, E. F. (1975). Leading questions and the eyewitness report. *Cognitive Psychology*, 7, 560 - 572.

Loftus, E. F. (1979). *Eyewitness Testimony*. London: Harvard University Press.

Loftus, E. F. (1981). Natural and Unnatural Cognition. *Cognition*, *10*, 193-196.

Loftus, E. F. & Ketcham, K. E. (1983). The malleability of eyewitness accounts. In S. M. A. Lloyd-Bostock & B. R. Clifford (eds.), *Evaluating Witness Evidence*. Chichester: Wiley.

Loftus, E. F. & Zanni, G. (1975). Eyewitness testimony: The influence of the wording of a question. *Bulletin of the Psychonomic Society*, *5*, 86-88.

Luff, P., Gilbert, G. N. & Frohlich, D. (eds.) (1990). *Computers and Conversation*. London: Academic Press.

Mandler, J. M. (1979). Categorical and schematic organization in memory. In C. R. Puff (ed.), *Memory Organization and Structure*. New York: Academic Press.

Mandler, J. M. (1984). *Scripts, Stories and Scenes: Aspects of Schema Theory*. Hillsdale, NJ: Lawrence Erlbaum.

McArthur, L. A. (1972). The how and what of why: Some determinants and consequences of causal attribution. *Journal of Personality and Social Psychology*, *2*, 171-193.

McCloskey, D. (1985). *The Rhetoric of Economics*. Brighton: Wheatsheaf.

McKinlay, A. & Potter, J. (1987). Model discourse: Interpretative repertoires in scientists' conference talk. *Social Studies of Science*, *17*, 443-463.

McKinlay, A., Potter, J. & Wetherell M. (1992). Discourse analysis and social representations. In G. Breakwell & D. Canter (eds.), *Empirical Approaches to Social Representations*. Buckingham: Open University Press.

Michotte, A. (1963). *The Perception of Causality*. London: Methuen.

Middleton, D. & Edwards, D. (eds.) (1990a). *Collective Remembering*. London: Sage.

Middleton, D. & Edwards, D. (1990b). Conversational remembering: A social psychological approach. In D. Middleton & D. Edwards (eds.), *Collective Remembering*. London: Sage.

Mills, C. W. (1940). Situated actions and vocabularies of motive. *American Sociological Review*, 5, 904-913.

Molotch, H. L. & Boden, D. (1985). Talking social structure: Discourse domination and the Watergate hearings. *American Sociological Review*, 50, 273-288.

Moscovici, S. (1972). Society and theory in social psychology. In J. Israel & H. Tajfel (eds.), *The Context of Social Psychology: A Critical Assessment*. London: Academic Press.

Moscovici, S. (1984). The phenomenon of social representations. In R. M. Farr & S. Moscovici (eds.), *Social Representations*. Cambridge: Cambridge University Press.

Mulkay, M. (1979). *Science and the Sociology of Knowledge*. London: Allen and Unwin.

Mulkay, M. (1985). *The Word and the World: Explorations in the Form of Sociological Analysis*. London: Allen and Unwin.

Mulkay, M. (1988). *On Humour*. Cambridge: Polity Press.

Mulkay, M. & Gilbert, G. N. (1982). Accounting for error: How scientists construct their social world when they account for correct and incorrect belief. *Sociology*, 16, 165-183.

Mulkay, M. & Gilbert, G. N. (1983). Scientists' theory talk. *Canadian Journal of Sociology*, 8, 179-197.

Myers, G. (1990). *Writing Biology: Texts in the Construction of Scientific Knowledge*. Madison: University of Wisconsin Press.

Neisser, U. (1967). *Cognitive Psychology*. New York: Appleton-Century-Crofts.

Neisser, U. (1976). *Cognition and Reality*. San Francisco: Freeman.

Neisser, U. (1978). Memory: What are the important questions? In M. M.

Gruneberg, P. E. Morris & R. N. Sykes (eds.), *Practical Aspects of Memory*. New York: Academic Press.

Neisser, U. (1981). John Dean's memory: Case study. *Cognition*, 9, 1-22.

Neisser, U. (ed.)(1982). *Memory Observed: Remembering in Natural Contexts*. Oxford: Freeman.

Neisser, U. (1985). Toward an ecologically orientated cognitive science. In T. M. Schlechter & M. P. Toglia (eds.), *New Directions in Cognitive Science*. Norwood, NJ: Ablex.

Neisser, U. (1988). Five kinds of self-knowledge. *Philosophical Psychology*, 1, 35-59.

Neisser, U. & Winograd, E. (eds.)(1988). *Remembering Reconsidered: Ecological and Traditional Approaches*. Cambridge: Cambridge University Press.

Nelson, K. (ed.)(1986). *Event Knowledge: Structure and Function in Development*. Hillsdale, NJ: Lawrence Erlbaum.

Norman, D. A. (1988). *The Psychology of Everyday Things*. New York: Basic Books.

Ochs, E. (1979). Transcription as theory. In E. Ochs & B. Schieffelin (eds.), *Developmental Pragmatics*. New York: Academic Press.

Ochs, E. & Schieffelin, B. (1984). Language acquisition and socialization: Three developmental stories. In R. Shweder & R. Levine (eds.), *Culture Theory: Essays on Mind, Self and Emotion*. Cambridge: Cambridge University Press.

Oldman, D. & Drucker, C. (1985). The non-reducibility of ethnomethods: Can people and computers form a society? In G. N. Gilbert & C. Heath (eds.), *Social Action and Artificial Intelligence*. Aldershot: Gower.

Piaget, J. (1970). Piaget's theory. In H. Mussen (ed.), *Carmichael's Manual of Child Psychology*. New York: Wiley.

Pinch, T. (1986). *Confronting Nature*. Dordrecht: Reidel.

Pinch, T. & Clark, C. (1986). The hard sell: Patter-merchanting and the strategic (re)production and local management of economic reasoning in the sales routines of market pitchers. *Sociology*, *20*, 169–191.

Pollner, M. (1987). *Mundane Reason*. Cambridge: Cambridge University Press.

Pomerantz, A. M. (1978). Compliment responses: Notes on the co-operation of multiple constraints. In J. Schenkein (ed.), *Studies in the Organization of Conversational Interaction*. London: Academic Press.

Pomerantz, A. M. (1984a). Agreeing and disagreeing with assessments: Some features of preferred/dispreferred turn shapes. In J. M. Atkinson & J. Heritage (eds.), *Structures of Social Action: Studies in Conversation Analysis*. Cambridge: Cambridge University Press.

Pomerantz, A. M. (1984b). Giving a source or basis: The practice in conversation of telling 'how I know'. *Journal of Pragmatics*, *8*, 607–625.

Pomerantz, A. M. (1984c). Pursuing a response. In J. M. Atkinson & J. Heritage (eds.), *Structures of Social Action: Studies in Conversation Analysis*. Cambridge: Cambridge University Press.

Pomerantz, A. M. (1986). Extreme case formulations: New way of legitimating claims. *Human Studies*, *9*, 219–230.

Pomerantz, A. M. (1987). Descriptions in legal settings. In G. Button & J. R. E. Lee (eds.), *Talk and Social Organization*. Clevedon, Avon: Multilingual Matters.

Pomerantz, A. M. (1988/1989). Constructing skepticism four devices used to engender the audience's skepticism. *Research on Language and Social Interaction*, *22*, 293–314.

Pomerantz, A. M. & Atkinson, J. M. (1984). Ethnomethodology, conversation analysis and the study of courtroom interaction. In D. J. Muller, D. E. Blackman & A. J. Chapman (eds.), *Topics in Psychology and Law*. Chichester: Wiley.

Potter, J. (1984). Testability, flexibility: Kuhnian values in psychologists' discourse concerning theory choice. *Philosophy of the Social Sciences*, 14, 303-330.

Potter. J. (1987). Reading repertoires: Preliminary study of some techniques that scientists use to construct readings. *Science and Technology Studies*, 5, 112-121.

Potter, J. (1988a). What is reflexive about discourse analysis? : The case of reading readings. In S. Woolgar (ed.), *Knowledge and Reflexivity: New Frontiers in the Sociology of Knowledge*. London: Sage.

Potter, J. (1988b). Cutting cakes: A study of psychologists' social categorizations. *Philosophical Psychology*, 1, 17-33.

Potter, J. & Edwards, D. (1990). Nigel Lawson's tent: Discourse analysis, attribution theory and the social psychology of fact. *European Journal of Social Psychology*, 20, 24-40.

Potter, J. & Halliday, Q. (1990). Community leaders as a device for warranting versions of crowd events. *Journal of Pragmatics*, 14, 725-741.

Potter, J. & Litton, I. (1985). Some problems underlying the theory of social representations. *British Journal of Social Psychology*, 24, 81-90.

Potter, J. & Mulkay, M. (1985). Scientists' interview talk: Interviews as technique for revealing participants' interpretative practices. In M. Brenner, J. Brown & D. Canter (eds.), *The Research Interview: Uses and Approaches*. London: Academic Press.

Potter, J. & Reicher, S. (1987). Discourses of community and conflict: The organization of social categories in accounts of a riot. *British Journal of Social Psychology*, 26, 25-40.

Potter, J., Stringer, P. & Wetherell, M. (1984). *Social Texts and Context: Literature and Social Psychology*. London: Routledge.

Potter, J. & Wetherell, M. (1987). *Discourse and Social Psychology:*

Beyond Attitudes and Behaviour. London: Sage.

Potter, J. & Wetherell, M. (1988). Accomplishing attitudes: Facts and evaluation in racist discourse. *Text*, *8*, 51 – 68.

Potter, J. & Wetherell, M. (1989). Fragmented ideologies: Accounts of educational failure and positive discrimination. *Text*, *9*, 175 – 190.

Potter, J. & Wetherell, M. (1994). Analysing discourse. In R. Burgess & A. Bryman (eds.), *Analysing Qualitative Data*. London: Routledge.

Potter, J., Wetherell, M. & Chitty, A. (1991). Quantification rhetoric-cancer on television. *Discourse and Society*, *2*, 333 – 365.

Potter, J., Wetherell, M., Gill, R. & Edwards, D. (1990). Discourse: Noun, verb or social practice? *Philosophical Psychology*, *3*, 205 – 217.

Rimon-Kenan, S. (1983). *Narrative Fiction: Contemporary Poetics*. London: Methuen.

Rogoff, B. & Lave, J. (1984). *Everyday Cognition: Its Development in Social Context*. Cambridge, MA: Harvard University Press.

Rorty, R. (1980). *Philosophy and the Mirror of Nature*. Princeton, NJ: Princeton University Press.

Rosch, E., Mervis, C. B., Gray, W. D., Johnson, D. & Boyes-Braem, P. (1976). Basic objects in natural categories. *Cognitive Psychology*, *8*, 382 – 439.

Rubin, D. C. (1977). Very long-term memory for prose and verse. *Journal of Verbal Learning and Verbal Behavior*, *16*, 611 – 621.

Rubin, D. C. (1982). On the retention function for autobiographical memory. *Journal of Verbal Learning and Verbal Behavior*, *21*, 21 – 38.

Rumelhart, D. E. (1975). Notes on a schema for stories. In. G. Bobrow & A. M. Collins (eds.), *Representation and Understanding Studies in Cognitive Science*. New York: Academic Press.

Sabini, J. & Silver, M. (1980). Baseball and hot sauce: A critique of some attributional treatments of evaluation. *Journal for the Theory of Social*

Behaviour, *10*, 83 - 95.

Sacks, H. (1964). Lecture 1: Rules of conversational sequence. *Reprinted in Human Studies*, *12*(1989), 217 - 127.

Sacks, H. (1972a). An initial investigation of the usability of conversational data for doing sociology. In D. Sudnow (ed.), *Studies in Social Interaction*. New York: Free Press.

Sacks, H. (1972b). Notes on police assessment of moral character. In D. Sudnow (ed.), *Studies in Social Interaction*. New York: Free Press.

Sacks, H. (1974). On the analyzability of stories by children. In R. Turner (ed.), *Ethnomethodology*. Harmondsworth: Penguin.

Sacks, H. (1979). Hotrodder: A revolutionary category. In G. Psathas (ed.), *Everyday Language: Studies in Ethnomethodology*. New York: Irvington.

Sacks, H. (1987). On the preferences for agreement and contiguity in sequences in conversation. In G. Button & J. R. E. Lee (eds.), *Talk and Social Organization*. Clevedon: Multilingual Matters.

Sacks, H. & Schegloff, E. A. (1979). Two preferences in the organization of reference to persons in conversation and their interaction. In G. Psathas (ed.), *Everyday Language: Studies in Ethnomethodology*. New York: Irvington.

Sacks, H., Schegloff, E. A. & Jefferson, G. (1974). A simplest systematics for the organization of turn-taking in conversation. *Language*, *50*, 596 - 735.

Sampson, E. E. (1983). Deconstructing psychology's subject. *Journal of Mind and Behaviour*, *4*, 135 - 164.

Sampson, E. E. (1988). The deconstruction of self. In J. Shotter & K. Gergen (eds.), *Texts of Identity*. London: Sage.

Schank, R. C. (1982). *Dynamic Memory: A Theory of Reminding and Learning in Computers and People*. Cambridge: Cambridge University Press.

Schank, R. C. & Abelson, R. (1977). *Scripts, Plans, Goals and Understanding*. Hillsdale, NJ: Lawrence Erlbaum.

Schegloff, E. A. (1972). Notes on a conversational practice: Formulating place. In D. Sudnow (ed.), *Studies in Social Interaction*. Glencoe: Free Press.

Schegloff, E. A. (1988a). Presequences and indirection: Applying speech act theory to ordinary conversation. *Journal of Pragmatics*, 12, 55 - 62.

Schegloff, E. A. (1988b). Goffman and the analysis of conversation. In P. Drew & A. Wootton (eds.), *Erving Goffman: Studies in the Interactional Order*. Cambridge: Polity Press.

Schegloffe. A. (1989). Harvey Sacks-Lectures 1964 - 1965: An introduction/memoir. *Human Studies*, 12, 185 - 209.

Schenkein, J. (ed.)(1978). *Studies in the Organization of Conversational Interaction*. New York: Academic Press.

Schwartz, B. (1990). The reconstruction of Abraham Lincoln. In D. Middleton & D. Edwards (eds.), *Collective Remembering*. London: Sage.

Scribner, S. & Cole, M. (1981). *The Psychology of Literacy*. London: Harvard University Press.

Searle, J. R. (1969). *Speech Acts*. Cambridge: Cambridge University Press.

Semin, G. (1980). A gloss on attribution theory. *British Journal of Social and Clinical Psychology*, 19, 291 - 300.

Semin, G. & Fiedler, K. (1988). The cognitive functions of linguistic categories describing persons: Social cognition and language. *Journal of Personality and Social Psychology*, 54, 558 - 568.

Shapiro, M. (1988). *The Politics of Representation Writing Practices in Biography, Photography and Policy Analysis*. Madison, WI: University of Wisconsin Press.

Shapiro, M. (1989). Textualizing global politics. In J. Der Derian & M. Shapiro (eds.), *International /Intertextual Relations Postmodern Readings of World Politics*. Lexington, MA: Lexington Books.

Shaver, K. G. (1983). *An Introduction to Attribution Processes*. Hillsdale, NJ: Lawrence Erlbaum.

Shaw, R. & Bransford, J. (eds.) (1977). *Perceiving, Acting and Knowing*. Hillsdale, NJ: Lawrence Erlbaum.

Shotter, J. (1984). *Social Accountability and Selfhood*. Oxford: Blackwell.

Shotter, J. & Gergen, K. (eds.)(1989). *Texts of Identity*. London: Sage.

Silverman, D. & Torode, B. (1979). *Language and Materialism: Some Theories of Language and Its Limits*. London: Routledge.

Simons, H. (ed.)(1989a). *Rhetoric in the Human Sciences*. London: Sage.

Simons, H. (1989b). 'Going meta' in political confrontations. In B. Gronbeck (ed.), *Spheres of Argument*. Annandale, VA: SCA.

Smith, D. (1978). K is mentally ill: The anatomy of a factual account. *Sociology*, *12*, 23–53.

Smith, J. (1987). Making people offers they can't refuse: A social psychological analysis of attitude change. In J. Hawthorn (ed.), *Propaganda, Persuasion and Power*. London: Edward Arnold.

Stephenson, G., Brandstatter, H. & Wagner, W. (1983). An experimental study of social performance and delay on the testimonial validity of story recall. *European Journal of Social Psychology*, *13*, 175–191.

Stigler, J. W., Shweder, R. A. & Herdt, G. (eds.) (1990). *Cultural Psychology: Essays on Comparative Human Development*. Cambridge: Cambridge University Press.

Suchman, L. (1987). *Plans and Situated Action: The Problem of Human-machine Communication*. Cambridge: Cambridge University Press.

Tannen, D. (1989). *Talking Voices*. Cambridge: Cambridge University Press.

Taylor, C. E. (1990). *The 'Truth' about Alcohol: Discourse Analytic Approach*. Unpublished dissertation, Department of Social Sciences, Loughborough University.

Tetlock, P. E. & Manstead, A. S. R. (1985). Impression management versus intrapsychic explanations in social psychology: A useful dichotomy? *Psychological Review*, *92*, 59–77.

Thorndyke, P. W. (1977). Cognitive structures in comprehension and memory of narrative discourse. *Cognitive Psychology*, *9*, 77–110.

Todorov, T. (1968). Introduction: Le vraisemblable. Cited in P. Atkinson (1990), *The Ethnographic Imagination: The Textual Construction of Reality*. London: Routledge.

Trilling, L. (1974). *Sincerity and Authenticity*. London: Oxford University Press.

Turnbull, W. & Slugoski, B. R. (1988). Conversational and linguistic processes in causal attribution. In D. Hilton (ed.), *Contemporary Science and Natural Explanation*. Brighton: Harvester/Wheatsheaf.

Van Kleeck, M. H., Hillger, L. A. & Brown, R. (1988). Pitting verbal schemas against information variables in attribution. *Social Cognition*, *6*, 89–106.

Vygotsky, L. S. (1987). *Thought and Language*. Edited by Alex Kozulin. Cambridge, MA: MIT Press.

Wagenaar, W. (1986). My memory: A study of autobiographical memory over six years. *Cognitive Psychology*, *18*, 225–252.

Walker, R. B. J. (1990). Sovereignty, identity community: Reflections on the horizons of contemporary political practice. In R. B. J. Walker & H. Mendlovitz (eds.), *Contending Sovereignties: Redefining Political Community*. Boulder: Lynne Reinner.

Walkerdine, V. (1988). *The Mastery of Reason*. London: Routledge.

Wason, P. C. & Johnson-Laird, P. N. (1972). *Psychology of Reasoning: Structure and Content*. London: Batsford.

Watson, R. (1978). Categorization, authorization and blame-negotiation in conversation. *Sociology*, *12*, 105 - 113.

Watson, R. (1983). The presentation of victim and motive in discourse: The case of police interrogations and interviews. *Victimology*, *8*, 31 - 52.

Watson, R. & Sharrock, W. W. (1991). Something on accounts. *The Discourse Analysis Research Group Newsletter*, *7*, 3 - 12.

Watson, R. & Weinberg, T. (1982). Interviews and the interactional construction of accounts and homosexual identity. *Social Analysis*, *11*, 56 - 78.

Weisner, M. J. (1991). Mario M. Cuomo decides to run: The construction of a political self. *Discourse and Society*, *2*, 85 - 104.

Wells, C. & Loftus, E. (eds.) (1984). *Eyewitness Testimony: Psychological Perspectives*. Cambridge: Cambridge University Press.

Wertsch, J. V. (1985). *Vygotsky and the Social Formation of Mind*. Cambridge, MA: Harvard University Press.

Wetherell, M. (1986). Linguistic repertoires and literary criticism: New directions for the social psychology of gender. In S. Wilkinson (ed.), *Feminist Psychology*. Milton Keynes: Open University Press.

Wetherell, M. & Potter, J. (1988). Discourse analysis and the identification of interpretative repertoires. In C. Antaki (ed.), *Analysing Everyday Explanation: Casebook of Methods*. London: Sage.

Wetherell, M. & Potter, J. (1989). Narrative characters and accounting for violence. In J. Shotter & K. Gergen (eds.), *Texts of Identity*. London: Sage.

Wetherell, M. & Potter, J. (1992). *Mapping the Language of Racism: Discourse and the Legitimation of Exploitation*. London: Harvester / Wheatsheaf.

Wetherell, M., Stiven, H. & Potter, J. (1987). Unequal egalitarianism: A preliminary study of discourses concerning gender and employment opportunities. *British Journal of Social Psychology*, *26*, 59–71.

Whalen, M. R. & Zimmerman, D. H. (1990). Describing trouble: Practical epistemology in citizen calls to the police. *Language in Society*, *19*, 465–492.

Widdicomb, S. & Wooffitt, R. (1990). 'Being' versus 'doing' punk (etc.): On achieving authenticity as a member. *Journal of Language and Social Psychology*, *9*, 257–277.

Widdicomb, S. & Wooffitt, R. (1992). *'Well What Do You Expect Looking Like That?': A Study of the Use of 'Ordinary Iidentity' in the Construction of a Complaint*. Mimeo: University of Edinburgh.

Wieder, L. (1974). *Language and Social Reality*. The Hague: Mouton.

Wilson, J. (1990). *Politically Speaking: The Pragmatic Analysis of Political Language*. Oxford: Blackwell.

Winograd, T. (1972). *Understanding Natural Language*. New York: Academic Press.

Winograd, T. (1980). What does it mean to understand language? *Cognitive Science*, *4*, 209–241.

Winograd, T. & Flores, F. (1986). *Understanding Computers and Cognition: A New Foundation for Design*. Norwood NJ: Addison-Wesley.

Wittgenstein, L. (1921). *Tractatus Logico-Philosophicus*. London: Routledge.

Wittgenstein, L. (1953). *Philosophical Investigations*. Oxford: Blackwell.

Wooffitt, R. C. (1990). On the analysis of interaction: An introduction to conversation analysis. In P. Luff, G.N. Gilbert & D. Frohlich (eds.), *Computers and Conversation*. New York: Academic Press.

Wooffitt, R. C. (1991). 'I was just doing X ... when Y': Some inferential properties of a device in accounts of paranormal experiences. *Text*, *11*,

267 – 288.

Wooffitt, R. C. (1992). *Telling Tales of the Unexpected: The Organization of Factual Accounts*. London: Harvester/Wheatsheaf.

Woolgar, S. (1980). Discovery: Logic and sequence in a scientific text. In R. Krohn, K. Knorr & R. D. Whitley (eds.), *The Social Process of Scientific Investigation*. Dordrecht: Reidel.

Woolgar, S. (1988a). *Science: The very Idea*. London: Tavistock.

Woolgar, S. (1988b). *Knowledge and Reflexivity: New Frontiers in the Sociology of Knowledge*. London: Sage.

Wootton, A. (1989). Remarks on the methodology of conversation analysis. In D. Roger & P. Bull (eds.), *Conversation*. Clevedon: Multilingual Matters.

Wowk, M. (1984). Blame allocation, sex and gender in a murder interrogation. *Women's Studies International Forum*, 7, 75 – 82.

Yearley, S. (1984). Proofs and reputations: Sir James Hall and the use of classification devices in scientific arguments. *Earth Sciences History*, 3, 25 – 43.

Yearley, S. (1985). Vocabularies of freedom and resentment: A Strawsonian perspective on the nature of argumentation in science and the law. *Social Studies of Science*, 15, 99 – 126.

Yearley, S. (1986). Interactive-orientation and argumentation in scientific texts. In J. Law (ed.), *Power, Action and Belief: A New Sociology of Knowledge*. London: Routledge.

Yearley, S. (1987). Demotic logic: Causal discourse and the structure of explanations. *Text*, 7, 181 – 203.

Zimmerman, D. & Pollner, M. (1970). The everyday world as a phenomenon. In J. Douglas (ed.), *Understanding Everyday Life*. London: Routledge.

索引*

ANOVA 模型/ANOVA model, 23, 83

版本/versions, 3, 8, 9, 10, 16, 22, 24, 27, 28, 36, 44, 49, 50, 51, 54, 56, 57, 65, 73, 74, 76, 98, 101 - 103, 105, 106, 108, 110, 112, 113, 118, 121, 125, 127, 129, 130, 134, 136, 150, 151, 154, 157, 158, 167, 168, 171, 174, 179

报告/reports, 见描述

变化/variation, 3, 22, 28, 36, 39, 57, 68, 82, 112, 118 - 119, 150

表述/formulations, 16, 18, 39

操作化/operationalization, 34

常识/common knowledge, 38, 65, 67 - 68, 71, 75, 82, 117, 119, 138

撤离/withdrawal, 相对于投降/撤退 surrender/retreat, 170 - 175

诚实/honesty, 42, 48, 110, 113

抽象/abstraction, 5, 8, 14, 15, 17, 20, 23, 38, 46, 61, 73, 77, 80, 81, 83, 90, 91, 93, 101, 102, 106, 110, 125, 130, 135, 139, 158, 165, 169

创作者/composer, 38, 137, 见立足点

粗略分类/gross categorization, 5 - 6

错误解释/error accounting, 10, 70 - 73

稻草人观点/straw man argument,

---

* 本索引中, 每条索引后面所附的数字均为英文版页码, 现为中文版的边码。——译者注

299

22

动机谈话 /motive talk, 141-142
独特性信息 /distinctiveness information, 163
对比 /contrast, 38, 49, 73, 86, 89, 99, 140, 160, 163
对话分析 /conversation analysis, 15, 26, 28, 39, 50, 52-53, 112, 178, 179
发展心理学 /developmental psychology, 13, 14, 19, 20
反身性 /reflexivity, 11, 171-173
访谈 /interview, 6, 28, 58, 64, 132-150, 168, 170, 173
风险和利益 /stake and interest, 3, 7-8, 105, 117-118, 125, 134, 154, 158-160, 164, 168, 174, 177
风险困境 /dilemma of stake, 见风险和利益
感知循环 /perceptual cycle, 20
感知主义 /perceptualism, 12, 19, 20, 23, 103
格赖斯 /Grice, P., 9, 79, 91-92
功能 /function, 27, 28, 32, 33, 40, 42, 46-49, 57, 62, 81, 100, 105-106, 133, 135, 138, 156
共谋 /corroboration, 63, 108-110, 118-123, 139, 162

共识 /consensus, 104, 106-123, 148, 163
归因 /attribution, 1-12, 23, 24, 25, 26, 27, 50, 51, 52-53, 54, 77-102, 103-126, 127, 134, 142-144, 148, 156
海湾战争 /Gulf War, 1, 6, 118, 169-171, 173-175
黑箱 /black box, 71, 74
后结构主义 /post-structualism, 27, 128, 132, 170
后现代主义 /postmodernism, 27
胡编乱造 /farrago of invention, 66, 111, 114-117, 162
话语 /discourse, 2, 4, 6, 8, 9, 12, 13-17, 21, 27, 30-31, 32, 33, 38, 41, 42, 43, 49, 56, 88, 117, 132
话语分析 /discourse analysis, 11, 12, 22, 24, 25, 27-29, 33, 34, 39, 54, 56, 71, 75, 81, 104, 105, 120, 128, 136
话语心理学 /discursive psychology, 2, 3, 7, 8-11, 16, 18, 26, 29, 32, 33, 38, 52, 56, 77, 78, 84, 85, 90, 91, 92, 93, 94, 95, 100, 101-102, 104, 130, 136, 148, 150, 153-178
话语行动模型 /discursive action model (DAM), 6, 7, 11, 154-

177

极端案例表述 /extreme case formulations, 162-163

记忆/回忆 /memory/remembering, 1, 3, 5, 7, 8, 9, 11, 12, 16, 18, 21, 24, 25, 26, 27, 29, 30, 31, 32, 33, 34-37, 39-52, 54, 65-66, 75, 78, 80-81, 148, 156-157

建构 /construction, 28, 56, 57, 81, 93, 105, 133, 138;另见行动,变化

建构主义 /constructionism, 36, 56, 57, 65, 71, 155

交叉质询 /cross-examination, 12, 25-26, 32, 35, 41, 44, 48, 51, 117

脚本 /scripts, 20, 30, 36, 37, 71, 80, 147-148, 151

精神分析 /psychoanalysis, 5

角色/角色理论 /role/role theory, 9, 10, 34, 38, 47, 48, 72, 86, 88, 98, 99, 128, 129, 133-134, 137-139, 141-142, 145, 148, 151, 156, 159-160, 162, 177

科学知识的社会学 /sociology of scientific knowledge, 27, 29, 57

类别/类别化 /categories/categorization, 5, 28, 31, 36, 40, 51, 83, 84, 88, 89, 138, 139, 159, 160-161, 175-176

立足点 /footing, 37, 38, 136, 168-169

利益 /interest,见风险和利益

轮序 /turn-taking, 43

描述 /description, 2, 3, 4, 9-10, 16, 17, 40, 42, 44, 46, 50-53, 60, 78, 89, 91, 93-94, 97-98, 103-126, 129, 130, 139, 143-150, 162

模仿者 /animator, 38;另见立足点

模糊画面 /blurred picture, 5-6

模糊性 /vagueness, 46, 66

目击证人证词 /eye-witness testimony, 26, 49-50

内容分析 /content analysis, 5, 6

尼克松 /Nixon, R. M., 33, 35, 36, 41, 42-45, 47, 71, 72, 75, 125

"片段式"记忆 /repisodic memory, 35, 36, 40-44, 46-47, 48-49, 56, 71, 74-75

去语境化 /decontextualization, 30, 31, 81, 88, 95, 148

人格 /personality, 10, 47-49, 94, 99, 127-152, 175-177

人机互动 /human computer interaction, 15

认知的话语组织 /discursive

organization of cognition，19

认知过程/cognitive processes，5，14，16，18，23，25，31，40，41，46，78，80，127，156

认知心理学/科学/cognitive psychology/science，8，12，13-27，30，34，39，54，65，66，75，79，80，81，90，93，101，104，153，156，157，159，175

认知主义/cognitivism，8，10，13，16-20，22，24，25，65，100，103，155，156，173

日常报告/everyday reporting，4，155，168

日常记忆/everyday remembering，22，31，73，75，76

日记/diaries，22，31-32

社会认知/social cognition，19，22，23，77，148，150

社会心理学/social psychology，2，12，13，14，15，17-18，19，20，22，23，24，27，76，80，88，92，104，131，156，175

社会行动/social action，见行动

生态效度/ecological validity，1

生态心理学/ecological psychology，20-21，33，35

实验/experiments，5，11，17，18，21-23，26，28，30，31-38，48-50，66，73，75，78，80-83，89，91，93，109，157

实验控制/experimental control，33，75

实证依据/empiricist warranting，121-122

实证主义/positivism，13，71，100，162

事实/facts，2，3，4，7，10，11，24，25，27，29，34，38，47，48，51-53，54，57，60，67-70，73，75，90，104-108，109，119，124-125，128，129，132-152，154，158-165

输入/输出/input/output，10，19，21，33，34，39，66，71，73，75，78，80-83，103，104

水门事件/Watergate，6，8，25，33，35，41-48，54，55，58，74，166

死记硬背/rote learning，36

态度/attitudes，15-16，29，38，157，175，177

特质/traits，见人格

图式/schema，2，19-21，23，24，36，56，78，80，83，88，93，154

推论/inference，见归因

外化工具/externalizing devices，见事实，建构

文本拖网/text trawling，32

文化 /culture，14，18－19，20，27，64，79，118，124，150

文化心理学 /cultural psychology，15

现实 /reality，2，4，5，10，16，17，19，20，22，23，24，27，28，31，32，34，56，65，74，87－91，94，103，129，142，158，160

行动 /action，2，3，20，24，28，31，82，83，84，89，93，98，99，101，105，128，129，130，151，154，156－158，159，162，166，168，170－179

行为主义 /behaviourism，13，71；另见语言行为主义

叙事 /narrative，31，77，122，128，133，141，150，161－162，164

询问 /questions，33－34，43，45，50

言语 /speech，2，4－5，6，17，27，28，36－38，87，96，102，103，111，117，141，178，179

邀请 /invitations，52－53，106－170

要点 /gist，35，36，37，38－40，41，42，46，48，74－75

一致性信息 /consistency information，84

引用 /quotation，37－38，42，161；另见"逐字"记忆

游说 /lobby，58，63，68，119，120，121

语法 /grammar，5，9，28，30，37，38，85－88，135

语言能力 /competence，5，87

语言行为主义 /linguistic behaviorism，100

语言学 /linguistics，14，15，17，25，27，28，64，84，100，102，150，153

语言哲学 /linguistic philosophy，128，141

元认知 /meta-cognition，43－46

原因推论 /casual inferences，见归因

责任解释 /accountability，3，4，7，11，38，124，125，127，130，135，147，148，150，154，158，165－169，170，177

真相 /truth，8－9，16，17，26，29，34，35，40，41，44，46－48，49，50，54，56－57，58－76，90，98，99，112，118－119，121，123，131，159；另见错误

指责 /blaming，3，16，22，24，53，58，63，64，68，86，87，90，92，95，98－99，103，114，

117，120，127，136 - 152，154，
156 - 159，162，164，166，169，
171，177

"逐字"记忆 /verbatim recall，35，
36 - 37，40，41，43，48，61 -
62，74 - 75

转写 /转写本 /transcript /
transcription，60，90，173，
178 - 181

自我 /self，127 - 129，131，141，
152，170，175 - 176

自我表征 /self-representation，150 -
152

自传性记忆 /autobiographical
memory，22，31 - 32

图书在版编目（CIP）数据

话语心理学 /（英）德里克·爱德华兹，（英）乔纳森·波特著；朱运致译. — 上海：上海教育出版社，2020.9
（社会建构论译丛）
ISBN 978-7-5444-9987-3

Ⅰ.①话… Ⅱ.①德…②乔…③朱… Ⅲ.①心理语言学 Ⅳ.①H0-05

中国版本图书馆CIP数据核字(2020)第093985号

English language edition published by SAGE Publication of London, Thousand Oaks, New Delhi and Singapore, © Derek Edwards and Jonathan Potter, 1992.
Shanghai Educational Publishing House Co., Ltd is authorized to publish and distribute exclusively the Chinese (Simplified Characters) language edition. This edition is authorized for sale throughout Mainland of China. No part of the publication may be reproduced or distributed by any means, or stored in a database or retrieval system, without the prior written permission of the publisher.
本书中文简体翻译版授权由上海教育出版社独家出版并仅限在中国大陆地区销售。
未经出版者书面许可，不得以任何方式复制或发行本书的任何部分。

策划编辑　谢冬华
责任编辑　王佳悦
书籍设计　陆　弦

社会建构论译丛
杨莉萍　［美］肯尼思·J.格根　　主编
话语心理学
［英］德里克·爱德华兹　［英］乔纳森·波特　著
朱运致　译

出版发行		上海教育出版社有限公司
官	网	www.seph.com.cn
地	址	上海市闵行区号景路159弄C座
邮	编	201101
印	刷	上海展强印刷有限公司
开	本	890×1240　1/32　印张 10.125　插页 4
字	数	193 千字
印	数	1—3,000 本
版	次	2022年8月第1版
印	次	2022年8月第1次印刷
书	号	ISBN 978-7-5444-9987-3/B·0181
定	价	69.00 元

如发现质量问题，读者可向本社调换　电话：021-64373213